U0953110

育心铸才

——东北大学“三全育人”综合改革案例选编

主编　熊晓梅　张国臣

东北大学出版社
·沈　阳·

© 熊晓梅 张国臣 2021

图书在版编目（CIP）数据

育心铸才：东北大学“三全育人”综合改革案例选编 / 熊晓梅，张国臣主编．-- 沈阳：东北大学出版社，2021.11

ISBN 978-7-5517-2822-5

Ⅰ．①育…　Ⅱ．①熊…　②张…　Ⅲ．①高等学校—思想政治教育—案例　Ⅳ．① G641

中国版本图书馆 CIP 数据核字（2021）第 234930 号

出 版 者：东北大学出版社

地址：沈阳市和平区文化路三号巷 11 号

邮编：110819

电话：024-83687331（市场部）　83680267（社务部）

传真：024-83680180（市场部）　83687332（社务部）

网址：http://www. neupress. com

E-mail:neuph@ neupress. com

印 刷 者：辽宁一诺广告印务有限公司

发 行 者：东北大学出版社

幅面尺寸：185 mm × 260 mm

印　　张：19.75

字　　数：398 千字

出版时间：2021 年 11 月第 1 版

印刷时间：2021 年 11 月第 1 次印刷

组稿编辑：向　阳

责任编辑：项　阳

责任校对：孙德海

封面设计：潘正一

ISBN　978-7-5517-2822-5　　　　定　价：65.00 元

《育心铸才——东北大学“三全育人”综合改革案例选编》

编委会

主　编：熊晓梅　张国臣

副主编：闫　研　李　晨　史　鉴　杨　明

编　委：（以姓氏笔画排序）

王　刚　王钰慧　史　鉴　刘宇豪　刘颖慧　闫　研

李　晨　李家祥　杨　明　迟美琪　张　蕾　张广宏

周洛琦　赵春时　段亚巍　黄丽红　管珊珊

序 Foreword

习近平总书记在全国高校思想政治工作会议上指出，要坚持把立德树人作为中心环节，把思想政治工作贯穿教育教学全过程，实现全程育人、全方位育人，努力开创我国高等教育事业发展新局面。这就要求高校将立德树人作为立身之本，着力构建“三全育人”工作体系，不断提升人才培养的针对性和实效性，切实肩负起培养担当民族复兴重任时代新人的神圣使命。

2018 年，东北大学入选全国首批 10 所“三全育人”综合改革试点高校。“全员、全程、全方位”育人为学校育人工作指明了前进方向、提供了根本遵循。“全员育人”要求全体教职员工都要成为“育人者”，其一言一行、一举一动都要履行育人之责、产生育人之效，实现育人无不尽责。“全程育人”要求将立德树人贯穿高校教育教学全过程和学生成长成才全过程，实现育人无时不有。“全方位育人”要求将立德树人覆盖到课上课下、网上网下、校内校外，实现育人无处不在。

东北大学以“三全育人”综合改革试点高校建设为契机，与首批 10 所“全国党建工作示范高校”、全国首批 10 所“一站式”学生社区综合管理模式建设试点高校深度融合、联动发力，培养德智体美劳全面发展的社会主义建设者和接班人。学校大力实施“育心铸才”工程，搭建起“一体化构建、两中心并重、十体系联动”的工作格局：“一体化构建”强调把“三全育人”工作贯穿办学治校全过程和各环节，“两中心并重”强调坚持以师生为中心，“十体系联动”强调构建课程育人、科研育人、实践育人、文化育人、网络育人、心理育人、管理育人、服务育人、资助育人、组织育人的“十大育人体系”。学校制定了《东北大学“三全育人”综合改革试点高校建设实施方案》，配套制定了《任务分解方案》和《任务落实计划》，规划了 131 个工作指标和相关责任部门，明确了“路线图”和“任务书”。学校深入贯彻落实教育部《关于加快构建高校思想政治工作体系的意见》精神，制定以三年为周期、分年度的思想政治工作体系工作台账，形成任务指标 74 项，确定 28 家牵头单位，清单化、系统化、精细化推动“大思政”工作体系建设。

在学校党委的坚强领导下，在全校各部门、各学院的共同努力下，经过两年多的建设，学校“一体化构建、两中心并重、十体系联动”的工作格局进一步完善，“全员、全程、全方位”育人的工作机制进一步建立健全，“人人时时处处”育人的氛围进一步浓厚，“打通育人最后一公里”的育人效能进一步彰显。近年来，学校入选教育部课程思政教学研究示范中心，2 门课程、2 个教学名师和团队入选课程思政示范课程、课程思政教学名师和团队，获评教育部高校思想政治工作精品项目 3 项；获评“教育部教育融媒体建设试点单位”“全国普通高校中华优秀传统文化传承基地”“全国创新创业典型经验高校”“教育部高校网络舆情工作机制十佳单位”“辽宁省文明校园”“辽宁最美校园”等荣誉称号。学校涌现出全国先进工作者、全国模范教师、全国黄大年式教师团队、全国高校思想政治理论课教师影响力标兵人物、全国基层理论宣讲先进个人、中国大学生自强之星标兵等典型集体和个人。

为了进一步探索可借鉴、可推广、可复制的育人工作模式，继续深化有创新性、代表性、实效性的育人品牌项目，我们编写了《育心铸才——东北大学“三全育人”综合改革案例选编》，以此展现学校“三全育人”综合改革的成效，希望本书能为高校育人工作提供经验支撑和实践支持。

育人无止境，育人不止步。

编　者

2021 年 10 月

目 录
Contents

课程育人

科研育人

实践育人

文化育人

网络育人

心理育人

管理育人

服务育人

资助育人

组织育人

课程育人

KE CHENG YU REN

实施『思业融合燎原计划』
构建课程思政建设新模式

构建『四金一新』一流本科教育建设方案
写好高等教育发展『奋进之笔』

创新经典品读模式　以理论之美铸魂育人

构建教学团队课程思政育人新格局
让『数值分析』课程绽放思政之花

用课程思政启智铸魂

实施“思业融合燎原计划”构建课程思政建设新模式

——东北大学“课程育人”工作案例

东北大学深入学习贯彻习近平总书记关于教育的重要论述，落实立德树人根本任务，实施“思业融合燎原计划”，建设十个示范专业、打造百门校级示范课程、覆盖数千教师、惠及数万学生，形成“一体化推进、两中心并重、三路径结合、四维度建构”的课程思政建设模式。

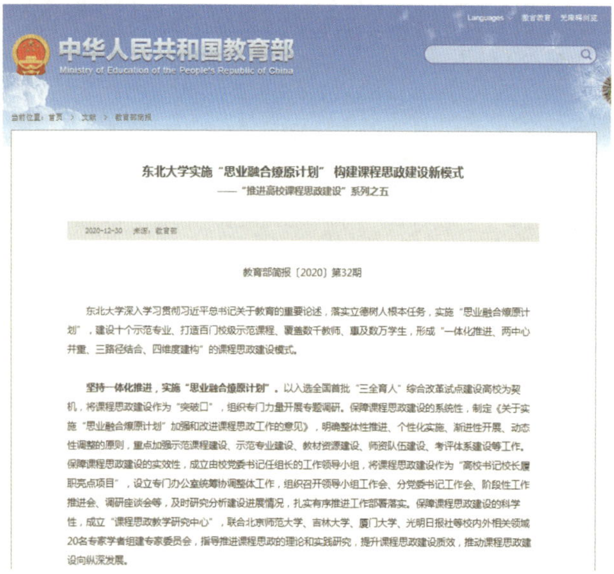
中华人民共和国教育部
Ministry of Education of the People's Republic of China

东北大学实施“思业融合燎原计划” 构建课程思政建设新模式
——“推进高校课程思政建设”系列之五

2020-12-30 来源：教育部

教育部简报〔2020〕第32期

东北大学深入学习贯彻习近平总书记关于教育的重要论述，落实立德树人根本任务，实施“思业融合燎原计划”，建设十个示范专业、打造百门校级示范课程、覆盖数千教师、惠及数万学生，形成“一体化推进、两中心并重、三路径结合、四维度建构”的课程思政建设模式。

坚持一体化推进，实施“思业融合燎原计划”。以入选全国首批“三全育人”综合改革试点建设高校为契机，将课程思政建设作为“突破口”，组织专门力量开展专题调研。保障课程思政建设的系统性，制定《关于实施“思业融合燎原计划”加强和改进课程思政工作的意见》，明确整体性推进、个性化实施、渐进性开展、动态性调整的原则，重点加强示范课程建设、示范专业建设、教材资源建设、师资队伍建设、考评体系建设等工作。保障课程思政建设的实效性，成立由校党委书记任组长的工作领导小组，将课程思政建设作为“高校书记校长履职亮点项目”，设立专门办公室统筹协调整体工作，组织召开领导小组工作会、分党委书记工作会、阶段性工作推进会、调研座谈会等，及时研究分析建设进展情况，扎实有序推进工作部署落实。保障课程思政建设的科学性，成立“课程思政教学研究中心”，联合北京师范大学、吉林大学、厦门大学、光明日报社等校内外相关领域20名专家学者组建专家委员会，指导推进课程思政的理论和实践研究，提升课程思政建设质效，推动课程思政建设向纵深发展。

◎教育部简报 2020 年第 32 期进行经验介绍

一、坚持一体化推进，实施“思业融合燎原计划”

以入选全国首批“三全育人”综合改革试点建设高校为契机，将课程思政建设作为“突破口”，组织专门力量开展专题调研。保障课程思政建设的系统性，制定《关于实施“思业融合燎原计划”加强和改进课程思政工作的意见》，明确整体性推进、个性化实施、渐进性开展、动态性调整的原则，重点加强示范课程建设、示范专业建设、教材资源建设、师资队伍建设、考评体系建设等工作。保障课程思政建设的实效性，成立由校党委书记任组长的工作领导小组，将课程思政建设作为“高校书记校长履职亮点项目”，设立专门办公室统筹协调整体工作，组织召开领导小组工作会、分党委书记工作会、阶段性工作推进会、调研座谈会等，及时研究分析建设进展情况，扎实有序推进工作部署落实。保障课程思政建设的科学性，成立“课程思政教学研究中心”，联合北京师范大学、吉林大学、厦门大学、光明日报社等校内外相关领域20名专家学者组建专家委员会，指导推进课程思政的理论和实践研究，提升课程思政建设质效，推动课程思政建设向纵深发展。

2021年高校思想政治工作精品项目公示名单

序号	学校	学校类别	项目名称
1	中国人民大学	教育部直属	“读懂中国”青年教师社会调研计划
2	北京师范大学	教育部直属	打造京师风范网络育人“同心圆” 构建思政工作立德树人“朋友圈”
3	中国地质大学（北京）	教育部直属	生态文明视野下的自然文化育人模式实践与研究
4	中央财经大学	教育部直属	构建“互联网+四位一体”学业支持体系
5	北京航空航天大学	其他部委属	基于无人机世界纪录挑战活动的育人实践
6	北京理工大学	其他部委属	“大思政”格局下推进科教融合互动培养高水平创新创业人才
7	北京印刷学院	省属本科	以“书”载道立德树人
8	北京第二外国语学院	省属本科	以“五个一”文化育人体系为引领打造“传承红色基因培育时代新人”工程
9	首都经济贸易大学	省属本科	构建“骆驼精神”文化育人工作体系
10	南开大学	教育部直属	以爱国主义为核心课程建设方案探索与实践
11	天津大学	教育部直属	《理论力学》课程思政建设
12	河北大学	部省合建	“融通”育人理念下高校德育评价改革—基于河北大学“德育答辩”课程化十四年创新实践
13	河北师范大学	省属本科	基于河北省红色基地的融合式育人模式探索
14	山西大学	部省合建	立心铸魂励志成才砥行奉献——基于大学生全面成长的实践育人体系
15	山西师范大学	省属本科	“学雷锋，送温暖”小组实践育人品牌
16	内蒙古大学	部省合建	“爱智之旅”文化经典育人模式的创新与实践
17	东北大学	教育部直属	实施“思业融合燎原计划”构建“十百千万”课程思政工作格局
18	大连海事大学	省属本科	大连海事大学“曲建武式”辅导员队伍建设与实践
19	东北师范大学	教育部直属	构建“四个相结合”融通式心理育人模式
20	长春中医药大学	省属本科	建设优质青马工程，开辟培养“可靠接班人”教育新途径

附件2

课程思政教学研究示范中心名单

一、普通高等教育

序号	学校名称	课程思政教学研究示范中心名称	中心负责人和团队
1	清华大学	清华大学课程思政教学研究中心	彭刚，李蕉，于歆杰，田凌，王红，杨晶，赵青，石中英，顾涛，程晓喜，马昱春，杨帆，黄秀华
2	天津大学	天津大学课程思政研究与实践中心	巩金龙，李斌，郑刚，杜青，张俊艳，徐斌，王磊，吴兆彤，黄晓伟，闫涛，刘洁
3	大连理工大学	大连理工大学课程思政教学研究基地	朱泓，刘志军，冯林，王同敏，段玉平，洪晓楠，叶俊伟，袁文杰，金若菲，郭艳卿，李冬生，沙建军，杨睿，黄昊，东明，李先能，武文颖，于辉，方玉梅，丁蔓，于长水，韩秀友，李崇君，孟昭莉，季顺迎，吴振宇，于红，林林，梁红伟，张大勇，薛宏宇，谭振权，苗军，徐立昕，夏远景，王春鹏，任立春
4	东北大学	东北大学课程思政教学研究中心	丁义浩，熊晓梅，张国臣，孙正林，李晨，陈红兵，赵凌，张振芝，岳登晓，王刚，孙秋野，于亚新，康玉梅，邵新慧
5	哈尔滨工业大学	哈尔滨工业大学课程思政教学研究中心	沈毅，熊四皓，周玉，安实，吴松全，丁哲学，孙雪，沈毅，王跃然，王淑娟，马军，谈和平，吴建强，孙毅，宋宝玉，李庆霞，赵春晖，徐奉臻，李明江，孟令辉，孙澄，巩茹敏，范瑞清，樊东，关健英，姜海丽，孙备，郭明辉，齐晶瑶，李雪，吴勃英，战德臣，张宇，苏小红，邵郁，于达仁，霍炬，霍雷，赵雅琴，高栋，刘宏伟，姜长宝，王健，王广智，丁刚，黄文涛，刘洪臣，许志武，刘冰峰，曹健，王丽丹，崔宝缘，刘琳，张丽娟
6	同济大学	同济大学课程思政教学研究中心	顾祥林，赵宪忠，赵鸿铎，徐蓉，单烨，章小清，王雁，周宏武，陆居怡，王鹏，刘骞，姚莉萍，张伟平，阮欣，严长征，陈建峰，凌建明，马万经，肖军华，邹晓磊，王映，耿慧志，李华，沈洁，邓慧萍，顾杜，范丽岩，张建卫，杨文卓，阮青松，黄丽勤，王建民，董琇，刘顺，李榕青，贾青青，钟之阳，郑高明

1

◎ 2021年获评高校思想政治工作精品项目 ◎ 2021年获评教育部课程思政教学研究示范中心

二、坚持两中心并重，构建双向督导评价机制

坚持以师生为中心牢牢抓住施教者能力水平这一关键，在全校20余个二级学院分别开展研讨会，指导授课教师深入了解课程思政的实质内涵和概念边界，打破课程思政是“思政课程同义转换”、是“思政元素简单嵌入”、是“对课程知识传授和能力培养功能消解”等误区，保证课程思政实现隐性教育目标，防止出现泛化、机械化、标签化的情况。将课程思政纳入教师岗前培训、在岗培训和师德师风、教学能力专题培训，在全校组织开展课程思政专题培训会和教学经验分享会，现场观摩“电力系统分析”“大数据思维

◎《光明日报》等主流媒体进行报道

与分析技术”等典型示范课程。鼓励院士、学科带头人等高层次人才带头实施课程思政。在部分学院组织专项督查，通过说课、专家听课等形式，动态监测课程思政建设质量。牢牢抓住受教者成长发展这一重点，在学生群体中开展第三方评价，形成《课程思政教学质量评价调查报告》，为优化课程思政建设提供经验参考。针对当代大学生互联网“原住民”的特点和疫情防控期间线上教学情况，推进课程思政“云端”建设，将抗疫精神和鲜活案例融入专业教学，为课程思政建设的全面深入探索规律、拓展渠道。

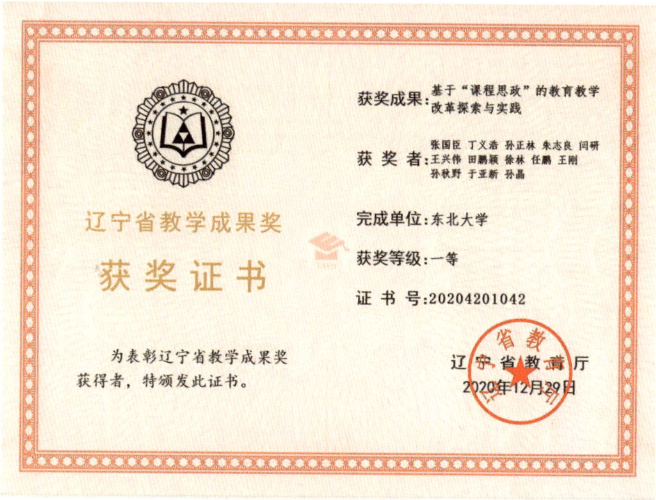

辽宁省教学成果奖
获奖证书

为表彰辽宁省教学成果奖
获得者，特颁发此证书。

获奖成果：基于“课程思政”的教育教学改革探索与实践

获 奖 者：张国臣 丁文浩 孙正林 朱志良 闫研 王兴伟 田鹏颖 徐林 任鹏 王刚 孙秋野 于亚新 孙晶

完成单位：东北大学

获奖等级：一等

证 书 号：20204201042

辽宁省教育厅
2020年12月29日

◎ 2020 年获评辽宁省教学成果奖一等奖

三、坚持三路径结合，完善立体实施保障体系

坚持示范引领和全面推广相结合，分批次、分阶段开展课程思政建设工作。结合工作实际和办学特点，2019 年选树首批 42 门校级示范课程，2020 年选树 58 门校级示范课程和 10 个校级示范专业进行重点建设，使课程思政要求深入教案修订、教材编审，体现在教学大纲和人才培养方案中。坚持统一规范和创新激励相结合，研究制定《课程思政建设指导纲要》，构建东北大学课程思政建设标准，指导各学院根据自身学科特点制定专门的课程思政建设工作方案。将教师开展课程思政建设情况纳入绩效考核、评优奖励等考核评价体系，为课程思政建设提供有力的经费支持，截至目前，校院两级共投入经费 1300 余万元。坚持实践探索和理论研究相结合，立足学校课程思政建设实践，整理形成《东北大学课程思政教学研究论文集》等参考资料，凝练形成若干理论研究成果，在国内主流期刊和报纸发表相关学术论文和理论文章。

◎课程思政系列成果汇编材料

四、坚持四维度建构，打造“十百千万”工作格局

在课程维度，指导20余个学院开展课程思政建设，共建设校级示范课程100门、校级培育课程60门、院级示范课程200余门，涵盖通识类、学科基础类、专业方向类、实践类所有课程类型。在专业维度，建设校级示范专业10个、校级培育专业5个，覆盖文学、哲学、经济学、管理学、法学、教育学、理学、工学、艺术学等学科，实现了课程体系、专业体系、学科体系的全链条贯穿。在教师维度，参与课程思政建设的教师超过1000人，涵盖老中青各年龄段，授课学时超过1.5万学时，发掘融入了政治素养、人文修养、道德规范、科学精神、传统文化、法治意识等多种思政元素。在学生维度，课程思政覆盖本科生、研究生超过5万人次，有力促进了知识传授、能力培养和价值引领的有机统一。

构建“四金一新”一流本科教育建设方案 写好高等教育发展“奋进之笔”

——教务处“课程育人”工作案例

本科教育是一流大学建设的立校之本、兴校之源。如何建设一流本科教育，成为各高校不断探索破解的难题。东北大学聚焦本科教学基本建设和人才培养关键环节，对标世界一流、扎根中国大地，坚持问题导向、依托政策支撑、利用五大抓手，以“互联网+大数据”为特色打造多维度质量监督保障体系，构筑“三全育人”格局，将思想政治教育贯穿于本科育人全过程，不断完善“知识传授、能力培养、素质养成、价值塑造”为核心的一流本科教育体系，构建了“四金一新”一流本科教育建设方案。

“四金一新”是指“金专”“金课”“金师”“金果”和“新工科”。东北大学“四金一新”一流本科建设方案，是学校在遵循高等教育规律、自觉提升思想站位、读懂弄通落实国家政策、合理设定东大目标基础上，关注质量、聚焦内涵、守正出新、正合奇胜，打出的一套特色一流本科建设的“组合拳”，为中国高校本科教育建设提供了可复制的东大方案。

一、锤炼“金专”，筑牢特色一流本科教育发展基础

一流专业是一流大学建设的基础，是一流人才培养的基本单元。教务处立足优势，动态打造一流专业，锤炼“金专”，筑牢高水平本科教育和一流人才培养的“四梁八柱”。以国家一流专业建设“双万计划”为契机，推动专业建设“双十”工程，开展骨干专业建设和专业认证。压缩“平原”，多建“高峰”，建设与东大办学定位和办学特色相匹配的学科专业群。目前，应用化学、机械工程、材料成型及控制工程、材料科学与工程、冶金工程、电子信息工程、自动化、计算机科学与技术、软件工程、采矿工程、矿物加工工程、工商管理、公共事业管理、行政管理、工业工程、信息与计算科学、应用物理学、过程装备与控制工程、车辆工程、测控技术与仪器、能源与动力工程、信息安全、土木工程、测绘工程、生物医学工程、安全工程、信息管理与信息

系统等27个专业获评国家级一流本科专业建设点。英语、数学与应用数学、信息与计算科学、应用物理学、测控技术与仪器、能源与动力工程、土木工程、测绘工程、安全工程、生物工程、信息管理与信息系统、视觉传达设计、经济学、自动化、计算机科学与技术、哲学、日语、电气工程及其自动化、电子科学与技术、物联网工程、资源勘查工程、建筑学、城乡规划、市场营销等24个专业获评省级一流本科专业建设点，自动化、计算机科学与技术等40个专业获评辽宁省一流本科教育示范专业（共三批）。建设校级双十骨干专业26个、12个专业通过中国工程教育专业认证、8个非工科专业通过校级认证。一批一流专业正在东北大学立起来、响起来、热起来。

教务处将持续按照一流专业建设要求，完善专业建设规划，出台支持政策，加强建设力度，保证一流专业建设“双万计划”实施效果。同时发挥首批一流本科专业建设点示范领跑作用，带动学校本科专业建设整体水平提升，为一流大学建设和一流人才培养夯实基础。

二、增容“金课”，打造特色一流本科教育课群阵地

课程是一流本科教育的核心环节。东北大学以建设融“国家五类金课”“学校‘四百工程’骨干课程”“校级思政示范课程”“前沿性、先进性课程”“融合型课程”“交叉、复合型课程”为一体的一流课群为目标，对标国家课程建设“双万计划”，做好“百门精品骨干课程”建设和“百种优质教材”建设，全面梳理教学内容，着力提升课程品质。围绕“思业融合”“通专融合”“专创融合”等，打造融合性示范课程，铸就提高人才培养质量的“杀手锏”和实现学生更好发展的“金钥匙”。

◎打造特色一流本科教育课群阵地

实施“思业融合燎原计划”、构建“十百千万”工作格局、锻造课程思政“质量工程”，持续改进和加强课程思政效果。课程思政逐步成为教育教学改革的主攻方向和思想政治教育的重点工作，知识体系教育与思想政治教育工作的融合不断走向深入，已建设校级课程思政标杆课程 8 门、校级课程思政示范课程 100 门，校级课程思政示范专业 10 个，立项建设校级课程思政培育课程 60 门，校级课程思政培育专业 5 个，覆盖学生数超过 5 万人次。

获批教育部首批国家一流本科课程 39 门。其中，“无机化学”“模拟电子技术基础”等 29 门课程（含 2017 年国家精品在线开放课程 6 门、2018 年国家精品在线开放课程 18 门）被认定为线上一流课程；“露天矿开采虚拟仿真实验”“化学实验安全教育情景互动式虚拟仿真教学项目”“核物理综合实验”等 3 门课程被认定为虚拟仿真实验教学一流课程；“高等数学”“大学化学理论与实践”等 5 门课程被认定为线下一流课程；“大学物理”“冶金资源综合利用与环境保护”等 2 门课程被认定为线上线下混合式一流课程。获批辽宁省级首批一流本科课程 168 门。其中，线上一流课程 42 门、线下一流课程 66 门、线上线下混合式一流课程 20 门、虚拟仿真实验教学一流课程 30 门、社会实践一流课程 10 门。

◎学生用 VR 设备开展相关实践教学活动

建设并在“中国大学 MOOC”平台上线课程 123 门，其中 24 门课程被认定为国家精品在线开放课程（线上“金课”），建成并在“爱课程”“学堂在线”国际平台上线课程 7 门，在“学习强国”辽宁平台上线课程 42 门，获批国家虚拟仿真实验项目 2 项，在国家平台开课数量、国家认定数量上都稳居全国前四。通过立项，资助建设思政课程、前沿性课程、交叉型课程、融合型课程超过 200 门。

教务处将继续按照相关要求，将国家级和省级一流本科课程建设纳入“十四五”高等教育发展规划，加快建设与新时代人才培养需求相适应、与新技术相融合、与教育教学方式方法改革相配套的教育教学管理政策和机制，注重一流本科课程建设与应用优秀案例的推广，以“学习革命”推动“质量革命”向纵深发展，积极推动广大教师和学生投身新时代教与学的变革实践中。

三、云集“金师”，夯实特色一流本科教育师资队伍

优秀的教师队伍是一流大学的灵魂所在。教务处以“金师”建设为抓手，探索构建高层次教学团队的实践。对标新时代全国高等学校本科教育工作会议对高校教师的要求，实施“百名本科教学标兵”建设工作。增设“骨干主讲教师”和“讲席教授”岗位，评选优秀本科教学团队，设立教育卓越奖、教育优秀奖及终身教育成就奖，打造各级教学名师、教书育人先进个人，在全校推动形成爱岗敬业、奋发向上、教书育人的工作氛围。目前，学校有国家级教学名师 4 人、省级教学名师 36 人、“兴辽英才计划”教学名师 3 人、校级本科教学标兵 30 人。娄成武、翟玉春、姜茂发、蔡九菊、刘建昌、朱志良、沈峰满、孙萍、巩恩普、宋叔尼、王青、张书鸿、顾晓薇、李鸿儒、徐林、杜涛……东北大学“金师”名单在不断延长，而东北大学依托“金师”工程建设，全面提高教师教书育人能力，构筑有温度的一流本科教育的实践探索却从未止步。作为高度重视本科人才培养、长期投入本科教学的一线优秀教师代表，东北大学“金师”扎根课堂育桃李，不忘初心乐奉献，不唯论文、不唯职称、不唯奖项，只唯潜心教书育人，积极投身教育教学改革工作，建设一流课程，培养一流人才，为全面提高人才培养质量做出较大贡献，是学校本科教育教学的示范和榜样。

◎云集“金师”，打造一流本科教育师资队伍

教务处将继续把一流师资培育作为一流大学建设的重要内容，充分发挥各级各类

教学名师的引领示范和激励带动效应，全面提升本科人才培养质量，加快建设世界一流大学。

四、培育“金果”，树立特色一流本科教育东大品牌

培养优秀学生、锻造学术精英、产出高端成果、享有国际声誉、提供一流社会服务等是公认的一流大学的评价标准。东北大学构建了德智体美劳“五育并举、五位一体”的人才培养体系，构建拔尖创新、应用卓越、交叉复合、协同创新等多元、普惠、个性化人才培养模式，努力让每个学生都有自己的成长轨迹，真正实现了“特长与学业”共生共长。目前，学校共创建了“学－硕－博”贯通培养、“软件工程＋金融”等为代表的各种人才培养创新特色班28个，源源不断地向社会输送着高素质专门人才和拔尖创新人才。依托教学改革项目、“双一流”建设、国家教学成果培育等专项，学校集中破解在人才培养理念、模式、标准、条件建设、教学体系、教学方法等方面制约本科教学改革与发展的关键问题，培育“金果”，努力让每一项教学成果都承载东大文化基因。

姜茂发教授主持的“基于‘技艺技能传承’的洁净钢冶炼专门人才培养创新与实践”、高克宁教授主持的“面向混合式学习的程序设计基础课程体系构建与实践”、朱志良教授主持的“校企协同培育‘实用性、复合型、国际化、创新型’软件人才的探索与实践”等三项教学成果荣获2018年国家级教学成果奖二等奖。校党委副书记张国臣主持的“基于‘课程思政’的教育教学改革探索与实践”、副校长王建华主持的“PBL与OBE深度融合的交互式教育模式探索与实践”等34项教学成果荣获2020年辽宁省普通高等教育（本科）教学成果奖。

教务处将继续通过立足人才培养、强化顶层设计、突出改革引领、设立教改专项等措施，持续推进“三全育人”、重点强化“五育并举”，加强思政课程和课程思政同向同行，系统实施培养模式、教学模式、管理模式以及一流专业、一流课程、优秀教材等全方位改革与建设，实现一流人才培养能力有效提升，形成可推广的优秀教学成果。

五、聚力“新工科”建设，擦亮东北大学工科底色

服务国家经济社会发展是世界一流大学永恒的使命。作为一所以工科为主的高校，东北大学多年来主动服务国家经济社会发展，深入扎实推进新工科建设，着力推动信

息、冶金、材料、矿业、机械等领域交叉融合，打造以“新信息、新冶金、新材料、新采矿、新机械”为代表的新工科专业，面向人工智能、智能制造等战略性新兴产业需求，探索“互联网 +X”、“智能 +X”、“X+ 外语”专业建设，同时推进部分理科、文科在新工科背景下的建设。

在教育部首批新工科研究与实践项目结题验收中，冯夏庭院士主持的“面向新经济的采矿工程专业改造升级路径探索与实践”项目验收结果为优秀，朱志良教授主持的“与专业教育有机融合的新工科通识教育课程体系构建探索与实践”、朱苗勇教授主持的“适应行业转型升级冶金类复合型创新人才培养体系研究与实践”、张斌教授主持的“新工科个性化人才培养模式探索与实践——以计算机科学与技术专业为例”等 3 个项目通过验收。2020 年推荐教育部的第二批新工科研究与实践项目：冯夏庭院士主持的“采矿工程通专融合教材体系建设”、朱志良教授主持的“跨学科交叉融合的‘互联网 + 金融’复合创新型人才培养模式及教育组织模式探索与实践”、徐林教授主持的“面向新工科的智慧环境下‘智能 +’专业课堂教学模式改革探索与实践”全部获批。推荐辽宁省第二批新工科研究与实践项目 2 项全部获批。

未来，学校将以此为契机，大力支持和鼓励通过验收的课题组继续深化项目研究，推动工程教育改革和最新研究成果用于人才培养，并充分发挥前两批新工科研究与实践项目的示范作用，带动、扶植和培育新的新工科研究与实践项目，推动新工科建设再深化、再拓展、再突破、再出发，探索形成东大风格、中国特色、世界水平的工程教育体系，为建设工程教育强国贡献力量。

筚路蓝缕启山林，栉风沐雨砥砺行。东北大学“四金一新”一流本科建设方案，数易其稿，玉汝于成，凝结了无数东大人的智慧与汗水。方案的实施与推进为东北大学坚守一流本科教育底色，把本科教学捧在手里、放在心上、扛在肩头、顶在头顶提供了理论支撑与体系架构。“义务无穷，希望亦无已”，在一流本科建设征程中，炼成“金专”、增容“金课”、云集“金师”、频出“金果”、领航“新工科”，建设一流本科、做强一流专业、培养一流人才，东北大学步履不停，永在路上。

创新经典品读模式　以理论之美铸魂育人

——马克思主义学院“课程育人”工作案例

马克思主义经典著作包含着经典作家所汲取的人类探索真理的丰富思想成果，体现着经典作家攀登科学理论高峰的不懈追求和艰辛历程，是深入理解马克思主义精神实质和思想精髓，学习掌握习近平新时代中国特色社会主义思想，坚定中国特色社会主义共同理想和共产主义远大理想的前提条件和重要途径。东北大学思想政治理论课始终坚持在大学生群体中传颂马克思主义经典名篇，通过教学改革、组织开展“与信仰对话——马克思主义经典著作诵读会”系列活动，教育引导广大青年学生精读经典、品悟经典，不断提升经典铸魂育人实效，成为党的十八大以来推进高校思想政治理论课教学改革的标志性名片。

一、教师引导，实现经典品读与教学内容、学生思想需求的有机统一

◎“与信仰对话——马克思主义经典著作诵读会”现场

为深入贯彻落实习近平总书记关于教育的重要论述，坚持把立德树人作为中心环节，遵循思想政治工作规律、教书育人规律、学生成长规律，东北大学思想政治理论课不断创新教学实践，形成了独具特色的思想政治理论课经典品读教学模式。

2014年以来，东北大学以本科生思想政治理论课为教学载体，坚持“经典领航、问题导向、学理优先、实践求真”的经典品读定位，形成“一主体双结合三环节四保障”的经典品读教学体系，搭建“个人品读感悟报告+小组课堂演讲+班级交流互鉴+全校经典诵读”的多样化成果展示平台，创设“师生全员性参与、课程全方位覆盖、教学全过程嵌入”的经典品读教学设计，实现了教与学、教与研、教与传的互促共进，促进了文本体系、教学体系向信仰体系的有效转化。

加强对经典品读的指导，是确保实现思想政治理论课教学设计、取得良好效果的重要前提和基础。思想政治理论课教师根据教学要求，结合国际国内形势发展，从改革开放以来经济社会发展的实际出发，把握青年学生的思想状况，从问题入手，按“单”备“菜”，有的放矢地选择马克思主义经典品读篇目，指导学生学习。

教师通过课堂导读、微信群、QQ群等平台引导学生、答疑解惑，促进学生品读能力提升，实现经典品读教学环节与课程教育教学目标的高度融合。通过组织不同学科门类的学生代表座谈会，摸清青年学生的社会关注热点、思想困惑难点和理论渴求重点。精心确定每一门课程经典品读的篇目和内容，既覆盖马克思恩格斯的经典篇章，又突出马克思主义中国化的最新理论成果，并注重各门课程教学内容的衔接。

二、全员品读，实现经典品读的全方位覆盖与自组织参与相结合

思想政治理论课教师以学习小组形式组织全体本科生参与经典品读教学环节，每个学习小组的组成既注意规模适度、保障小组成员可以充分讨论交流，又考虑整个教学班进行品读汇报的课堂容量、保证每个小组都有展示品读成果的机会。学生按照自愿组合原则组成学习小组，进行自主全员参与，带着问题自学、针对困惑品议；每个小组选定1位组长，负责组织小组的自学、讨论、品议、汇报活动，并记录组员在自主学习、参与讨论、品读汇报（PPT）准备中所做的工作。

这种学生分组自学、相互品读交流、集中统一汇报的品读组织形式和从思想困惑入手、带着问题品议经典的品读方式，充分激发和调动了学生自主学习的积极性，引导学生在品读经典的过程中，潜移默化地接受经典文献思想的洗礼，实现理论从“入耳入眼”到“入心入脑”的转变。

从经典品读教学环节结束后进行的学生座谈和问卷调查情况来看，个别学生开始阶段对品读经典确有质疑和抵触情绪，出于课程要求的强制性而不得不加入小组、参与品读，但随着学习小组品读活动的开展以及教师对品读环节的悉心指导，这些学生的品读能力得到提升，逐渐从品读过程及小组交流中获得思想困惑的回应、现实难题的解答，品读的获得感不断增强、品读的积极性得到极大提升。

三、系统设计，实现经典品读操作的科学规范与育人目标协同

自组织学习小组的经典品读形式改变了以往单个学生的应景式阅读或教师主导的填鸭式阅读，采取由学生自主组建学习小组，通过分组讨论、相互交流等形式，集中品学指定的经典文献，期末由学习小组进行品读汇报演讲，集中阐释品读经典的收获。思想政治理论课教师制定了经典品读操作细则，明确经典品读的参与形式、考核方式、现场汇报要求、提交材料要求等规范，真正做到了经典品读组织有依托、操作有规范、考核有依据、学习有动力。

作为思想政治理论课教学的重要环节，经典品读与思想政治理论课程实现了“四个协同互动”：一是经典文献篇目选择和教学内容上的相互支撑；二是课堂理论讲授与经典品读成果展示的教学环节互动；三是将经典品读环节纳入课程考核体系中，经典品读在各门思想政治理论课程期末总成绩中均占有一定比重；四是以经典理论内容为指导，在校团委的支持配合下，设计实施“理论之光”主题社会实践，使每一位同学在实践中切实体悟经典的真理魅力。

四、经典领航，实现马克思主义经典品读与日常思想政治教育的有效共进

实现经典品读与学生日常思想政治教育的有机融合，精心策划“与信仰对话——马克思主义经典著作诵读会”，将马克思主义经典著作带出课堂，搬上舞台，在全校进行汇报演出，极大地提升了经典品读的辐射效应。东北大学从 2014 年起推出系列“与信仰对话——马克思主义经典著作诵读会”，精选《青年在选择职业时的考虑》《在马克思墓前的讲话》《中国革命与中国共产党》《青年要自觉践行社会主义核心价值观》《习近平谈治国理政》等理论名篇，让学生领略经典，在经典中认识客观真理、追寻人生价值。

◎“与信仰对话——马克思主义经典著作诵读会”现场（二）

东北大学马克思主义学院院长田鹏颖表示，思政课品读经典，就是让大学生实实在在地走进原著，在字里行间与伟人进行“原汁原味”的对话，满足学生的心理、信仰需求，切实领略马克思主义者的人格魅力。经典品读有效实现了从教材体系向教学体系的转变，进一步提升了大学生思想政治教育的吸引力和感染力。学校还针对思政课需要，编写了 4 本配套经典读物，包括经典原著背景介绍及解读等内容，已陆续投入使用。

◎田鹏颖教授为学生解读党的十九大报告

“要敢于做先锋，而不做过客、当看客，让创新成为青春远航的动力，让创业成为青春搏击的能量。”……多年来，一篇篇经典作品浸润着学生的思想，也让思政课堂更加生动鲜活。“走近经典，我们更能体会到经典的正确性。我们愿意去学习、研究这些原著经典，去提升我们思想的深度和广度。”学生霍佳锐说。东北大学经典品读思政课教学改革入选《中国教育报》评选的“2015 高等教育十大关键词”。新华社、《光明日报》《中国青年报》《中国教育报》《大众日报》等媒体先后专题报道了东北大学思想政治理论课教学改革实践，产生了热烈反响。

马克思主义不仅是伟大的真理，而且开辟了通向真理的道路，是人类世界“伟大的认识工具”。东北大学思政课经典品读教学模式有效实现了与真理“对话”和“交心”，增强了思想政治理论课教学的针对性和学生获得感，推动学生实现从品悟式知识层次向自觉式信仰层次的跃升。

构建教学团队课程思政育人新格局 让“数值分析”课程绽放思政之花

——理学院“课程育人”工作案例

挥舞粉笔的三尺讲台，修改论文的办公桌前，指导学生的讨论班里，收获喜悦的领奖台上，到处都有她们年轻的身影。她们，就是东北大学理学院“数值分析”课程思政教学团队。团队有教师 6 人，其中教授 1 人、副教授 1 人、讲师 4 人，全部为中共党员。在课程负责人邵新慧教授的带领下，秉承“做学生知识的传授者，人生的引路人”这一理念，他们充分挖掘“数值分析”课程的育人功能，将“三全育人”理念贯穿教学全过程，努力实现知识体系教育与思想政治教育的有机融合发展，让专业课程教学与思政理论课同向同行。

一、业务水平和政治修养并举，建设实力型教学团队

“数值分析”课程是研究用计算机求解各种数学问题的数值方法及其理论的一门学科，是现代数学在计算机上应用的重要基础工具，是继续学习和掌握其他常用算法的基础课程，同时也是高等院校理工科类中很多专业的学生都必须掌握的一门基础课程。该课程最主要的特色便是理论与实践相结合，既能为学生在理论学习方面以及通过计算机解决实际问题等方面打下良好的基础，而且课程中介绍的诸多数值算法，特别适合培养各个专业学生的数学逻辑思维能力和提高学生的数学推理能力，有利于培养和提高学生结合计算机解决实际问题的创新能力。

在对“数值分析”这样一门数学专业课实施课程思政的过程中，如何打破长期以来思政教育与数学专业教育相互隔绝的“孤岛效应”，将立德树人贯彻到课堂教学全程、全方位、全员之中，是新形势下教学团队面临的重要任务，也是重大挑战。

教师扎实的业务能力和深厚的政治理论修养是开展课程思政教育教学改革的前提。

“数值分析”课程思政教学团队深刻认识到，只有实现思想政治教育和知识体系教育的有机统一，才能全面落实立德树人根本任务。

团队教师始终坚持“以学生为中心，育人是根本”的教学理念，植根讲台，对学生充满热情，对工作充满激情。作为课程负责人和数学系党支部书记的邵新慧教授政治素质过硬，教学经验丰富，教学水平精湛，多次荣获东北大学“本科教学标兵”、东北大学“我最喜爱的老师”等荣誉称号，是东北地区微课教学基本功竞赛一等奖获得者，被学生们亲切地称呼为“亲妈”。团队其他成员都是教学骨干，在邵新慧教授的带领下，团队的政治修养日益增强，教学质量稳步提高，教学效果明显提升，为课程思政的实施打下了坚实的基础。

◎邵新慧教授给研究生上“数值分析”课

2020年新冠肺炎疫情期间，他们深怕学生在线学习对知识理解不透，深知学生的疑问会相应增多，冯男老师创新性地提出要给学生全天候在线答疑解惑，得到了大家的一致响应。他们的口号是“宁可让自己工作到深夜，也不能让学生们的疑问过了夜”，这段时间他们全天候备战“线上讲台”。

◎教研室工作研讨

二、注重课程思政元素的挖掘与精选，做到因事而化，因时而进，因势而新

“数值分析”课程教学团队在数学专业知识学习过程中巧妙融入思想政治教育元素，实现思政上的引申和靠拢，达到了“润思政”而细无声，自然融合的效果。结合所讲授“数值分析”课程的具体特点，因势利导，抓好切入点，自然地将该课程的教学目的和思政进行有机结合。

首先是因事而化，就是要将鲜活生动的实践作为教学资源，寓理于事、教化于心。例如，在引入误差的概念时，提到港珠澳大桥沉管隧道顺利合龙时的偏差测量结果由160毫米精调到2.5毫米的过程，阐明我国工程技术正在飞速发展，进而提到港珠澳大桥上的大量高性能绿色桥梁钢板由东北大学王昭东团队研发并提供技术支撑的故事。从这些典型的人和事中提炼思政元素，激发学生的求知欲、爱国情、报国志。

其次是因时而进、因势而新，把思政元素聚焦于学生普遍关注、正在发生的热点事件上。例如，在介绍数值算法收敛速度的时候，提到代表“中国速度”的火神山、雷神山医院的修建，进而谈及当前世界疫情的发展，以及中国抗疫工作取得的巨大成就。反观西方资本主义国家在抗疫不利情况下，还对中国进行污名化，对我国政治制度进行恶毒攻击。借此提醒大学生在面对形形色色的网络言论和各种思潮时，要进行理性分析，引导学生深刻理解为什么要坚持和发展新时代中国特色社会主义道路。

最后是注重课程思政与数学文化的融合，达到“如春在花、如盐化水”的效果。数学文化教学是厚植爱国主义情怀和科学精神的重要载体。在“数值分析”课程教学中，融入数学史和老一辈数学家追求真理、攻坚克难的励志故事，融入数学的美育价值，促进科学素质教育与人文素质教育的有机结合，引导学生扎根中国土地，激发学生树立做出世界一流科技成果的远大理想。

例如，在讲授数值积分的梯形公式和 Simpson 公式时，给同学们介绍华罗庚先生和王元教授所著的一本书——《数值积分及其应用》，突出介绍华罗庚先生与王元教授在数值积分方法与应用等方面的研究成果，并同时介绍了华罗庚先生放弃美国优越生活条件和良好的科研环境，克服重重困难回到祖国，投身我国数学科研事业的故事。在学习欧拉公式的时候，引入欧拉即使在双目失明后的几十年里，仍凭借惊人的毅力发表了数百篇高水平论文的事迹。这些与数学密切相关的人和事，给正在攀登科学高峰的学生们照亮了前进的道路。

三、注重教学模式和评价体系教育教学改革，完善课程思政教育教学改革

在完善深化内涵、拓展外延、融合创新的“数值分析”教育教学体系中，团队教师勇于开拓创新，建立了“课堂讲授 + 学生报告 + 小组讨论”的混合式教学模式，创新了“课程论文 + 慕课测试 + 讨论式报告 + 自主评价”的课程多元评价体系。在充分互动的新型教学模式下，通过课堂质疑、线上线下多渠道交流，培养学生的自主学习能力和批判性思维，润物无声地将思政元素融入课堂，促进学生全面发展。

在邵新慧教授的带领下，经过教学团队的共同努力，“数值分析”课程思政教改取得了良好的效果，课堂气氛热烈，学生学习热情高涨，好评不断。“数值分析”课程先后入围了国家精品在线课程和东北大学首批课程思政示范课程建设行列，充分显现了课程思政在数学学科乃至理工学科中融合发展的巨大潜力。团队还充分发挥数学系党支部的战斗堡垒作用，组织团队成员在数学系多次与其他老师分享课程思政实践的经验和体会。

党建和教学在基层的有机融合让课程思政找到了生根、发芽和茁壮成长的沃土，随着“数值分析”课程思政建设的深入开展，学校、学院课程思政之花必将永久绽放。

用课程思政启智铸魂

——信息科学与工程学院“课程育人”工作案例

春风化雨正当时，润物无声待花香。信息科学与工程学院紧紧围绕“为党育人、为国育才”的使命和立德树人根本任务，把思想政治工作贯穿教育教学全过程，积极推进课程思政改革，通过必修课“先锋课堂”、选修课“铸魂课堂”、自修课“卓越课堂”，让“坚硬”的课程“柔软”起来，实现思政课程主渠道育人向课程思政立体化育人的创造性转化。

2019 年，信息科学与工程学院充分发挥业务教师队伍、退休教师队伍、行政职员队伍、德育教师队伍、骨干校友队伍、企（事）业单位队伍在课程育人中的主体作用，深度挖掘各课程蕴含的思政元素和所承载的思想政治教育功能，以必修课“先锋课堂”、选修课“铸魂课堂”、自修课“卓越课堂”建设为载体，将思想政治教育融入人才培养全过程，把价值引领贯穿到教育教学实践中，让专业知识与思政教育“盐溶于水”，全力推进各类课程与思政课同向同行。

一、以“先锋课堂”为引领，启智铸魂

信息科学与工程学院充分发挥专业课程教学课堂的主渠道作用，挖掘课程思政内涵，精心设计教学内容、着力优化教学方法，将课程思政融入教学全过程。经过近一年的实践与探索，学院专业课“先锋课堂”建设呈现出课程覆盖面广、授课教师知名度高等特点。学院共有 17 门首批试点建设课程，涵盖本科生、研究生各专业及一级学科，包括省级精品课、省级及国家级精品资源共享课、国家精品在线开放课程等核心课程。授课教师中有全国中青年科技创新领军人才、全国高等学校创业教育“精彩一课”一等奖及“最具推广奖”获得者、全国高校“双带头人”教师党支部书记工作室支部书记、辽宁省教学名师、“兴辽英才计划”获得者等优秀教师。

◎信息科学与工程学院"先锋课堂"暨"课程思政"示范课程研讨会

"先锋课堂"教师在课堂教学中除传授学科专业内容外，还要寓价值观引导于知识传授之中，融理想信念、责任担当于专业课堂，构建具有专业特色的课程思政体系；"先锋课堂"的思政引领要有家国情怀，涤荡学生心灵，激励学生立鸿鹄志、做追梦人，树立科研报国远大理想。一堂堂融入思政元素的"硬核"专业课程，如春风化雨般滋养着处在"拔节孕穗期"的青年学生一代，使学科专业课程与思想政治理论课同向同行，形成协同效应。从思政课程到课程思政，从谋篇布局到下棋落子，信息科学与工程学院的思想政治教育正从"小课堂"走向"大思政"的全新格局，建设课程的教师们正在通过不断的探索实践，在专业课中延续深入骨髓的文化自信，弘扬精益求精的工匠精神，引领积极向上的人生态度，传递激情满怀的"先锋"能量。

二、以"铸魂课堂"为导向，明德树人

学院牢固树立为党育才初心，坚持立德树人使命，承担"就业指导课""大学生能力拓展"等"铸魂课堂"选修课授课任务的行政职员队伍、德育教师队伍、专业教师，以社会主义核心价值观为引领，以理想信念教育为核心，使课程思政理念不再局限于"思政课程"，牢牢抓住提高人才培养能力这个核心点，用爱党爱国、职业道德、工匠精神、奉献社会等思想政治教育核心元素筑牢学生思想政治教育阵地，引导学生树立正确的择业观、就业观，为学生明确目标和前进方向导航引路。

学院利用名家讲堂、院长讲堂、基层立业校友报告等课程思政建设的载体，整合校内校外优质教育力量和资源，逐步强化高端讲座与思政课程的协同效应。通过将业务教师队伍、退休教师队伍和骨干校友队伍打造成"育人共同体"，结合"高端讲座"主讲人的科研、创业经历，讲述奋斗道路上的故事，分享宝贵的科研或创业经验以及

人生感悟，用案例鲜活、理论精辟的讲座将国情社情、专业元素、行业文化、中华优秀传统文化、法制观念、创新意识等因素融入其中，助推学生扬帆起航，实现科研梦、创业梦、报国梦。

◎贾同教授在“课程思政”示范课程展示研讨会上

三、以“卓越课堂”为标杆，见贤思齐

◎张化光教授在“弘扬楷模精神”主题示范党课上为学生党员授课

在“学在东信”精神的引领下，在全院师生的共同努力下，学院产生了一批又一批创新拔尖人才、创新团队和楷模榜样人物。学院开展“卓越学人”“最具影响力毕业生”“本科生第一学年奖学金颁奖典礼”等表彰活动，集中展示大学生楷模榜样的先进思想、模范行为和奋斗事迹。引导广大学生树立和培养社会主义理想信念，培养爱国

主义、集体主义精神；引导广大学生见贤思齐，自觉调整自身的行为规范，形成大学生应有的思想道德和行为方式；引起大学生思想情感上的共鸣，使大学生进行思考、比较模仿和学习，激励大学生的进取心，激发大学生产生主观能动性，进而产生模仿典型、向典型学习的自觉行为。

学院以“青年说”思想政治教育立体化建设平台等为载体，围绕卓越、成长、报国、奋斗等内容讲述真实、鲜活的身边故事，从价值导向、行为暗示、情感激励、感染熏陶等方面，不断自我净化、自我完善、自我革新、自我提高，达到思想教育知、情、意的统一。

◎辅导员沈鹤录制“青年说·使命”网络思政课

当前，课程思政已经成为信息科学与工程学院专业课堂、实践课堂、活动课堂等各类课堂教学的一道靓丽风景，各类课堂融入社会主义核心价值观、专业伦理、国际视野、创新思维、人文情怀等思政内容，让有品位的课堂成为滋养学生成长的“心灵鸡汤”。紧贴时政热点，融入鲜活案例，坚定文化自信，讲好中国故事。近一年来，学院首批尝试的“先锋课堂”“铸魂课堂”“卓越课堂”激发了大家的勇气、形成了引领效应，为下一阶段信息科学与工程学院的课程思政党建创新、教学改革带来了信心和动力。信息科学与工程学院会进一步深化课程思政建设，以思政元素融入专业培养方案为着力点，系统调适专业观，从课程聚焦到专业，将育人理念融入专业点整体规划，并据此指导专业中各门课程融入思政元素的开发，构建课程思政专业体系。学院将在牢固扎根专业课讲台、第二课堂、实践活动基地，回归课程建设本源、同向同行协同育人的道路上不断探索，努力构建起全课程育人的大思政新格局。

科研育人

KE YAN YU REN

以学术之光照亮研究生成长成才之路

全方位构建科研诚信教育新模式

构建科研育人新生态　推进高质量科技创新

创新全程导师制培养模式
提升本科生学术水平

践行科研育人　享学术人生

打造阶梯成长育人新模式
全面提升学生科技创新能力

积极构建『导师制－项目－竞赛』
三位一体创新人才培养机制

以学术之光照亮研究生成长成才之路

——研究生院“科研育人”工作案例

科研是立德树人的重要载体，是“三全育人”过程中不可或缺的重要环节。近年来，学校把科研育人摆到突出位置，全方位挖掘科研育人要素，充分发挥科研育人功能，在研究生思想品德和科研水平协同提升、落实立德树人根本任务等方面，展现出了良好的成效。新时期做好科研育人工作，要引导研究生树立正确的政治方向、价值取向和学术导向，培养研究生至诚报国的理想追求、开拓创新的进取意识和严谨求实的科研作风。

一、理想信念是科研育人的根基

在新生入学教育之时，通过开展校史教育，深入挖掘学校历史中的爱国主义精神，在激发研究生爱校之情的同时，激发其爱国主义情感。在新冠肺炎疫情防控期间，通过搭建在线学习交流平台，引导研究生在体验“中国速度”“中国力度”“中国效度”中坚信中国制度，在品味东大精神、辽宁精神中造就中国精神。在喜迎国庆之际，通过举办“我和我的祖国”“歌唱祖国”等系列活动，提升研究生努力建设伟大祖国的认同感和使命感，继承东大热诚爱国、爱校荣校的优良传统。通过丰富多彩的爱校爱国教育专题活动，引导研究生厚植爱国主义情怀，培养科研情感，将学习科技创新知识与报效祖国的伟大情感结合起来，把科学论文写在祖国大地上，把科技成果应用在实现国家现代化的伟大事业中，把人生理想融入为实现中华民族伟大复兴的中国梦而不懈奋斗中。

二、道德诚信是科研育人的本质

道德诚信是从事科研的准则和基础，也是评价科学研究价值的前提。学校建立了完善的科学道德和学风建设宣讲教育工作机制，通过常态化科学道德和学风建设的宣讲教育，引导广大研究生遵守学术规范、坚守学术诚信、完善学术人格、维护学术尊严。在新生入学教育中，学校将研究生学术道德及规范教育列为报告的重要内容之一，让研究生在进入实验室之前就牢固树立正确的学术道德理念。除全校范围的集中宣讲教育报告外，各学院（部）也纷纷组织开设“恪守道德、端正学风、成就学问”“学术与学风宣讲会”“扣好人生的每一粒扣子，做一个清白的研究者、开拓者与奋进者”等科学道德和学风建设主题讲座，时刻提醒研究生保持清醒的头脑，紧绷科研诚信的“红线”。通过开展形式多样的宣讲教育活动，积极引导研究生摒弃学术不端行为，努力使广大研究生成为优良学术道德的践行者和良好学术风气的维护者。

三、开放思维是科研育人的路径

为拓宽研究生学术视野，培养研究生创新意识和开放性思维，学校每年举办研究生国际暑假学校。暑假学校汇集中外学术大师，以突出学术性、国际性为特色，并鼓励多学科交叉融合，是一个学术水平高、国际化程度高的“双高”活动。近年来，学

◎ 21 世纪学术联盟（AC21）之“智慧土木”建设与运维论坛（2019）

校连续举办“生物医学与信息工程”“管理科学与工程”“人工智能与机器人”“绿色冶金”“面向未来的岩石力学与工程”“智慧土木”等多期研究生国际暑假学校，共邀请70余名外籍专家学者为研究生学员进行专题讲座与学术报告，形成了浓厚的国际化学术氛围，为研究生拓宽学术视野和开展学术交流创造了条件。同时，学校选派部分研究生赴美国波士顿大学、南非斯泰伦博斯大学等海外高等学府进行学习交流，让研究生接触更加多元、前沿的专业知识，增强发散思维，激发创新意识。

四、责任担当是科研育人的意义

努力提高研究生科技服务活动的参与度和社会责任感，建立符合博士生培养目标的实践教育基地，与地方、企业形成长期的合作机制，增强研究生科技服务活动的“前延”与“后伸”。加大教育部“蓝火计划”博士生工作团选派力度，稳步推进辽宁锦州、江苏丰县、广西防城港、湖北黄冈、江苏扬州等实践基地的建设。鼓励研究生参加志愿服务活动，建设学术、研究和服务实践密不可分的队伍，开展独具特色的以“博通致雅，不负韶华”为主题的沈阳市图书馆志愿服务活动。开展以“青春助力少年梦，知识点亮新未来”为主题的校园义务家教活动，截至目前，已举办12期。组建“党员博士生理论宣讲团”，以马克思主义学院为主、其他学院为辅，选拔优秀党员博士生组建讲师团，走进企事业单位、社区街道、兄弟院校等开展理论宣讲，促进博士生协调发展，培养博士生社会责任感，实现博士生理论与实际、校园与社会的双向互动。

五、专业成才是科研育人的目的

科研兴趣是科研工作的出发点和落脚点，要积极发挥研究生的主观能动性。研究生院组织学院领导、学科带头人、研究生导师向研究生介绍学院历史和发展前景、学科优势和专业特色，帮助研究生了解所学专业，激发其钻研专业的热情，以专家亲身经历与同学们分享科研故事，共话科研人生，引导研究生正确面对科技创新过程中的挫折和失败。为提升研究生科技论文写作水平，举办“做好文献积累、指导学术写作”“浅谈学术论文写作”“防疫期间助力研究生学术水平与实践能力提升”等主题讲座活动，结合实际，从论文写作的前期准备与选择、论文的撰写与注意事项等方面，为研究生答疑解惑，鼓励同学们补齐自身短板，阅读大量科研文献，不断提高科研素养。

近年来，学校始终坚持把研究生的全面发展和成长成才放在首位，充分释放科研育人功能，在鼓励研究生勇攀科学高峰、经世致用服务社会、坚守学术底线、立德树人追求卓越等方面，实现了优良的育人效果，在助力研究生专业成才、精神成人的“新长征”路上，迈出了坚实的一步。

全方位构建科研诚信教育新模式

——发展规划与学科建设处“科研育人”工作案例

科研诚信是科技创新的基石，是实施创新驱动发展战略、建设世界科技强国目标的重要基础。科研诚信教育，是加强科研诚信建设的治本之策。发展规划与学科建设处始终遵循学术研究和科研人才成长规律，以优化科研诚信环境为目标，以推进科研诚信建设制度化为重点，以科学道德和学风建设宣讲教育为抓手，通过制度规范、公选课程、宣讲教育、主题活动、典型引领等多种方式和途径，构建全方位、全覆盖的科研诚信教育模式，着力于营造诚实守信、追求真理、崇尚创新、勇攀高峰的良好科研氛围。

一、构建集教育、预防、监督、惩治于一体的科研诚信体系

自学校“三全育人”综合改革试点建设工作开展以来，发展规划与学科建设处紧密围绕建设目标任务，切实强化学校的学术诚信体系建设，全方位构建科研诚信教育新模式，为学校科研育人体系建设提供坚实的制度和思想保障。

发展规划与学科建设处进一步实化、细化科研诚信制度体系，协同相关部门出台《东北大学关于进一步建立健全师德建设长效机制的工作方案》《东北大学师德失范行为处理实施办法》《东北大学违背科研诚信行为调查处理办法（试行）》，制定《东北大学师德失范行为负面清单》，形成《东北大学科技工作道德行为规范》（草稿）、《东北大学学术诚信教育管理办法》（草稿），逐步建立科学规范、惩处有力、健全完备的科研及学术诚信制度体系。

发展规划与学科建设处将科研诚信价值观培育纳入研究生培养体系，协同研究生院开设覆盖全体研究生的“科学精神与人文素养教育”“学术道德与论文写作”等关于科研诚信的公选课程，内容涵盖学术规范相关规定、学术研究方法、学术大家科研诚信的典故、学术不端典型案例等，引导研究生树立学术诚信、严谨求实、开拓创新、敢为人先、勇攀高峰的科研精神。

◎购置并面向各学院（部）发放的《研究生学术道德案例教育读本》

二、开展科学道德和学风建设宣讲教育活动

发展规划与学科建设处组织召开 2019 年东北大学科学道德和学风建设集中宣讲教育报告会，组织青年教师、研究生和本科生代表集中收看 2019 年全国科学道德和学风建设宣讲教育报告会。

建立“一体四维”师德师风建设长效机制，不断完善“师德教育发展、师德表彰激励、师德评价考核、师德惩处监督”四大工作体系，通过召开师德建设工作会议，组织开展师德师风专题培训会、专题报告等形式，将宣讲教育与师德师风培训相结合，提升教师队伍整体素质。

宣讲教育与学术素养培训相结合，构建完善的研究生学术培养考核体系，结合学院专业特点和学术要求在入学教育、科研诚信与学术规范必修课程、学术文化沙龙、课题研究、学术论文和毕业论文撰写等环节，面向不同层面的研究生开展多方位的宣讲教育，提升教育的针对性和实效性，让学术道德和学术诚信成为研究生科学研究的基本价值遵循，内化于心、外化于行。

◎ 2019 年 11 月 13 日青年教师代表、研究生、本科生代表集中收看全国科学道德和学风建设宣讲教育报告会

宣讲教育与大学生培养过程相结合，开展特色诚信教育相关活动，通过专题讲座、主题征文、演讲比赛、主题党日等丰富多彩的活动，引导学生掌握科学方法、培养科学精神、提升科学素养，形成以优良学风为荣的价值导向。开展本科生科研训练项目，探索科研育人评价机制，把思想政治工作全面融入人才培养各环节，贯穿科研全过程，实现价值塑造、能力培养与知识传授有机结合，全面提升人才培养质量。

◎ 2019 年在东北大学举办的辽宁省科学道德和学风建设集中宣讲教育报告会

三、开展典型示范引领系列活动

2019 年，发展规划与学科建设处充分发挥典型人物的引领示范作用，协同校党委宣传部举行纪念建党 98 周年表彰大会暨“讲述・东大人的故事”典型推介会，以身边

人、身边事为切入，深入挖掘并分享优秀科研教学团队、模范教师、“三全育人”特色平台和先进学生集体的奋斗故事，大力宣传他们的坚定信念、执着精神、踏实作风，提升广大师生的精神境界，从根本上净化学术风气。协同研究生院、人事处（党委教师工作部）、团委等部门组织开展“师德标兵”“我心目中的好导师”“我最喜爱的老师”评选活动，培育师德先进典型，并以微信公众号、网站等为载体，积极开展校内外师德典型事迹宣传教育，激励广大教师以求真的科学态度、严谨的治学精神和细致的学术作风投入教学科研工作中，影响和带动学生崇尚科学、追求真理，恪守学术规范、维护学术诚信、弘扬学术道德。2019 年，张化光教授、朱苗勇教授、黄敏教授分别荣获辽宁省教育系统“最美教师”、“沈阳高校师德标兵”及“沈阳高校师德先进个人”等荣誉称号。协同校团委、学生工作处等部门举办东北大学 2019 年“励志文化节”，通过开展“自强之星”评选、“励志青春”报告、团体辅导、公益志愿服务等一系列活动，激励学生学习典范，培养学生自立自强精神，提高学生实践能力，促进学生全面成长成才。

经过前期建设，学校基本建立了科学规范、惩处有力、健全完备的学术诚信制度体系，形成了职责清晰、协调有序、监管到位的学术诚信工作机制。通过开设科研诚信教育公选课程、开展专题学习培训、主题教育、示范引领、科研实训实践等活动，学校将学术诚信管理贯穿拔尖创新人才培养、高素质师资队伍建设、科学研究和社会服务、传承创新优秀文化、国际合作交流等一流大学建设全过程，教育引导广大师生坚守学术诚信、恪守学术道德、完善学术人格、维护学术尊严，实现了科研诚信教育全覆盖，广大师生的科研诚信意识显著增强。当前，弘扬科学精神、恪守诚信规范已成为师生的共同理念和自觉行动，实现了科研育人落地生根。

构建科研育人新生态　推进高质量科技创新

——科学技术研究院"科研育人"工作案例

科学技术研究院按照"三全育人"要求，围绕全员育人、全程育人、全方位育人目标，立足科研管理工作本位，以加强科研育人文化建设为肯綮，全面重塑以有组织科研创新为主体，无功利科研场效应为支撑，正能量管理文化为保障的全新科研育人文化生态，实现了科研能力与科研成果、科研质量与育人质量、管理提升与过程育人的深度融合。

文化是最持久的动力、最深沉的自信。提升科研育人质量，重在构建以育人为导向的科研文化新生态。"双一流"建设以来，学校科研工作坚持"系统规划、精细管理、工程控制、高效创新"的工作理念，坚定实施 HSEV（通过 H 计划强化冶金工业流程与控制科学与工程的深度融合，推动关键核心技术突破；以 S 计划沟通研究对象上下游关系，形成需求侧与供给侧、产品端与制造端、技术优势和区域优势的及时反馈，增强创新灰度；以 E 计划全面打通多学科壁垒，构建全新创新生态体系，融合全过程生产要素，实现全面创新；以 V 计划保障各科研领域在科学发现、技术创新与工程应用的多重目标实现）科研战略，围绕"三全育人"要求，立足科研文化创建，发挥科研育人优势，推动学校科研文化进行了广泛、深刻的现代转折，有效体现了科研育人、管理育人、服务育人的多维价值。

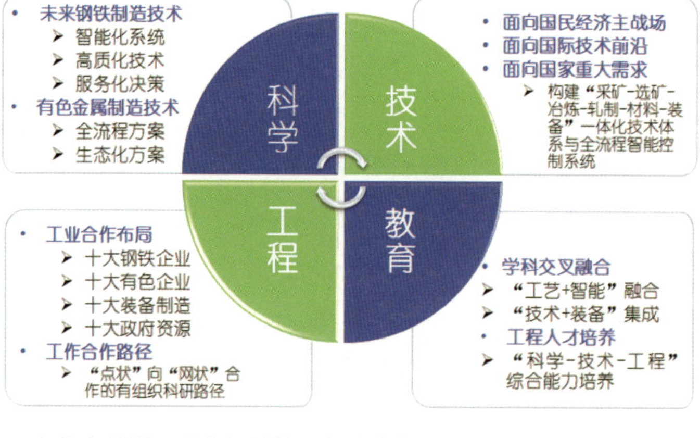

◎ 东北大学科研理念与科教深度融合体系

一、系统规划，有组织科研创新凝聚起集体攻关的磅礴力量

纵观世界科技史，培根、笛卡儿、达·芬奇、牛顿、莱布尼兹等科学巨匠的重大发现深刻反映了以理性思维指导自由探索的科研方式在科学发现中的重大成就。进入20世纪，无论是曼哈顿计划所带来的“井喷式”科技创造，还是新中国建设初期“两弹一星”的伟大成就，都充分说明了有组织科研创新在推动国家科技进步中的巨大优势与现实作用。在当今中国，建设社会主义现代化强国，提升自主创新能力，更需要坚持有组织科研创新机制，弘扬有组织科研创新文化。

坚持有组织科研创新，关键在以党的领导强化组织创新体系，发挥集中领导、统一规划、统筹推进的政治优势与组织优势，将有限的创新要素与无限的创新活力集聚起来，形成推动科研创新的磅礴力量。科学技术研究院坚持有组织科研创新，全面实施HSEV计划，通过H计划强化工艺流程与控制过程融合，加强工艺关键技术突破；以S计划沟通研究对象上下游关系，形成需求侧与供给侧、产品端与制造端、技术优势和区域优势的及时反馈，增强创新灰度；以E计划全面打通多学科壁垒，以构建全新创新生态为体系，融合全过程生产要素，实现全面创新；以V计划保障各科研领域在科学发现、技术创新与工程应用方面的多重目标的实现。2019年，学校面向未来钢铁高效绿色智能的全流程创新体系与有色金属制造全流程生态化技术变革体系已基本确立，推动创新成果走出“死亡之谷”“达尔文之海”的转移转化制度进一步完善，学校纵向项目进款与横向项目进款首次呈现均衡化增长。在重大奖项中，获得国家科技进步一等奖、国家自然科学二等奖，实现从“0”到“1”的历史性突破；科研创新格局实现了工程优势、技术优势与科学发展增长模态从“圆锥型”向“圆柱体”的革命性变化。

方向决定道路，道路决定命运。学校坚持有组织科研创新的行动自觉来自中国独立自主、自力更生的民族精神，彰显着中国特色社会主义的道路自信、理论自信、制度自信与文化自信，体现着以提升自主创新能力的英雄时代与时代英雄“将论文写在大地上”的使命担当，回答着科研能力何以能支撑一流大学建设的选择之问。有组织科研创新联通了学校学科链与技术链，打通了不同学科的创新壁垒，推动着所有创新要素有序结合、良性生长，以开放、包容、共赢的文化特性滋养着每一位学人在创新活力与创新潜力、创新平台与创新资源、创新成果与创新价值中的持久成长。

二、精细管理，无功利科研场效应擦亮东大科研精神底色

“世界上有两件东西能震撼人们的心灵：一件是我们心中崇高的道德标准，另一件是我们头顶上灿烂的星空。”康德以道德律令的方式确定了人的行为标准与对科学的态度。科学面向浩瀚宇宙，俯察天地万物，既要回答人类面临的共同问题，又要关切每个个体的生存小问题。中华民族自五四运动始向科学进军的伟大历程告诉我们，唯有坚持脚踏实地的科学精神和仰望星空的科学执着，才能在以科技力量为重要参考的国际竞争中走在前列。

从法拉第发现电磁感应到爱迪生发明电灯，再到人类步入电气时代，建立工业革命下的资本主义繁荣时代，科技创新从最初对未知的探索与假设走向以商业价值实现的技术发明创造。科学的商业化运用、技术的产品化推广成为人们对科技的时代共识，科技创新已然不是百科全书式的宏大概念，也不再是包罗万象、屡试不爽的基本原理，而成为能否继续生存、长久繁荣的“杀手锏”。当“以物的依赖性为基础的人的独立性”成为创新能力的评价要素时，无功利的科研场效应更成为推动变革创新、关键突破的重要土壤。

打造无功利科研场效应，就在于重塑正确的科研立场与目标，修正与回归发现真理、传播真理、传播思想、塑造灵魂、塑造新人的科研坐标，不断擦亮东大“自强不息、知行合一”的精神底色，不断传承东大“实干、报国、创新、卓越”的文化血脉。科学技术研究院紧紧围绕立德树人根本任务，聚焦世界一流大学文化内涵，以坚定“向下扎根、汲取营养；向上发展、服务战略”的科学态度与提升“扎根工业，献身学术”的人生境界为目标，邀请中国科学院、中国工程院院士等高水平人才开展专题学术讲座，打造东北大学科学大讲堂教育品牌，不断做强无功利科研场效应。

◎中国工程院院士唐立新做客“科学大讲堂”

志之所趋，无远弗届；穷山距海，不能限也。办好科学大讲堂，就是要面向国际学术前沿，按照公认的研究范式来构建一个领域具有代表性的学术话语体系与评价体系；就是要面向国民经济主战场，坚持科学思维与工程思维并重，培养学生发现、凝练生产问题与提升解

决现实问题的能力；就是要面向国家重大需求，强化“坐稳冷板凳”思维，引导边缘创新与融合创新，增强源头创新能力。两年来，科学技术研究院坚持高水平、高标准、高质量导向，组织科学大讲堂10余次，面向全校开展科学精神与学术前沿教育，累计参与超6000人次，取得良好的社会声誉与师生口碑。

三、工程控制，正能量管理文化培养“指挥家”式的管理队伍

坚持透明高效的正能量管理文化，永葆奋斗创造伟业的精神状态，就是要从正能量的角度去观察问题，去思考问题。这种文化根植在中国革命的红色基因中，饱含着从绝望中看到希望、从黑暗中看到光明的发展智慧。一个个体拥有了正能量，在工作中就能发挥向上的精神状态，就能感染周边的人；一个部门拥有了正能量，就能减少过程中的阻力，克服工作中的困难，就能不断以奋斗的精神状态实现平凡中的伟大。

◎ 科学技术研究院开展“人文社科振兴计划”专题调研

科学技术研究院坚持营造透明高效的正能量管理文化：一是引导科研管理队伍从党的伟大历程中学习党的优良传统，进一步掌握组织能力，不断从党的事业高度与中华民族伟大复兴的赓续奋斗中坚持正能量的场效应，在工作中成就艺术，在平凡中成就伟大，不断拓宽视野，不断接续奋斗，推进部门精细管理；二是积极引导科研管理队伍在增强政治意识中做新时代干事创业的先锋表率，不断坚持正能量的场效应，深刻学习领会中国共产党革命、建设与改革开放过程中的战略定力、初心不改与奋斗自信；三是强调科研管理队伍在破解难题中增强党性，始终用创新思维去干工作，坚持把能办的事情办好，把新的问题以新的思维解决好，继续强化艰苦奋斗的工作作风，

增强攻克困难的信念与执着；四是着力克服工作中“能量最小化”的思维弊病与行为惯性，落实学校党委关于新时代鼓励干部敢担当、敢作为的相关意见，强化工作是人性的修炼理念，不断提升专业能力，造就有技术的专家型管理队伍，成就“指挥家”式的管理者与实干者。

推进高质量科技创新。科学技术研究院将继续以工程科技为牵引，不断加强基础研究和应用基础研究创新，增强关键领域、关键环节的自主创新能力，推动维护国家主权、安全与发展利益的关键共性技术、前沿引领技术与变革性技术的产学研一体化协同创新，完善中国特色、世界一流的科技创新应用生态，构建以深化教育改革为动能的新型集体攻关科研模式，产生国际水准、中国特色的先进技术成果，提升科研育人能力，形成科学、技术、工程、教育、管理深度融合又相互支撑的运行体系，不断推动学校科研育人能力与水平步上新台阶、进入新境界。

创新全程导师制培养模式 提升本科生学术水平

——文法学院“科研育人”工作案例

为实现学生由高中的集中式“托管”到大学开放式教育的平稳过渡，文法学院开始了本科生“全程导师制”培养模式的探索改革。“全程导师制”是指从本科一年级开始，通过确立固定、连续的指导与学习联系，搭建起专业教师与学生的交流平台，旨在打造学生个性化与综合素质全面发展的培养与指导模式。

学院先后通过建立制度、细化过程、构建评价体系、完善绩效考核标准等系列举措，确保该指导模式的顺利实施。

一、加强制度建设，构建质量保障体系

根据“全程导师制”的基本思路、基本内容以及考核与管理等要求，学院首先制定了《文法学院“全程导师制”实施办法》，并全程追踪实施效果，根据现实情况及时修订，使其日趋严谨、规范。

为保障“全程导师制”培养模式的实施质量，学院建立了质量保障体系，对导师指导进行评价跟踪。2012—2017年，学院集中组织学生进行PC端网络评价，参与学生有7000余人；2018年，学院引入了“钉钉”云平台，对“全程导师制”的实施过程和质量进行动态监控，使保障体系更加完善。

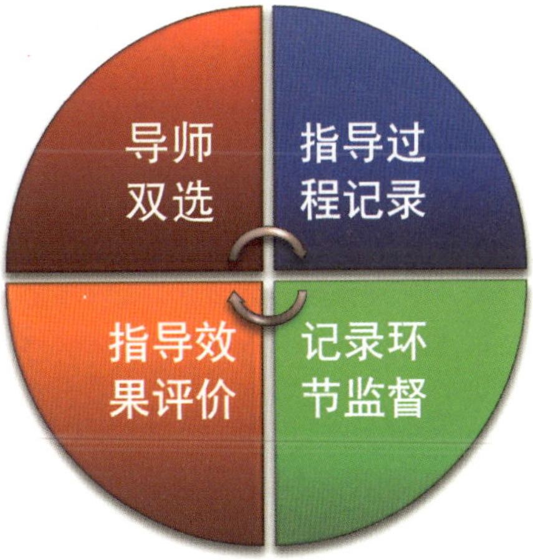

◎“全程导师制”实施过程示意图

编订《全程导师制指导记录手册》。该手册由任务概览、学业指导过程记录表与实习指导过程记录表组成，学生可依据该手册规划学业进度和研究进程。通过手册这一载体，实现了指导环节可追查，指导记录可存档。从2018年开始，学院在钉钉云平台上建立了电子化的指导记录手册，实现了由线下纸质时代到网络“云端”时代的更迭。

为规范学术写作训练与考核，“全程导师制”培养模式将学位论文工作分解为中文文献阅读、外文文献阅读、开题与中期检查等训练环节，并制定学术写作训练与成绩考核细则规定，使各个环节均有规可循。

二、细化实施过程，保障工作有序推进

新生军训结束后，在新生宣讲和教师动员基础上，学院完成学生与导师的双向选择，确立指导关系；大类分流后，按照专业重新选择导师。导师每学期进行6次以上的学术指导，指导进程和内容均记录在手册中，该手册记录学生和导师四年内所有学术和实践活动，并在毕业时存入学生档案。

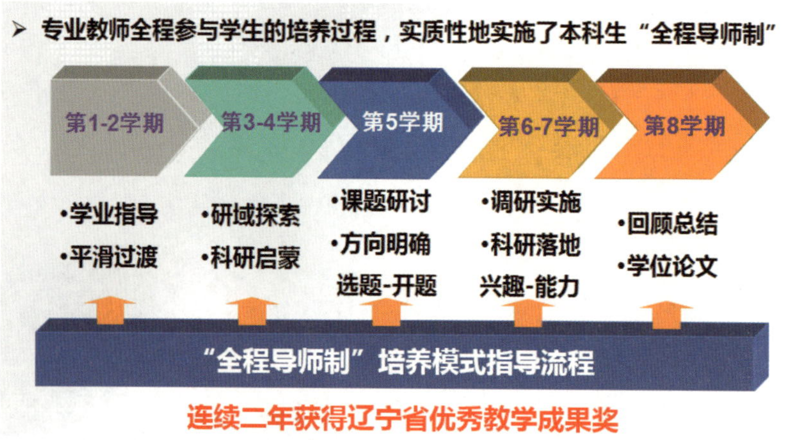

◎学期任务示意图

学院督导组每学期按照“全程导师制”指导过程记录标准，对《全程导师制指导记录手册》逐本检查，提出意见。导师根据意见调整指导内容。2018年开始，依托“钉钉”云平台系统，督导组可实时查询指导教师的指导情况。系统还设置提醒功能，强化了指导的过程管理。

学院在广泛征求师生意见基础上，充分借鉴了国内外成熟的评价经验和体系，经学院师生反复讨论后，构建了指导效果评价系统，依托第三方独立评价。依据每学期指导与学生学习内容的不同，设置不同的评价指标，这些指标涵盖了教师行为、知识

增长、能力提高、学习投入等方面。采用“钉钉”云平台手机评价，解决了以往集中评价成本高、效率低的问题；同时，一人一账号，既便于督导组后台监测，又从技术层面上化解了“替评”的问题。

为避免因评价宽严度不同、对评分标准的内化程度不同而导致评价结果不科学，学院对评价结果进行等值化处理。学院将评价结果作为评选“精彩课堂奖”的重要依据，同时与导师的绩效考核衔接，激励导师提高指导质量，优化指导效果。

为确保“全程导师制”有效实施，学校和学院每年投入资金近 30 万元用于教师指导工作。同时，依据年终绩效考核结果划分等级，实现了指导酬金差异化配置。

三、设奖树立典型，激活改革成效显著

为激励教师全身心投身教学工作，学院设立“精彩课堂奖”和“阳光榜样”，用于表彰综合评价高的教师，发挥学院典型的引领示范作用。

◎文法学院 2018 年度“精彩课堂奖”颁奖仪式

文法学院“全程导师制”培养模式，经过多年的探索与改进，在人才培养与教学改革方面取得了阶段性成效。

（一）人才培养效果逐渐呈现

文法学院人才培养效果

年份	本科生发表论文 / 篇	省级以上学术竞赛获奖 / 项
2015	8	4
2016	14	19
2017	34	28
2018	22（CSSCI 1 篇）	31
2019	16（CSSCI 1 篇）	12
合计	94	94

从数据来看，本科生每年公开发表论文与参加省级及以上竞赛获奖数量都很可观；本科学位论文质量不断提高，学生的学术理论水平和社会实践能力有较大提升。以 2019 年为例，本科生公开发表论文 16 篇，主持或参与课题 12 项。

（二）教师教学改革成绩明显

近年来学院教师累计发表教改论文 56 篇，完成教改项目 32 项、教材建设 24 项，并获得 16 项校级及以上教学成果奖。同时，依托这一模式，精品课程建设成绩明显，获批国家级精品视频公开课 4 门、国家级精品资源共享课 1 门、国家级慕课 4 门、上线运行待评课 3 门。

在“全程导师制”培养模式实施期间，教师在教学过程中不断总结经验，形成“教学相长”的良性互动，催生出系列教学成果奖。

文法学院教师教学成果

序号	获奖时间	获奖名称	获奖等级	授奖部门
1	2018 年	公共事业管理专业质量建设体系的构建与实施	一等奖	省教育厅
2	2013 年	构建文科类本科生“全程导师制”培养模式的探索与实践	一等奖	省教育厅
3	2014 年	基于科技创新竞赛的文科大学生创新能力培养模式	特等奖	东北大学
4	2016 年	基于大数据的课堂教学质量评价体系构建与实施	一等奖	东北大学
5	2016 年	基于多维互动模式下的市政学课程建设研究	二等奖	东北大学
6	2016 年	“公共事业管理专业英语”课程建设研究	二等奖	东北大学
7	2012 年	构建文科类本科生“全程导师制”培养模式的探索与实践	特等奖	东北大学

随着大数据时代的到来，“钉钉”云平台的引入，“全程导师制”的导师双选以及过程管理模式得到了优化，将以往的运作体系由线下转变为线上，由静态转变为动态。同时，对大数据的实时监控和动态分析，实现了指导与管理过程的人性化、柔性化、全程化和可视化。通过对学生“全过程”“全方位”“持续性”的立体化指导，既理顺了课程学习与学位论文研究、文科类本科生社会实践和理论学习的关系，又启蒙了学生主动探索的科研精神，提高了学生的学术研究与实践调研能力，实现了“学业指导”、“职业规划”以及“心灵关怀”的相互契合。

作为育人模式的新探索和新尝试，“全程导师制”培养模式也将在践行“以本为本”教育战略的过程中不断完善，不断创新。

践行科研育人　享学术人生

——信息科学与工程学院“科研育人”工作案例

专业教师在育人工作中发挥着重要的作用，其中，专家学者的成长经历是启迪学生树立学术理想、营造浓郁学风的宝贵资源。为了更好地发挥专业教师（特别是高水平学者和青年教师）的育人作用，信息科学与工程学院以“学术人生”系列讲座为依托，经过三年时间，先后邀请 10 余位长江学者、研究所所长等知名专家教授作学术报告，向学生传递学术精神。“学术人生”系列活动一经开展，就在学生群体中引起强烈反响，树立了良好的口碑，充分展现了科研育人的实际效果。

一、学术精神传递探索育人模式

◎杨光红教授为学生作学术前沿分享

“学术人生”系列活动作为信息科学与工程学院科研育人的重要平台，得到学院党委和老师们的大力支持。为了使活动更加贴近学生生活、向学生传递丰富的科研知识，经过不断摸索，活动最终确定为学术讲座和采访两部分。在讲座环节，主讲嘉宾结合学科前沿动态与个人科研成长经历面向广大学生群体作主题讲座；讲座结束后，学院广泛收集学生意见，并将反馈得到的各种问题与疑惑进行归纳整理，对讲座嘉宾进行深度采访，嘉宾针对典型问题进行答疑解惑。为了向更多学生传递学术精神，学院将活动相关资料留存并进行提炼整理，供更多的学生参考学习。在三年多的时间里，东北大学信息科学与工程学院以“学术人生”系列讲座为载体，将专家学者们的成长感悟和不畏艰难的学术精神传递给学生，使学生对科研的意义有了全新的认识。

二、成长感悟分享再现学术人生

在“学术人生”系列活动中，学院先后邀请10余位专家学者，从学术方法、科研信念和综合素质等多角度为研究生分享成长故事和科研经验，内容涉及科研活动等方方面面。

谢植教授、张亚男教授和冯健教授主要以学习方法为出发点，从论文调研、论文撰写等方面为学生讲述方法和经验。谢植教授向学生强调，要学会用清晰的思维审视文章、以求知的心态深刻理解论文内容；张亚男教授结合实际情况，以文章主体框架为模板，条理清晰地向学生阐述论文撰写过程中各个环节的注意事项；冯健教授从论文答辩角度，指出答辩时学生常见的问题并告知学生正确的答辩展示方法。几位老师结合自身经历，为同学们讲述了论文从开始到完成过程中可能出现的问题以及正确的解决方法，让处于不同年级的学生都能够从中有所收获。

毛志忠教授、黄敏教授、刘金海教授和王大志教授在讲座中用自己特有的表达方式，向学生讲述作为一名研究生应当具有的科研素质。毛志忠教授以专业报考、论文选题和职业选择为实例，向研究生阐述“比努力更重要的，是找对选择的方向”的观点，让学生理解自主选择的重要性；黄敏教授以实验室生活为例，由浅入深地对同学们进行启发和引导，使学生理解学术诚信的重要性；刘金海教授以“技术是躯干，表达是羽翼”为观点，向同学们提出切实可行的提升表达能力的方法；王大志教授用自己的实际经历教导学生，在国家、地区、行业的需求面前敢于担当，这不仅是一种责任感，更是一种青年科研人员必备的学术素质。通过几位老师的讲述，学生们对于自身综合素质的提升有了更清晰的认识和努力的方向。

孙秋野教授、赵勇教授和王占山教授通过讲述自己的科研经历，向研究生传递自己坚定的科研信念。孙秋野教授把研究生科研比作一场投资，呼吁学生们将对科研的热爱视作自己最大的资本，全身心投入科研；赵勇教授以个人的求学经历向学生表达

“苦会是生活的常态，耐得住孤独才能经得住考验”的观点，幽默地展现积极心态对于科研的重要性；王占山教授利用耳熟能详的名言古句向学生讲述做学问是一辈子的事情，只有保持心态稳定，才能在科研上取得一定的成绩。嘉宾们从开始阶段的热爱科研讲到学术过程中的不畏艰难，再到收获成绩时的心态平和，使学生们认识到积极心态对于科研的重要意义，让学生对自己的科研之路产生新的思考。

三、覆盖千名学子助力科研起航

“学术人生”系列活动共邀请 10 余位专家学者开展讲座，1000 多人次的学生参与到活动中。在知名专家学者结合自身求学和科研的鲜活经历为学生“传经送宝”的过程中，传递了人生经历中的感悟和不畏艰辛、永攀高峰的精神，为学生的求学生活注入强劲的动力，增加了学生在科研道路上的信心和勇气，更让学生感受到学院和老师的殷切期望。在讲座活动中，学生们聆听讲座后纷纷表示深受触动，真切地感受到学术大师们为学、做事、做人的魅力，了解了学术前沿知识，激发了学术兴趣，体会了学术科研的奥妙。更多的学生将以他们为榜样，掌握扎实的学术基础、树立正确的科学态度、提升全面的科研素质，为自己的科研之路打下坚实的基础。“学术人生”系列活动作为学风建设活动，为学生提供了丰富的科研学术经验，使科研育人的实效得到了更大程度的凸显。

大处着眼，小处着手。在科技强国的背景下，信息科学与工程学院积极响应国家号召，以“学术人生”作为科研育人的着手点，发挥学院学科优势，为学生提供更生动、更丰富的学术资源和科研指导。通过“学术人生”系列活动，学生们充分了解到未来科研过程中应当具备的科研素质、科研方法和科研态度，为接下来的科研之路打下坚实的基础。

“学术人生”系列活动对研究生群体的影响更为明显。研究生培养作为科技强国和教育强国的重要交叉点，是高校育人工作的重要环节，“学术人生”系列活动使参与的研究生在活动过程中感受到学校、学院对研究生人才培养寄予的高度重视。科研育人任重而道远，需要不断创新育人思维和育人模式。在新时代科研育人的实践中，学院会继续以“学术人生”作为平台，努力实现思维突破与模式改革，为人才培养工作增添更大的动力。

打造阶梯成长育人新模式
全面提升学生科技创新能力

——计算机科学与工程学院“科研育人”工作案例

“学生科技创新能力提升工程”是计算机科学与工程学院顺应学生成长规律、紧紧围绕学科特色、深入推进教育教学改革和创新人才培养机制的生动实践，已连续开展四年，备受学生喜爱，并取得了较高的社会评价。

“学生科技创新能力提升工程”的开展以学年为周期，由专任教师、校外企业专家、优秀校友、辅导员等共同策划、组织、指导，聚焦学生成长的全过程，激发学生主动成长的动力。活动包含“三步走”计划：“CSE 科创节”激活创新能力之“启航计划”、“CSE 科技创新实践夏令营”强化创新能力之“深潜计划”、“CSE 科技竞赛训练营”促进能力转化之“腾飞计划”。

一、扣响心门，求卓越

“电子设计大赛让我深切感受到了动手实践的魅力，使我认识到团队合作的重要性，从而实现了自我突破。”参加学院第二届“CSE 科创节”的宋琦说。虽然电子设计大赛是学院的经典比赛项目，但作为第一次参加科技创新竞赛的他，不免有些紧张。比赛开始后，随着团队成员讨论解决方案的深入，宋琦也逐渐全身心地投入到问题解决本身上来了。“虽然最终并没有完美地完成既定任务，但通过这次尝试，我认识到了自己的不足之处，也明确了以后努力的方向，更让我体会到了‘绝知此事要躬行’的重要性。”现在，宋琦的综合成绩排名专业第一，被评为 2019 年度东北大学“自强之星”标兵，并担任学院学生科协主席。

2016 年 11 月，“学生科技创新能力提升工程”之“启航计划”启动，工程获得沈阳风驰网际科技有限公司的赞助支持，以“CSE 风驰科技节”的面貌展现在学生们面前，并制作科技节 LOGO，科技节的文化品牌首次进入学生们的视野。该项计划主要面向大一、大二年级学生，注重创新体验，激发学生科技创新意识，树立成长目标，活动内容设计对标学业实践、学科竞赛，融合科普宣传和创业启蒙。组织工作主要由学院团委承担，学院专任教师和企业专家对活动内容设计提供专家意见，并作为专家评委对各项比赛进行评审。活动的开展得到校外企业、学校创新创业学院和团委的大力支持。截至 2019 年，“启航计划”已连续开展四年，由第一届的“科技节”到“科创节”，由最初两周的赛期到近两个月的赛程，由第一届的 300 余人次参与到近 2000 人次参加、覆盖校内 8 个学院……这一系列的发展变化背后，是学院对人才培养工作内涵的深化和思考，是因势而动、着眼学生成长成才的创新探索，也在许许多多“宋琦”们的内心播撒了追求创新的种子。

◎ “启航计划”——CSE 科创节之计算机知识挑战赛

二、锻造品行，炼技能

“是夏令营给了我学业进步的第二次生命，开启了我人生发展的新篇章。”2019 届毕业生范昭同学如是说。2017 年暑期，在老师的动员下，时值大二年级的范昭参加了学院“CSE 科技创新实践夏令营”。当时范昭因学业成绩不达标，已降级到下一年级。老师们希望发挥他动手实践能力强的优势，通过夏令营这个个性化的人才培养模式，帮助他找回学业自信，找回意气风发的年纪该有的积极上进。一个月的暑期夏令营，经过老师们的轮番指导与谈心谈话，他不仅取得了较好的科研成果，而且成长状态发生了翻天覆地的变化。范昭经过努力，顺利返回原年级并正常毕业，入职华为技术有限公司。

如果说“启航计划”孕育了学生追求卓越的萌芽，那么“深潜计划”就是将萌芽培育为良木的训练营。2017 年暑期，“学生科技创新能力提升工程”之“深潜计划”顺次启动，以“CSE 科技创新实践夏令营”的模式展开，出品夏令营 LOGO，为全体营员和指导教师配备文化衫，品牌文化已深入学生的心里。该项计划主要面向大二、大三年级学生，以企业专家、专任教师指导多个小课题组的形式，围绕人工智能、大数据、物联网、云计算、通信技术、电子设计等前沿技术方向的若干项目主题，学生自主选题，采取讲练结合、赛学相长、专创融合、校企联合等全方位个性化培养模式，真正做到因材施教，进行了为期四周的强化提升。在锻炼学生们专业实践能力的同时，还举办国际知名专家学者、企业董事长、知名校友主题学术报告。中国科学院院士闻邦椿以及来自悉尼科技大学、美国麻省理工大学等高校的国际知名教授多次应邀开讲。“学为人师、行为世范”，科学大师对科技创新的解读，为学生们的腾飞打开了更广阔的格局、激发了他们更远大的理想。学生们收获的不只是专业实践能力，科学创新精神也在播种、孕育、开花、结果。

◎学院党委为闻邦椿院士颁发学术讲堂主讲嘉宾聘书

“深潜计划”展每年均由学院领导班子负责策划，专业教师、实验教师组织实施，辅导员、机关工作人员协调配合。近年来，沈阳帝信科技股份有限公司、青岛鼎信通讯股份有限公司全程赞助并深度参与该项计划。每年的“深潜计划”都会吸引300余名学生参加，除校内相关学院学生参加之外，还吸引了太原理工大学、西北师范大学、辽宁大学、沈阳工业大学、沈阳航空航天大学、沈阳农业大学等省内外多所高校的学生参加，取得了良好的社会效应。

“深潜计划”追求学生个性化创新能力的培养，每年都利用暑期的整段时间开展，最大限度地满足了个性化培养计划的实施。时值酷暑，所有参与组织的老师们都放弃假期休息时间，彰显了“得天下英才而教育之”的高尚师德。夏令营学员们忘却酷热、潜心钻研、精益求精、知行合一，这正是“深潜计划”的价值所在。

◎ “深潜计划”——学员们在调试智能车组件

三、厚积薄发，欲参天

“我们白天上课，课余时间全‘泡’在实验室，从零开始，一步步进行调试，刚开始，问题频出，有的时候真的会想到放弃。队友们期待的眼神，是我坚持下去的动力……凌晨一两点睡觉是常事，同学们在一起专注地做一件有意义的事很幸福，我记得有几次，晚上是带着笑意睡去的……说到我们第一次参赛，就能以校赛二等奖的名次成功获得参加国赛的机会，心中还是相当激动的！”黄膺达说。

“一个个知识点学下来，把一道题一点点做出来，把 bug 一个个调出来，都是充满了成就感的。随着参加的竞赛越来越多，这样的正反馈被不断放大，我们尝到了辛苦付出后收获甘甜的味道，嗯，真的很甜……”获得第 43 届 ICPC 国际大学生程序设计竞赛世界总决赛全球第 62 名、刷新学校该项比赛成绩历史最高纪录的团队成员李柏雨在学院先锋人物颁奖典礼的舞台上这样分享道。

如果说“深潜计划”提升了学生们追求卓越的思想境界与胸怀天下的格局，那么“腾飞计划”就是为他们编织“扶摇直上九万里”的羽翼。每年的 4—6 月，科技创新竞赛训练都以学校创新创业比赛为依托，对标国内、国际高层次创新创业比赛项目，以赛代训。该项计划由学院团委联合各项竞赛指导教师，通过组织开展科技比赛、经验交流、专项指导、强化训练等，整合学院实验室、活动室资源，为学生提供备赛场地。通过竞赛选拔基础较好的学生，开展针对性的能力提升，锤炼其自信的品质。每年，学院都有超半数学生参与各级各类科技创新竞赛，在“互联网 +”“挑战杯”“程序设计大赛”“国际数学建模比赛”等高层次比赛中屡夺桂冠。

◎ “腾飞计划”——承办大学生程序设计竞赛校内赛

四、砥砺前行，为这般

厚积薄发，硕果不断。科技创新活动逐步覆盖全院学生，每年近 40% 的学生深度参与其中。近年来，计算机科学与工程学院在高级别科技竞赛中的获奖数量位居全校首位，在全国“互联网 +”大赛中的一次次获奖扩大了学校在此项赛事中的影响力。学院参加 ACM 国际大学生程序设计大赛的竞赛团队成绩不断刷新学校历史记录；学院学生前往世界 500 强、央企等单位的高质量就业的比例逐年提升；企业多次聘用优秀参训学生，毕业生屡获高层次就业单位的青睐等。归根结底，科技创新活动有效地开展，是为了培养具有远大理想、广阔视野、创新能力强的社会主义建设者和接班人。

“学生科技创新能力提升工程”这项系统性的创新工作，离不开计算机科学与工程学院党委强有力的统筹规划指导，充分、有效地发挥全员、全程、全方位育人体系的作用。没有充足的资源配置作保障，统筹规划，谋篇布局，育人效果很难如此理想；缺少理想信念教育融入创新实践，那么以学生创新能力提升为路径，实现思政教育效果提升的效果将大打折扣；缺少学院领导、专任教师、机关工作人员全力策划组织，上下同欲，齐心协力，很难确保这一系统性的育人实践项目顺利实施。

“学生科技创新能力提升工程”通过纵向贯通、横向延伸的育人架构，打造出纵横交融、协同联动创新的实践能力演进路径，指导学生开展了全栈贯通、软硬协同、系统全面的动手实践；通过实践与科学、继承与创新的思维模式，打通了“需求导向、应用驱动”的就业指导渠道，引导学生运用科学思维指导实践活动；通过“润物无声、潜移默化”的思政教育方法，探索出了“化育无形”的价值引领之路，帮助学生树立理想信念和责任担当。同时，紧贴学生成长实际，立足学生发展核心诉求，各环节内容设置具有极强的前沿性，因时而新，顺势而谋，自我迭代更新能力强，极大地激发了学生主动成长的热情，增强了学生的系统实践能力、科学思维能力、科学研究能力和就业创业能力，培养了学生的创新意识和集体攻关、团队协作精神，开阔了学生的眼界和国际化视野。这项工程将思想价值引领贯穿于全过程各个环节，对育人格局、体系、标准进行探索性重构，创新“新工科”卓越人才培养模式，实现学生成长的“双轮驱动”，为培养德才兼备、内外兼修的“新工科”人才提供了可借鉴的思路和有价值的参考。

积极构建“导师制－项目－竞赛”三位一体创新人才培养机制

——机器人科学与工程学院“科研育人”工作案例

在学校“三全育人”实施方案的引领下，机器人科学与工程学院以“育心铸才”工程为核心，结合专业建设特点和学生参与实践创新活动的需求，积极推行长效化的本科生“科研创新导师制”，建立了“导师制－项目－竞赛”三位一体的创新人才培养模式，为培养学生的社会责任感、创新精神和实践能力提供了系统化的支持机制。

一、推行长效化的“科研创新导师制”，让学生真正走进实验室

机器人科学与工程是人工智能领域的重要技术手段，良好的多学科交叉融合性和前沿性使其成为高校“新工科”建设的重要方向。机器人技术的学习更是一个动手、认知、分析、创造、合作的过程，能够有效地激发学生的兴趣和求知欲。

机器人科学与工程学院深入探索有利于机器人工程专业本科生实践创新能力培养的教学改革模式，从 2017 年开始实施本科生导师制，成立了由常务副院长任组长，教学副院长和学生副院长任副组长，专业负责人、综合办主任和学生办主任为成员的工作领导小组。学院各部门协同组织，全体教师积极参与，开展各类科研实践训练。为了实现“育心铸才”的目标，建立以科研育人为亮点的一体化育人机制，学院进一步提出了本科生“科研创新导师制”的建设方案，并于 2019 年 1 月正式启动。学院召开了“科研创新导师制”的推介会，邀请 11 位专任教师在会上就自己的研究方向与拟定科研课题进行宣讲介绍，随后组织机器人工程专业 2016—2018 级本科生与专任教师进行了“科研创新导师制”双选工作。通过双向选择的本科生可以进入开放式实验室、校企联合实验室等参与科研课题研究，并可优先申报各级创新创业项目和科技竞赛。

学院通过推行“科研创新导师制”，合理组织学有余力的同学，建立了导师与学生

的长效互动模式，充分发挥了专任教师的育人主导作用。老师们践行“以学生为本”的教育教学理念，将传授知识与思想教育相结合，利用自身的专业学术资源，针对个性差异因材施教，关心学生成长，成为了学生的良师益友，促进了学生的全面发展。机器人专业学生在为期 1 年的课题研究与训练中提升了动手操作能力，培养了学习专业知识和参加各类科技创新活动的兴趣，树立了良好学风和创新精神。

二、建立“导师制 – 项目 – 竞赛”三位一体科研创新指导机制，实现创新实践的有序组织与指导

◎学院教师指导的本科生“妙手回声”项目获得创行中国科创冠军赛全国赛冠军

为学生的创新实践提供更为完善的支持机制一直是学院开展“三全育人”工作的重中之重。机器人技术综合性强，因而面向机器人专业本科生的各类科技竞赛与大创项目名目繁多、可选择空间较大。作为一个本科生，对竞赛和创新项目进行知识和技术的储备，并深入开展研究工作是十分困难的，学生经常感觉不能进行合理规划，无法从容参与，自然不会取得良好的育人效果。针对学生在参与创新活动过程中凸显的这些问题，学院在推行长效“科研创新导师制”时就提出，要建立以“导师制”科研项目为主线，将科技竞赛作为重要载体的“导师制 – 项目 – 竞赛”三位一体创新活动指导机制。学院与科研创新导师们积极配合，在进行“科研创新导师制”双选和课题

选择时，充分考虑学生未来开展科技竞赛和大创项目的意愿，从研究方向和技术热点方面对学生进行引导。学生通过“导师制”较长周期科研项目的锻炼，创新实践能力从简单到复杂、从单一到综合稳步地增强，为开展其他科技竞赛和大学生创新创业项目奠定坚实的基础。而通过短期的团队竞赛集训，个人相对突出的知识和技术能力实现进一步的升华。通过这种具有针对性的“点线结合、优势互补”的全新创新实践指导模式，学院形成了“导师制项目”、科技竞赛和大创项目的系统化管理与培训机制，让学生得到充分的知识储备与科研实践锻炼。

三、“科研育人”工作初见成效，学生实践创新能力显著提升

机器人科学与工程学院通过推行“科研创新导师制”建立“导师制 – 项目 – 竞赛”三位一体的实践创新培养机制，有效地促进了机器人工程专业本科生创新活动的系统有序开展，为学生创新能力的提升提供了有力的支持；学生实践创新能力显著提高，“科研育人”工作取得了重大突破。仅 2019 年，学院专任教师依托“导师制”指导本科生开展科研课题 40 项，指导学生承担国家大学生创新创业项目 8 项；指导本科生参加各级各类大赛 30 余组，获得国际 / 国家级奖项 14 项；通过“科研创新导师制”项目和其他各类创新实践活动，教师指导学生在国际会议和学术期刊上发表论文 7 篇，以学生为主体授权或申请发明专利 3 项。

◎学院教师指导的本科生项目入围第十四届全国大学生“恩智浦”杯智能汽车竞赛总决赛

在“导师制－项目－竞赛”三位一体培养机制的推行过程中，一大批具有创新精神和实践能力的拔尖人才涌现出来。机器人工程专业 2017 级本科生李昊佳同学利用“科研创新导师制”的机会真正走进实验室，在方正副教授与闻时光老师的带领下，学习掌握了 SLAM 路径规划等机器人技术，并通过科研攻关搭建出高速无人车模型。结合“科研创新导师制”科研创新成果，李昊佳参加了多项科技竞赛，仅 2019 年内就获得国家级奖项 4 项，省级奖项 2 项。他还完成了 2 项大学生创新训练计划项目，并结合课题成果承担校外合作项目 1 项，发表 EI 论文 1 篇，申请发明专利 1 项。他与导师闻时光共同研发的基于蓝牙 5.0 的嵌入式无线调试器，已经进入测试阶段，这项技术可以有效推动嵌入式 IOT（物联网）技术的进步。机器人工程专业 2016 级本科生白帆同学也是按照“导师制－项目－竞赛”机制培养的优秀学生。结合“科研创新导师制”项目，白帆开展了“面向智能轮椅的视觉辅助机械手抓取”课题的研究工作，并依托项目申请了大学生创新训练计划项目。在项目研究过程中，白帆充分发挥了自己平时所练就的“问题提炼－构建模型－动手实现－实验验证－优化改进”的方法，把课堂上学到的专业知识与项目研究紧密结合在一起，依托项目以第一作者身份发表了学术论文 1 篇，申请国家发明专利 1 项。在结题答辩时，该项目以新颖的立题、创新的思路和稳定的演示得到了评委的一致认可，被评为国家级优秀项目，同时被评为东北大学“最佳大学生创意项目”和“我最喜欢的大学生创新项目”，实现了创新项目所有三项荣誉的“大满贯”。2019 年 12 月，白帆以优异的专业成绩和丰富的创新实践经历获得了香港中文大学电子工程系的博士生录取资格，成为学院开展“科研育人”工作的优秀典型之一。

◎学院教师指导的项目获得全国水下机器人（湛江）大赛冠军

机器人科学与工程学院以“科研育人”为引导，推行了长效化的“科研创新导师制”，并用导师科研课题引导学生真正走进实验室，开展科研创新工作，在专任教师与本科生间建立稳定的指导关系。在此基础上，学院进一步建立了“导师制－项目－竞赛”三位一体实践培养机制，以科研项目为主线，使学生在较长周期内持续接受新的锻炼。将科技竞赛作为重要节点，分布于整个培养过程；通过团队内优势互补，使学生创新实践能力从简单到复杂、从单一到综合地稳步增强，进而形成较强的综合素质。实践结果表明，学院所建立的“导师制－项目－竞赛”三位一体培养机制，能够最大化地整合相对零散的实践创新教育资源，为学生提供稳定的、可重复利用的科研创新实践平台，使学生的创新能力获得显著提升。

实践育人

SHI JIAN YU REN

共青团“第二课堂成绩单”构建先锋青年领航派育人体系

——共青团东北大学委员会“实践育人”工作案例

为适应高等教育综合改革发展、共青团深化改革新形势和青年学生新特点，东北大学团委扎实推进全国高校共青团“第二课堂成绩单”制度，以“围绕中心、服务大局、找准定位、彰显价值”为理念，积极打造“先锋青年领航派”品牌，建立“NEU YOUTH PIONEE-R”共青团“第二课堂成绩单”信息认证和大数据分析平台，促进第一课堂和第二课堂协同育人，全方位提升青年学生综合能力素质和核心竞争力。

一、加强顶层设计，积极推进“第二课堂成绩单”制度落地生根

2016年9月，东北大学成为团中央高校共青团“第二课堂成绩单”制度建设首批试点单位。学校党委高度重视，第一时间成立由校党委牵头、多部门协同联动的共青团“第二课堂成绩单”建设工作领导小组；成立由校团委、各分团委主导的“第二课堂成绩单”建设工作小组。2017年3月，学校党委印发《东北大学共青团改革实施方案》，将共青团“第二课堂成绩单”制度作为学校共青团改革的龙头项目和重要内容。

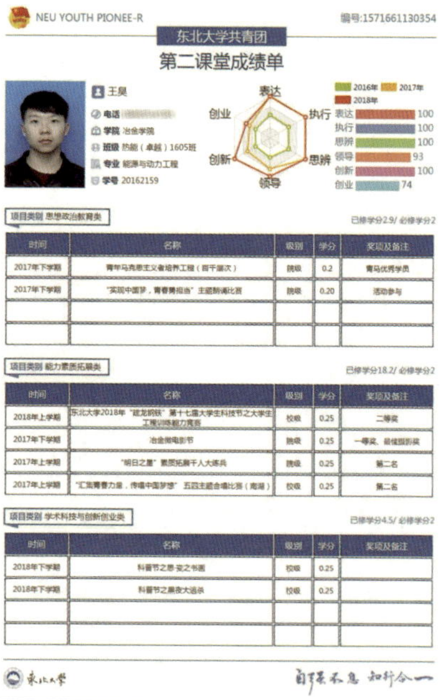
NEU YOUTH PIONEE-R 编号:1571661130354

东北大学共青团

第二课堂成绩单

王昊
电话
学院 冶金学院
班级 热能（卓越）1605班
专业 能源与动力工程
学号 20162159

项目类别 思想政治教育类 已修学分2.9/ 必修学分2

时间	名称	级别	学分	奖项及备注
2017年下学期	青年马克思主义者培养工程（百千层次）	院级	0.2	青马优秀学员
2017年下学期	“实现中国梦，青春勇担当”主题朗诵比赛	院级	0.20	活动参与

项目类别 能力素质拓展类 已修学分18.2/ 必修学分2

时间	名称	级别	学分	奖项及备注
2018年上学期	东北大学2018年“建龙钢铁”第十七届大学生科技节之大学生工程训练能力竞赛	校级	0.25	二等奖
2017年下学期	冶金微电影节	院级	0.25	一等奖、最佳摄影奖
2017年上学期	“明日之星”素质拓展千人大选兵	院级	0.25	第二名
2017年上学期	“汇集青春力量，传唱中国梦想”五四主题合唱比赛（南湖）	校级	0.25	第二名

项目类别 学术科技与创新创业类 已修学分4.5/ 必修学分2

时间	名称	级别	学分	奖项及备注
2018年下学期	科普节之思·变之书画	校级	0.25	
2018年下学期	科普节之星夜大逃杀	校级	0.25	

东北大学　自强不息 知行合一

◎“第二课堂成绩单”例表

校团委与教务处联合发挥国家文化素质教育基地办公室组织优势，协同学生工作处、学生指导服务中心、创新创业学院等部门共同研

究学校第二课堂五类课程项目群，确定各类课程项目模块必修学分标准，明确组织领导、运行模式、评价细则等具体规定，促进规范运行。校团委联合学校各职能部门、各学院，建立值得信赖的三级联动认证工作队伍。技术组负责与系统项目组对接，全程监控保障系统正常运维，优化系统保证高效便捷、人性交互；认证组建立培训、月报和月审核机制，确保“学校—学院—团支部”三级审核的无缝衔接。

二、完善过程管理，有效推进“第二课堂成绩单”制度在学校良性运行

为保障学校“第二课堂成绩单”制度顺利运行，满足学生成长成才需求，东北大学共青团主要做了七方面工作：

一是搭建一个模型，创新促进能力素质科学评价。东北大学共青团第二课堂育人体系与学校大学生能力素质拓展工程无缝衔接，围绕提升表达、思辨、执行、领导、创新、创业“六项能力”，与管理学科团队合作，选用德尔菲法（Delphi Method）和层次分析法（AHP）科学优化学生能力素质导航模型建模算法，立足“云端”大数据，科学分析构建能力素质导航模型。六角雷达和成长年轮让大学生的能力变化清晰可见，为学校人才培养评估、学生综合素质评价、社会单位选人用人提供重要依据。

◎手机客户端的界面截图

二是依托两端平台，科学实现第二课堂一体化管理。依托自主研发的“NEU YOUTH PIONEE-R”共青团“第二课堂成绩单”信息认证平台实现PC端与手机端双搭载，高效便捷、人性交互的设计思路与界面风格满足了使用者的各方需求，让学生第一时间掌握校、院两级活动动态。依托系统一体化实现客观记录、有效认证、科学评价学生参与第二课堂经历、成果的功能。截至目前，共有17317人登陆使用平台，信息认证覆盖超过全校本科生的88%。

三是设计三级手册，逐步形成“第二课堂成绩单”文化。根据平台实际操作流程编制学生、团支书、教师三级用户操作手册，设计“第二课堂成绩单”小助手“团小π”、LOGO、海报及微视频等视觉识别系统，在全校范围逐步形成“第二课堂成绩单”文化，确保工作推进及时高效、科学有效、稳定长效。

◎“第二课堂成绩单”文化

四是共筑四维一体，有力推动“第二课堂成绩单”运行。制定“第二课堂成绩单”制度实施办法，并以高年级先锋学生群体先行为带动，选取试点学院优秀毕业生代表打印共青团“第二课堂成绩单”，并将其用于东北大学 2017、2018 年春季就业双选会，共筑学校、学院、学生和社会四维一体的完整闭环，提高学生对“第二课堂成绩单”的知晓度，提升其在学校就业领域的应用度以及社会用人单位的认可度。

五是规划五类课程，不断完善第二课堂学分政策导向。借鉴第一课堂培养模式，东北大学建立学生第二课堂培养计划，系统规划思想政治教育类、能力素质拓展类、社会实践与志愿服务类、学术科技与创新创业类、社会工作与技能培训类等五类第二课堂课程体系，设置推行第二课堂 8 个必修学分，架设第一课堂与第二课堂双向互动高速通路。联合教务处制定《东北大学本科学生创新创业、第二课堂等活动转换学分认定及管理办法》和第二课堂成果学分转化政策，鼓励、支持和指导本科学生参加第二课堂等活动，活动成果可以申请转换学分，计入学业成绩。制定《东北大学学生第二课堂培养计划》，为学生建立 1200 余门涵盖校院两级、开放自主、丰富多彩的第二课堂课程项目。

六是实现六项功能，精心打造东大先锋青年领航派。东北大学共青团以富有学校特色的词汇“NEU YOUTH PIONEE-R”“先锋领航”诠释“第二课堂成绩单”的品牌意义，定义“第二课堂成绩单”制度六项功能——“记录成长年轮、搭建彩虹桥梁、感受成长喜悦、建立能力模型、提升综合素质、实现育人目标”。

七是构建七大模块，客观记录第二课堂成长收获。通过东北大学共青团“第二课堂成绩单”信息认证平台，可在线实现活动发布、自主报名、参与签到、在线记录、审核认证、公示质疑、评价打印等七大功能，客观记录、有效认证、科学评价学生参与第二课堂活动的成长经历和成果收获。

三、建立保障机制，稳步推动“第二课堂成绩单”制度持续发展

在新形势下，东北大学共青团通过“第二课堂成绩单”制度探索第一课堂、第二课堂协同育人模式，构建规范化、数据化、系统化和科学化的第二课堂育人体系，不断提升大学生的综合能力素质和核心竞争力。通过不断顺应国家教育改革潮流，加大对第二课堂的支持力度，发挥《东北大学共青团“第二课堂成绩单”制度实施办法》《东北大学本科学生创新创业、第二课堂等活动转换学分认定及管理办法》等制度和管理办法作用，持续保障“第二课堂成绩单”制度体系稳定发展，充分展现学生的积极性和主体性，使“第二课堂成绩单”成为学校人才培养评估、学生综合素质评价、社会单位选人用人的重要依据。

◎团中央书记处书记傅振邦来校调研第二课堂工作

东北大学“第二课堂成绩单”制度实施以来，得到了各级领导的关心和重视。团中央书记处书记徐晓、傅振邦先后来校调研期间，详细了解了东北大学共青团“第二课堂成绩单”制度建设和信息认证平台运行情况，徐晓书记还亲自为同学们打印出了第一张共青团“第二课堂成绩单”。这项制度在本科教学工作审核评估工作中得到了专家组的充分肯定。

强化第二课堂，服务青年成才。聚焦成长需求，助力青春出彩。作为信息认证永不下班的“记录员”、大学生能力素质拓展的“导航仪”和全面发展、筑梦未来的“通行证”，东北大学共青团“第二课堂成绩单”制度紧紧围绕立德树人的根本任务，在学校党委和上级团组织的领导下，以共青团组织为实施推动主体，与学校有关部门和学院建立协同育人机制，在引导学生坚持学业为主的同时，针对思想引领、素质拓展、创新创业、志愿公益和社会实践等普遍需求，借鉴第一课堂的做法，通过对工作内容、项目供给、评价机制等进行整体设计，实现第二课堂工作系统化、专业化、规范化、信息化、科学化，积极促进第一课堂与第二课堂互促互补互动互融，着力打造学生互助学习、成长导航、开放自主的信息化资源平台，形成全方位培养大学生综合能力素质的长效机制。

丰富劳动教育实施途径　弘扬劳动精神

——马克思主义学院“实践育人”工作案例

劳动教育是培养德智体美劳全面发展的社会主义建设者和接班人的主要内容之一；劳动教育是培养德智体美劳全面发展人才的关键一环；劳动教育是全面育人的重要内容。东北大学高度重视“劳动育人”，始终坚持在大学生群体中弘扬劳动精神，通过思政课教学改革、在日常思想政治教育中组织开展“爱劳美校”系列活动，教育引导广大青年学生崇尚劳动、尊重劳动，不断凸显劳动教育实效。

◎全国劳动模范尉凤英为师生作报告

一、统筹推进劳模文化研究成果进课堂建设

围绕国家社科基金重大课题“东北（辽宁）老工业基地‘劳模文化’史料编纂及当代价值研究”，全面整理课题的理论成果，深入挖掘课题的思政元素，有效开展劳动文化、劳动精神、工匠精神进课堂的教学改革，切实推进科学研究与教学改革双轮驱动、相互促进、共同发展。在本硕博思政课中循序渐进地展开劳模文化研究成果进课

堂，加强以劳模文化为重要内容之一的思政课课程群建设。根据各门思政课程教学内容，积极探索劳模文化研究成果进课堂的内容和形式。依据学生认知规律设计课程内容，体现不同学段特点，本科阶段重在开展理论性和实践性学习，研究生阶段重在开展探究性学习。坚持用习近平新时代中国特色社会主义思想铸魂育人，以政治认同、家国情怀、道德修养、法治意识、文化素养为重点，系统进行马克思主义劳动教育。

◎全国劳模杨建华走进思想道德修养与法律基础课堂

◎特聘教授聂振勇走进思想道德修养与法律基础课堂

◎全国劳模姜妍走进毛泽东思想和中国特色社会主义理论体系概论课堂

二、打造一支专兼职结合、“讲劳模”“劳模讲”的教师队伍

形成一支由领军人物领航的年龄结构、学历结构、职称结构、学缘结构合理，学术创新能力较强的劳模文化、劳模精神、工匠精神的专职教学、科研宣讲团。

形成一支由全国、省、市劳模组成的特聘教授队伍，让特聘教授走进思政课堂，根据教学目标和课程需求制定劳模授课模块，实现菜单式、个性化授课；实现劳模进课堂、重大项目的研究成果进课堂、劳模视频进课堂设计；形成“人人学劳模、人人争做劳模”的校园文化氛围，增强思政课劳模文化研究成果进课堂的思想性、理论性和亲和力、针对性。

三、组织策划“爱劳美校”系列活动

组织开展“名家讲坛”“领导干部上讲台——国企公开课”等讲座、报告，邀请校内外专家学者与广大青年学生分享通过劳动实现人生理想的经历，将劳动精神深植于学生心中；组织开展浑南校区种植劳动实践活动，活动分为“启动仪式——播种希望”“中期养护——浇灌茁壮”“总结收获——采撷硕果”三个篇章，百余名学生在专业人员指导下，亲身体验大豆栽种的过程，亲身经历田地整理、灌溉捡苗、采收总结等环节，引导学生体会劳动的喜悦；将劳动精神融入班集体建设和日常学习生活，以劳动精神涵育班级文化，引导广大学生树立以美化校区环境为己任的校园风尚，培育“劳动最光荣、劳动最崇高、劳动最伟大、劳动最美丽”的精神文化。

四、树立正确的劳动观念，养成良好的劳动习惯，掌握劳动技能，培养五育并举、全面发展的新时代合格公民

坚持“五育”并举，以构建德智体美劳全面培养的教育体系。东北大学成立“春风”学生党员志愿服务队，由志愿从事社会公益、党务宣传、学生服务和其他公益事业的本硕博学生党员组成。服务队由组织、宣传、文案、服务、办公等五个部门构成，本着“敢为人先、自强不息”的精神，以“服务同学、求真务实”为宗旨，积极独立地开展各项工作。“春风”学生党员志愿服务队秉持学生党员甘愿自我奉献的初心，勇担全心全意为人民服务的使命，有效地将学生党员的力量凝聚起来，使学生党员积极投入志愿服务活动中，用一言一行、一举一动树立文明进取的党员形象，培养党员的服务意识和奉献精神。学生党员志愿服务站、党员示范寝室、党员示范岗等载体，将

学生志愿活动合理地整合为一体，为基层党建工作带来了全新的活力，其做法有创意、可评估、可持续，且管理和运行良好，吸引力和凝聚力较强。各项志愿服务活动有序开展，真正地做实事、做好实事，成效显著，具有一定的社会价值。服务队工作机制健全、制度规范，学生覆盖面广、参与度高，组织开展的志愿服务活动成效突出，在学校和社会上具有良好的声誉。

促进校内外教育融合发展，组织开展社会实践活动。坚持把加强劳动实践育人工作作为切入点，充分调动整合利用社会资源，构建合理的长效机制，助力高校实践育人工作走向新高度。学校组建了辽宁省图书馆和辽宁省光明学校“春风”学生党员志愿服务基地、沈阳市和平区欣一佳敬老院志愿服务实践基地和尚盈丽景小区志愿服务基地等多个长期开展活动的志愿服务基地，把学习和劳动有机结合起来。为学校的学生提供参与劳动的机会，使学生能够充分得到实践锻炼。

竞赛育人模式的探索与实践

——艺术学院“实践育人”工作案例

一、团队竞赛育人模式，核心竞争优势自凸显

团队竞赛育人模式以中国大学生计算机设计大赛（全国高校竞赛排行榜赛事）、全国大学生广告艺术大赛（全国高校竞赛排行榜赛事）、全国高校数字艺术设计大赛（全国高校竞赛排行榜赛事）等赛事为载体，以参加国内外各类设计竞赛与赛后总结经验循环增效为驱动，以设计创新为人才培养质量要求，以危机感教育为驱动激发学生学习兴趣和潜能，以培养具有国际视野、高水平、实践性、研究型、具有核心竞争力的设计人才为目标，以有计划、有目的、有组织地指导作品创作和论文撰写为实践教学内容，以国内外各类大赛获奖数量和获奖质量提升学生成长幸福指数，探索竞赛科学化、驱动型、创新性、竞争式、危机感设计竞赛育人模式，建立以竞赛为载体的品牌化、特色化创新设计平台。

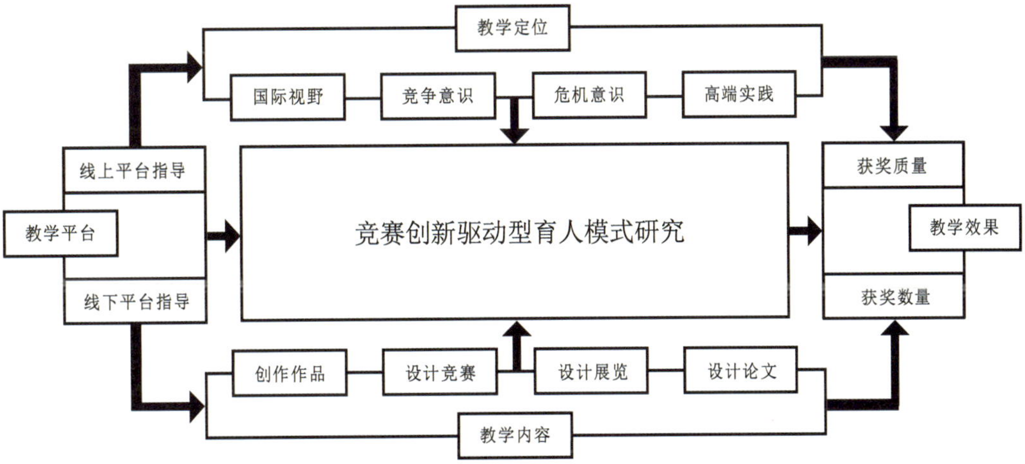

二、从经验中传承，努力进取敢当先

赛前准备。每年的 11 月，指导教师专门开展大赛宣讲会，组织获奖学生将东大本年度一等奖作品按照国赛答辩流程在宣讲会上重新展示一次，为下一年度学生组队创作参赛树立标杆；讲解校赛、省赛、国赛各阶段的创作流程；剖析大赛主题、讲授参赛规则；重点讲授国赛答辩技巧和一等奖作品质量标准；鼓励往届获奖学生组队带领低年级学生参赛，将宝贵的经验和方法传承下来；要求学生科学化分组，学科和专业交叉，实现优势互补；鼓励学生组内做好分工，发挥成员优势；鼓励学生广泛调研，做好铺垫和计划，将作品做实做细。由此，拉开下一年度大赛创作的帷幕。

◎ 2017 年中国大学生计算机设计大赛国赛合影

指导竞赛。组建竞赛团队 QQ 和微信大群，每组学生又分别建立 QQ 和微信小组群，将竞赛的共性问题、通知通告和组织工作在大群里发布，针对各组具体问题分别在小组群里具体分析和指导，要求指导教师及时回复学生遇到的各种问题并帮助解决困难，将解决问题速度和创作效率最大化。除了线上指导外，指导教师还要在工作室进行现场指导、沟通和修改，将线上线下指导方式相结合，灵活开展竞赛指导工作。

指导答辩。省赛与国赛答辩前，指导教师按照国赛要求，组织学生严格正规地开展答辩演练，模拟评委提出各类问题，引导学生作充分完整、深入精准的回答，以便学生在答辩现场保持最佳状态。省赛和国赛前的多次答辩演练，有效培养了学生语言表达能力、应变能力、沟通的艺术性，使学生拥有优雅大方的行为举止，以最佳的答辩状态展示东北大学学子的精神风貌。

◎ 2018 年中国大学生计算机设计大赛国赛合影

带队参赛。要求指导教师或专门带队教师带领学生赴国赛现场，以备应对答辩前学生出现的各类问题及做好学生安全工作。要求每组学生务必经历大赛的全部流程，包括与评委的见面会、开幕式、在等候区候场做答辩准备、参加优秀作品点评和闭幕式等所有环节；尤其要求学生参加优秀作品点评，以抓紧难得的交流与学习的机会来开拓视野、增长知识。

◎ 2019 年中国大学生计算机设计大赛国赛合影

赛后经验总结。赛后立即开展研讨会和论坛会，增进学生之间的交流，将更多优秀的竞赛指导经验、创作体会和心得、参赛流程经验形成理论总结，鼓励学生写成论文并发表。在指导竞赛实践教学和专门开设“设计创新与竞赛”课程的基础上，梳理竞赛经验、整理获奖作品、分析竞赛特征，形成并出版具有普遍指导性和实际价值的高质量教材，这一方面保障了竞赛教学的规范化，另一方面也让经验和成果得到延续和推广，使竞赛经验的受益人群最大化。与此同时，组织教师申报相关教学改革立项和教学成果奖，将教学成果最大化应用到教学改革和人才培养之中。

三、竞赛育人模式成效显，获奖喜讯频频传

2014 年“基于创新平台的实践创新型人才培养模式研究”获东北大学教学成果一等奖；2016 年“基于竞赛创新驱动型的国际化、竞争式和危机感设计教育模式的探索与实践”获东北大学教学成果特等奖；2018 年“‘一流大学’建设背景下的赛、创、研、学创新示范竞赛育人模式的探索与实践”获东北大学教学成果一等奖；2020 年“基丁美育与德育相结合的艺术教育混合立体式创新人才培养模式研究与实践”获辽宁省教学成果二等奖、东北大学教学成果一等奖。2018 年出版《设计创新与竞赛全案（第一部）》；2020 年出版《设计创新与竞赛全案（第二部）》《艺术创新与设计竞赛实践案例教程（第一部）》《艺术创新与设计竞赛实践案例教程（第二部）》。目前，学院每年指导学生获各类奖项超过 200 项，累计超过 3000 项，入选美国、墨西哥、波兰、西班牙、乌克兰、德国、伊朗、意大利、俄罗斯、日本、韩国、秘鲁、厄瓜多尔、斯洛伐克、玻利维亚等国际设计展赛，获教育部高等学校教学指导委员会（教指委）主办的中国大学生计算机设计大赛全国一等奖 35 项，为全国高校之首；指导学生多次获全国大学生广告艺术大赛、全国高校数字艺术设计大赛、教育部公益广告大赛一等奖；教育部廉政文化作品大赛精品项目 3 次（每年全国仅 10~20 项）；中国包装创意设计大赛一等奖等。基于竞赛获批中国高等教育学会教改项目、教育部校企合作专业综合改革项目、全国高校计算机基础研究会项目、辽宁省“十三五”规划项目等各类科研和教研项目二十余项，在业内起到良好的示范效应。竞赛教学成果作为视觉传达设计专业省专业评估（第 3 名）、双十骨干专业建设、东北大学非工科专业认证、优秀本科教学团队、辽宁省一流本科专业建设“双万计划”的重要成果支撑。

以创新创业教育为引擎　探索实践育人新模式

——工商管理学院“实践育人”工作案例

在“大众创业、万众创新”的创新型经济发展新时代，构建创业型社会是全面深化改革的重要方向，全社会正形成创新驱动发展、创业焕发生机的局面。工商管理学院党委在学校总体工作部署下，坚持以学生成长成才为中心，号召并组织学院教师团队以学生创新创业课程为引擎、创业项目及竞赛为抓手、院科协社团为培植平台，立足科研育人，培育师生科研创新团队，以集体攻关、联合攻坚的团队精神和协作意识，打造学生成长的新模式。优化“众创式协同教学”创新创业教育课程“企业创新创业管理”，在国家大学生创新创业训练计划项目、中国“互联网 +”大学生创新创业大赛、“创青春”创业大赛、全国大学生电子商务“三创赛”等活动中多次获得优异成绩。

◎第五届辽宁省“TRIZ”杯大学生创新方法大赛

一、完善创新创业教育体系

◎企业高管在“企业创新创业管理”课上授课

构建集学术研究、创新探索、实践应用于一体的创新创业课程体系，发挥教师在课程教学建设中的作用，定期举行课程研讨，交流教学经验，共享教学方法，与企业高管一起为同学们打造了一门深受广大同学欢迎的“企业创新创业管理”课。该课程采用团队分组授课方式，15 名学院教师、16 名企业高管分为四组为学生授课。企业高管均有丰富的企业管理和创业经验，为开拓大学生视野和培养大学生创新意识、创业精神提供助益。2019 年，全校有 1300 余名学生选修了该课程，教育部网站、中国高校之窗、搜狐网、新浪网、创业网、《东北大学报》等均对“众创式协同教学”的创新创业教育进行了报道。加强实习实训基地建设，目前基地已达 65 个。深入推进“大学生创新创业训练计划”，每年立项项目 20 余项。

二、搭建高质量创新创业平台

◎ 2019 年国际大学生数学建模竞赛特等奖获得者——工商管理学院师生团队

落实立德树人的根本任务，立足教育教学实践，创新教育模式和学生培养方式，开展切实可行的培育工作，积极指导学生通过各类创新创业竞赛平台，将理论学习与实践应用相结合。在指导学生参与竞赛中，涌现出了一批可敬、可爱，有智慧、讲奉献的好老师。李永利老师指导学生团队参加 2019 年国际大学生数学建模竞赛，与学生彻夜分析讨论，同来自哈佛大学、普林斯顿大学、清华大学等国内外知名高校学生角逐，获得特等奖（全球仅 36 项），彰显了东大青年的风采与智慧；吴粒老师指导学生团队一路披荆斩棘，获得“瑞华杯”第三届全国校园审计精英挑战赛全国总冠军；俞竹超老师十年如一日地指导学生参加各类电子商务、互联网 + 及挑战杯科技竞赛，在学生创业指导的路上留下无数日夜兼程的身影；孙新波、贾建锋、郭伏、许波、许慧敏、张昊、周黎明等老师，在创新指导的过程中，勇担育人重任，构建大学生创新创业项目培育常态化机制。孙新波、贾建锋、王宝森、朱春红等教师入选全国首批创新创业导师人才库。

◎ 工商管理学院表彰创新创业优秀指导教师

三、构建学生创新创业保障体系

学院出台相关政策，激励学生创新创业多元化管理及奖励，表彰在创新创业指导中表现突出的教师。2019 年，共有 21 位教师获得工商管理学院第二课堂创新创业优秀指导教师。学院号召教师向先进学习。同时，以学院班导师制度为依托，鼓励教师深入学生群体，对学生专业学习、创新能力培养、实践能力提升进行指导。以学院“管理科技文化节”为平台，培植学生创新梯队建设，引入企业评委与学院教师一同对学生进行指导。以周三专业开放日为契机，为学生提供可咨询、可研讨、可交流的经验分享及互助成长。

未来，工商管理学院将继续完善和优化“众创式”“企业创新创业管理”课程，发挥教师和企业导师在创新创业教育和实践中的作用，深化组织及制度保障，提升平台建设水平，发挥科研育人的主动性与积极性，唱响育人最强音。

三个课堂+三维教学 打造“云端”实践育人新模式

——资源与土木工程学院“实践育人”工作案例

矿物加工是实践性很强的工程学科，实践教学是本学科人才培养中必不可少的教学育人环节之一。2020年以来，受新冠肺炎疫情影响，无法开展线下实践实习教学。东北大学矿物工程系依托省级大学生实践实习基地，开展多种形式的线上实习，实现线上直播+虚拟仿真+线上专家授课等多措并举，给出了“东大方案”，达到实习教学的目的，起到了良好的示范和带动效应。

为深入贯彻落实习近平总书记关于新冠肺炎疫情防控有关重要讲话和指示批示精神，全面落实教育部、学校“停课不停教、停课不停学”的要求，在新冠肺炎疫情下，学院课堂教学纷纷改为线上教学。但受疫情的影响，毕业实习无法开展，而毕业实习作为毕业设计的重要组成部分，是同学们了解生产实践、考察选厂布局与设备配置、建立三维空间设计概念的重要环节。如果没有毕业实习，同学们对大型现代化选矿厂的理解犹如“盲人摸象”，不能对后期毕业设计过程中的工艺流程选择、设备计算选型和厂房设备配置等建立整体概念，甚至会影响正常毕业。

在国家“三全育人”和学校“五育并举”要求指导下，本着“重过程、强内涵、保质量”的人才培养理念，韩跃新教授提出开展“线上远程毕业实习及设计”，充分利用朝阳东大矿冶研究院、中国黄金集团内蒙古矿业有限公司和长春黄金设计院有限公司等学院战略合作资源，努力将疫情对毕业实习及设计的影响降至最低。矿物工程系积极响应，应对新问题、新挑战，转变思路、破解难题，大胆推动疫情期间毕业实习教学创新改革。

◎矿物工程系老师指导线上远程实习

一、精心策划，多措并举，推进疫情防控时期毕业设计工作

矿物工程系多次组织研讨和策划，充分发挥线上教学、生产一线及设计院所“三个课堂”耦合优势，组建学科教师、现场工程师及设计大师“三维教学”授课队伍，依托朝阳东大矿冶研究院和中国黄金集团内蒙古矿业有限公司等两个省级大学生实践实习基地，辅助虚拟仿真技术，开展“线上远程毕业实习及设计”。经多方协调沟通，制定了教学大纲，系统规划了课程安排和具体内容，形成了矿物加工工程专业线上远程实习教学方案。韩跃新教授进行了实习动员，强调在做好防疫工作的同时，同学们要抓紧时间修炼“内功”，为毕业设计和论文的高质量完成打下良好的基础，学校和学院将尽其所能地组织好毕业实习和设计工作。

二、线上直播＋虚拟视频，“网红”工程师带领同学走进“中国铜工业新地标”

中国黄金集团内蒙古矿业有限公司采选能力达 8.45 万吨 / 天、年产金属铜 7.6 万吨、金属钼 6000 吨，被誉为“中国铜工业的新地标”，是东北大学省级大学生校外实践教育基地。2020 年 2 月 27 日起，矿物工程系依托该基地开展了线上毕业实习。东大校友邵爽工程师每天下午变身“网红”主播，用手机镜头带同学们走进各个生产车间，生动地介绍选厂工艺流程、设备型号、配置特点、生产指标等具体情况，为同学们带来一场场内容充实、形式新颖的毕业实习课程。同学们惊叹于现代化大型选矿厂整洁的工作环境、大型的生产装备、高效的自动化水平、先进的技术指标，纷纷点赞，表示对自己的毕业设计题目有了新的方案构想。

◎中国黄金集团内蒙古矿业有限公司邵爽工程师在乌山铜钼矿选矿厂给东大矿物工程系师生进行线上实习的直播与讲解

三、虚拟仿真＋线上授课，专业教师带领学生随时随地“走进”选矿厂

线上直播和虚拟视频让学生对选矿厂总体概况有了深刻的了解。为了进一步加深学生对设备配置、矿石及矿浆走向、设备工作过程等选矿厂细节的认识，矿物工程系依托另一省级大学生实践实习基地——朝阳东大矿冶研究院开展线上虚拟仿真教学，让学生随时随地可以“走进”选矿厂。

基地的虚拟仿真软件包括矿石破磨分级系统、磁选系统、浓缩过滤系统等，涵盖选矿生产全过程。专业教师根据毕业设计的要求，结合朝阳东大矿冶研究院虚拟仿真系统进行选矿厂设计讲授，学生可以在虚拟仿真系统进行实践操作，从而进一步加深了对选矿厂设计的认识，尤其是在选矿厂厂房平台布置、设备安装连接及生产操作安全等具体细节方面，有了清楚直观的三维认识，为毕业设计中的图纸设计奠定了坚实基础。

◎矿物工程系学生居家进行线上远程实习

四、寻根究底＋线上面对面，设计大师讲述乌山铜钼矿选矿厂等多项工程案例

长春黄金设计院有限公司始建于 1958 年，现隶属于中国黄金集团有限公司，其先后成功地完成了 1000 余项冶金矿山行业工程项目。韩跃新教授特邀长春黄金设计院有限公司党委书记纪强教授和副总工程师邹春林线上进行设计教学指导。两位设计大师从设备的选择与计算、设备配置与厂区布置、投资概算等全方位分享乌山铜钼矿选矿厂及多项设计实践案例和相关经验，课后与师生进行互动交流，并相约在新冠肺炎疫情期间始终为同学们的毕业设计“在线”答疑解惑。

“矿物加工工程专业的毕业设计离不开相关选矿厂的实践学习，本次选矿厂的线上实习和虚拟仿真教学让我们全方位、立体式、无死角地了解了选矿厂的所有细节。”“通过本次形式新颖、独具特色的线上直播学习，我第一次领悟到了现代工业的魅力，让我对矿物加工工程专业有了更强的归属感和信心。”“我们有非常多的收获，尽管只是通过直播、模拟视频，但透过镜头还是被 8.45 万吨 / 天的处理规模和整齐划一的大型装备震撼到了。听完设计大师的课程，更是对整个毕业设计重点和难点有了新的认识。”2016级矿物加工工程专业的学生分享了他们的学习感受。

面对新冠肺炎疫情等突发事件，矿物工程系转变思路，依托多种在线教学形式保障了实习教学工作顺利开展，确保了线上教学与线下课堂同质等效，取得了良好的教学效果和示范效应，中国新闻网、新华网、中国教育新闻网、东大新闻网等多家媒体对此予以报道，华北理工大学、山东科技大学、安徽理工大学等院校纷纷咨询关注。

通过线上实习教学的组织实施，矿物工程系对在线教学育人有了更深刻的认识，积累了宝贵的经验，拓展了实践育人的形式，提升了应对突发事件的教学能力。矿物工程系将以此为契机，深入推进教学改革，在线上线下混合教学改革上继续深入前行，积极探索，勇于创新，努力打造一批精品课、创建出一流课程，助力学校“双一流”建设。

◎长春黄金设计院有限公司邹春林高级工程师给东大师生讲解线上实习中的乌山铜钼矿选矿厂设计的特点与现场配置情况

打造实践育人体系　合力培养创新型专业人才

——生命科学与健康学院“实践育人”工作案例

大学生创新创业能力的培养已经成为高校人才培养的核心，生命科学与健康学院围绕立德树人根本任务，着力构建“三全育人”工作体系，不断提升人才培养的针对性和实效性，把培养创新人才作为重要的办学目标，以“全程导师制”为主线，以“国家大学生创新实验项目”和学院“播种计划”“苗圃计划”和“青林计划”系列创新实践项目为载体，以学院各个研究所为依托搭建科技创新子平台，在培养学生创新能力的同时探索提升创新创业教育水平，逐渐形成具有东北大学特色、充分体现“三全育人”综合改革思想的递进式、立体化、全方位创新人才培养模式，建设完成了适合学生创新能力培养的产学研创新实践平台。

一、凝心聚力，打造全员育人机制

（一）“全院总动员”，为全员育人创造良好氛围

在创新人才培养模式探索和实践过程中，生命科学与健康学院的各部门团结一心，全力配合，形成了积极、和谐的创新人才培养环境和氛围。学生管理部门做好学生的创新团队组建工作及科技创新活动的组织和宣传；教学管理部门负责组织专家组完成各种创新活动或竞赛的项目评审组织工作，把优秀的创新项目和表现突出的学生筛选出来；各个研究所全力配合学院各种活动的组织，负责创新实践基地子平台的建设并选派优秀的专业教师担任活动评委或创新实验系列项目指导教师；实验教学中心负责实验教学中有关创新实验项目的改革和创新实践基地的整体建设，为学院创新人才的培养提供必要的空间和实验设备。

（二）“全程导师制”，为全员育人提供机制保障

生命科学与健康学院面向所有本科生实行“全程导师制”，即从大一开始，每个阶

段都为学生配备相应的指导教师，对学生进行有针对性的指导，做好学生在本科学习期间的创新思维启蒙和引导工作。大一的“班导师”、大二的“导师组”、大三的“创新实验导师”、大四的“毕业论文导师”，“全程导师制”工作的开展为全员育人提供了机制保障，使所有学生在大学期间均有机会参与科学研究活动，为创新思维的培养和创新能力的提高，以及今后的工作和研究生阶段学习打下良好的专业基础。

二、创新模式，提升全程育人水平

（一）建设大学生创新实践基地，为学生提供良好实践条件

为培养适应创新型国家建设需要、适应生命科学领域发展需要的高素质复合型创新人才，以及德智体美劳全面发展的社会主义建设者和接班人，学院组建东北大学“大学生生命科学创新实验基地”，激发学生创新潜能、提高学生科研兴趣。针对“国家大学生创新实验计划”和学生的创新需求，坚持“资源整合、实践导向、项目牵动、多维保障”的原则，以学院各个研究所为依托，搭建科技创新子平台，强化学生实践动手能力，对学生进行“劳育”教育，实现课内与课外的有机结合，促进和支持学生的科学研究、发明创造及创新实践活动，充分发挥创造潜能。

◎生态园学生实践基地

（二）实施创新创业培育计划，为全程育人提供保障

生命科学与健康学院在学校现有的创新创业培养计划基础上，挖掘专业特色和优势，推行本科生分阶段、分年级、分层次的创新创业培育计划，即大一年级开展“播种计划”；大二年级开展“育苗计划”；大三年级开展“青林计划”。通过以上计划的

实施和开展，让更多的学生有机会参与创新实验，为实现学生本科期间具备发表高水平论文能力的创新型人才培养目标奠定坚实的基础。近年来，学院本科生在国际学术会议或高水平学术刊物上发表论文 70 余篇（其中 SCI 论文 17 篇，单篇影响因子最高为 7.476），刷新 2017 年东北大学本科生发表 SCI 论文最高影响因子记录。

◎第四届全国大学生生命科学创新创业大赛

三、发挥优势，保证全方位育人成效

（一）完善培养方案，为全方位育人提供机制保障

学院根据生物工程专业人才培养目标的要求，即培养“专业基础扎实、专业技能过硬、有创新精神的生物工程专门人才”，在制定生物工程专业培养方案时增设“创新技能训练”“科研技能训练”两门实践课程，增加了创新学分，逐步完善了生物工程专业人才培养模式，取得了良好的效果，学生的综合素质和创新能力不断提高，专业能力、实践动手能力、理论与实际相结合的能力、独立学习及工作能力、创新开拓的意识、创造思维能力等不断加强，社会和用人单位对东北大学生物工程专业毕业学生的评价不断提高。

（二）参加国际比赛，凸显全方位育人成效

为了与培养国际化人才的目标接轨，提高学生的国际学术竞争力和创新能力，东北大学生物工程专业组织参加了 2016 年、2017 年和 2018 年国际遗传工程机器设计竞

赛（iGEM），从来自世界各地高校的几百支队伍中脱颖而出，获得国际比赛金奖2项，银奖、铜奖各1项，实现了东北大学本科生参加生命科学领域国际比赛并获金奖零的突破。创业创新活动使学生们热情高涨，对激发他们的学习兴趣、创业精神及创新开拓意识起到了极大的作用。

◎ 2016 年国际遗传工程机器设计大赛金奖

在生命学科蓬勃发展的今天，对创新性人才的要求与需求也不断提高，良好的人才培养模式是最基础也是最重要的保障。东北大学生命科学与健康学院把培养创新人才作为重要的专业办学目标，并在教学实践、学科发展、学生课外活动组织、大学生创新实践基地建设、学生学业指导等诸多方面进行不断的实践和探索，加强对学生的专业基础、实践创新能力以及综合素质素养的培养。

◎ 2019 年第十四届“挑战杯”辽宁省大学生课外学术科技作品竞赛

东北大学生物工程专业“全员、全程、全方位”的创新人才培养模式的探索和实践为生物工程领域培养了优秀的创新人才，为专业与人才发展提供了强有力的保障与动力，对于生物工程专业和生物学相关专业具有很强的针对性和系统性，在创新人才培养方面迈出了重要步伐，取得了很好的人才培养效益，有力地推动了创新人才模式的发展，促进了本科生人才培养质量的提高，有普遍推广价值。

“机·智”成长社区助力新工科人才培养

——机器人科学与工程学院“实践育人”工作案例

围绕学校“三全育人”综合改革试点工作的总体任务要求，结合学院新工科建设特点，机器人科学与工程学院坚持“学生为本、创新协调”的原则，立足学生成长、专业发展实际，运用互联网思维、大数据思维，搭建了深受学生喜爱的“机·智”成长社区，推出了系列精品实践育人项目。“社区”通过优秀教师系列报告，拓展思路、开阔视野，培育良好学风，坚持学以致用，使学生具备主动探索的学习品质；通过朋辈引领，典型示范，使学生养成积极、主动的学习习惯；通过创新创业教育，激发创新思维，塑造学生开拓进取、敢为人先的精神；通过“科研创新导师”，搭建科创载体，促进学生科研创新水平的有效提升；通过创新基地实训，让学生真正走进实验室，锻炼实践能力。

一、学院里有个“杂货铺”

机器人学子都知道学院有个“杂货铺”，里面的商品琳琅满目，免费为学子提供成长所需，有专业讲座、高端报告，还有热点知识、发展规划……同学们都亲切地叫它“机·智大讲堂”。

机器人作为当代最高水平意义上的自动化系统，是人工智能的典型代表，在各个领域发挥着重要作用。学院立足专业特色，邀请专家教授、知名校友、企业代表，就专业现状、科研动态、就业前景等作一系列主题报告。比如，通过新媒体平台教师团队在线微课，分享“AlphaGo为什么可以战胜人类”“机器人大脑与人脑如何交流”等热点问题；举办客座教授英国阿尔斯特大学Sonya教授学术交流会、“计算机视觉前沿技术及应用”学术报告会、一维弦科技创始人唐博维创新创业实践分享、院长报告会、教授学业规划讲座、“大创讲堂”等一批讲座报告，得到了学生的欢迎与好评。

“‘机·智大讲堂’有助于我们认清行业发展方向、了解前沿科技动态，还能培养严谨科研精神，激发成才报国动力，让我们受益匪浅。”机器人1902班付皓宇同学说。

二、渊博雅正，是为博雅

《后汉书·杜林传》中提及“博雅”二字，意指学识渊博、品行端正，而这也正是机器人科学与工程学院全体教育工作者朴素的育人追求。

为引导学生树立远大抱负，培养科学精神，崇尚健康生活，打造幸福人生，“机·智”成长社区推出“博雅训练营”项目。2019年，训练营通过实施品格、品学、品质、品鉴的“四品”计划，精心设计配套活动，助力拔尖创新人才培养。项目以“品格”计划引领学生理想信念，以“品学”计划推动学生学业发展，以“品质”计划提升学生综合素养，以“品鉴”计划记录学生点滴成长。

“品格”计划通过开展入党启蒙、“十八岁成人礼”、青年马克思主义者培养工程、社会实践、志愿服务等系列活动，做实、做深、做细学生的思想引领工作。

“品学”计划以机器人科学与工程学院创新性提出的“专业发展班导师”和“成长发展班导师”制度为基础，辅以“成长发展指导员”制度，2019年以“学业工作坊”为辅助主题，组织开展了“九思学堂”“助学天团”“互助学习小组”“答疑堂”等活动，全方位提升学生自主学习、研究学习和终身学习能力。“‘九思学堂’通过预约咨询以及报告分享等方式，在学业思想成长、学生干部认知、适应性问题、成长发展规划等方面，进行线上线下的专题辅导和经验分享；‘互助学习小组’是以寝室为单位的学习小组，通过互相督促自习，实施成长发展指导；‘答疑堂’能够第一时间帮助学生解决学习难题。”提起“学业工作坊”，学院副院长严志刚如数家珍。

“品质”计划以朋辈引领、素质拓展为方向，2019年以“玩转不一YOUNG的年轻”为主题，开展了“弘扬体育精神，凝聚东大力量”等文体活动。学院成立了足球、篮球、羽毛球、排球、毽球、跑步等体育兴趣小组，开展趣味运动会，满足学生不同兴趣爱好，促进学生体质发展；开展21天“机·智”打卡活动，早餐、跑步、单词、翻译，四个活动同时开展，参与学生以积分打卡的形式进行比拼，蕴含思政、科研元素，真正做到寓教于乐。

“品鉴”计划以学院共青团“第二课堂成绩单”制度为依托，真实记录学生在思想政治教育、能力素质拓展、社会实践与志愿服务、学术科技与创新创业、社会工作与技能培训等各方面活动的参与情况，以及在“表达、思辨、执行、领导、创新、创业”六项能力上所获得的提升情况。“第二课堂成绩单”在这里成为一份专属于学生的“生涯电子档案”，既帮助学生明确了自身优势和不足，实现全面发展，又使学生在未来就业过程中增强岗位的匹配度。

◎机器人工程专业本科生参加东北大学素质拓展节

三、本科生也来选导师

“在学院组织的宣讲与双选见面会上，我们根据个人意愿提交申请，初步提出个人学习计划，填报双向选择登记表。之后，导师会对我们的申报进行考核，完成我们与导师之间的双向选择。”成功完成双向选择的1801班吴容光同学难掩自己的兴奋之情。

为了进一步探索激发本科生科研创新能力的培养模式，促进学生科创水平有效提升，“机·智”成长社区推行了全新的本科生导师制项目——“科研创新导师”。利用专任教师的专业学术资源，合理组织学有余力的机器人工程专业本科生以具体课题为引导，开展科研活动，让学生既增强了学习兴趣，又明确了未来的发展方向。

在先期开展的“科研创新导师”项目中，共有83名同学申请导师培养，其中60名同学成功通过导师考核。学院共增立包括“基于鱼眼相机的多尺度环境信息识别方法研究”“异构双腿机器人的设计与开发”等18项本科生科研创新实践课题，孵化大学生创新项目8项，以参与研究的本科生为主体申请并获批专利2项，撰写SCI论文2篇、EI检索论文3篇，均被录用。

◎ 2016 级本科生转专业后首次年级大会

四、实验室里的知行合一

机器人技术作为人工智能领域的重要技术手段，其良好的多学科交叉融合性和前沿性使其成为提升相关专业本科生创新素质的良好载体。为此，学院建立了凸显专业特色的开放式创新实践基地——“机器人创新实践基地”。基地将学院现有的先进设备与完备的科研实践指导能力有机融合，鼓励学有余力的本科生真正走进实验室，面向科技竞赛和实际应用，以赛促学，以研促学，建立了以学生为主体，以科技竞赛、大创项目和实际课题为引导的自主创新实践活动模式，以及教师与学生长效互动的科研创新人才培养模式。基地先后举办了大学生智能车竞赛、超声波测距大赛、机器人运动控制实验比赛等科技竞赛活动。2019 年以来，学院师生先后获得第十四届全国大学生“恩智浦”杯智能汽车竞赛东北赛区季军、全国一等奖，第二届中国高校智能机器人创意大赛入围奖，中国“互联网 +”大学生创新创业大赛银奖、辽宁省赛金奖，2019 中国机器人大赛二等奖，同中科院联合参赛队“CAS–NEU”荣获计算机顶级视觉会议 CVPR 2019 UG2+ 计算机视觉算法竞赛（视频目标检测和分类）冠军。学院庄曜铭老师指导的“海洋之心队”夺得 2020 年全国水下机器人大赛海底巡线竞速赛冠军，实现了东北大学在全国水下机器人大赛中的历史性突破。

“‘机器人创新实践基地’通过科研实践训练，适应了新工科人才培养的特点，增强了机器人工程专业学生动手操作能力，充分体现了东北大学‘知行合一’的校训精神，为科研育人探索出了一条卓有成效的道路。”常务副院长吴成东说。

几年来，“机 · 智”成长社区围绕“立德树人”的根本任务，融合学校“三全育人”综合改革试点建设要求以及“一五一十”思政文化育人平台建设需要，结合新工科专业特点，采取符合人才成长规律、富有时代特征、具有机器人专业特色的教育管理模式，以丰富多彩的第二课堂活动为载体，打造了一个拓展学术视野、增强专业认知、掌握学科前沿、培养科学精神、提升人文素养的实践育人有效阵地，为学院的人才培养作出了积极有益的探索。学院将把“机・智”成长社区作为“三全育人”工作的品牌项目，不断丰富内涵、完善机制，努力提升其复制推广价值，为更多的学生提供锻炼的平台。

以特色实践育人模式培养三创人才和高新技术企业

——创新创业学院“实践育人”工作案例

大赛捧金，竞赛夺冠，成果产业化，学生如何开启“开挂”模式，在创新创业实践中点燃青春，实现人生价值？ACTION 团队、T-DT（Thinking-Doing to Theory）机器人团队、创意设计团队等一个个冠军团队登上领奖台，沈阳艾克申机器人技术开发有限责任公司、沈阳东深科技有限公司、沈阳森之高科科技有限公司等一个个科技企业不断创造市场价值，释放科技潜能。

东北大学深度挖掘科技竞赛的育人力量，并双向延伸育人途径，探索出一条“理论课程学习－集训技能提升－竞赛实战练兵－产业实践创造价值，从课堂走向基地，从基地走向赛场，从赛场走向市场”的完整培育与孵化链条，并取得丰硕成果，展现出极具东大特色与时代特色的育人画卷。

一、人才密码：实现“课程－集训－竞赛－科研－产业化”良性循环

东北大学围绕立德树人的根本任务和高水平、综合型创新创业人才的培养目标，不断完善与发展“课程－集训－竞赛－科研－产业化”的人才培养体系。学校以混合广谱式在全校范围内开设“创业基础”必修课程，“竞赛机器人设计与制作”“综合电子技术”等创新创业类通识选修课程，进一步构建和完善基础知识普及、专业课程融入、实用技能提升的梯度型交错式创新创业课程体系，为学生深度思考提供理论支持，为有效创业提供实践储备，为双创教育注入持久动力。

在课程基础上形成“一课一赛一基地一团队”的人才选拔与育人方法，将创新创业教育与课程教学、实践教学、产业发展深度融合。

以 T-DT 机器人创新团队为例，该团队成立于 2012 年，强调通过实践实现自己的

想法，同时在实践的过程中不断凝练自己的想法，最终形成理论，并以这个理论继续指导想和做的过程，其核心思想与东北大学校训中的“知行合一”十分契合。T-DT团队多年来一直致力于机器人相关技术的研发，深耕实践教学领域，依托团队指导老师陆志国和刘冲承担的“机器人机器设计与分析”“仿生机器人技术”“数字信号处理器原理与应用”等课程的课堂教学为学生讲解机器人结构设计、运动学以及机器人控制等基本理论知识。团队指导教师具有丰富的参加机器人大赛的经历，在讲课的同时将竞赛机器人的设计作为范例，通过讲解该机器人的实际设计过程将理论知识传授给学生，使学生更加容易理解这些知识点，对相关技术产生兴趣。与此同时，通过课程积累了大批机器人技术爱好者。通过爱好者的聚集和层层选拔，东北大学以年级为单位凝练出一支机器人爱好者团队，并利用寒暑假对其进行深度培训，使其成为T-DT机器人创新团队预备成员。预备成员在东北大学T-DT机器人创新基地进行学习与实践，从赛事志愿服务、参与校赛省赛团队实习等入手，逐渐成长为团队正式成员。

在集训与竞赛实践教学过程中，东北大学T-DT团队注重引导学生如何将所学的专业知识运用到实际工程中，如何在实践过程中发现问题、分析问题、解决问题，如何与队友合作，进而锤炼学生的意志品质，培养学生的创新意识，激发创新潜能，培养严谨的科研态度等。自2012年以来，从T-DT机器人创新实验室走出的学生超过500人，这些学生中绝大部分都成为能够独当一面的科技创新型人才，有人留学深造，有人成为科技创新的栋梁，有人成为自主创业的领军人物……T-DT团队通过整合校内外各种优质资源，打破了传统的刻板教学模式，构建了以竞赛为导向、以实践为根基、以理论创新为目标的新型培养模式。从加入T-DT团队开始，同学们就进入了紧张有序的备赛阶段，指导老师会通过适当的引导，使同学们逐渐进入一个工程师的状态。严谨细致、一丝不苟是团队对队员的基本要求。同时，队员要兼具敢于创新、勇于实践的精神，在经过大家讨论之后对方案进行检验完善，从而做到最佳。在参加全国大学生机器人大赛RoboMaster机甲大师赛的过程中，队员们发挥自己的特长，取长补短，互相学习，互相促进，各司其职，共同努力，从而使整个团队凝聚在一起。机械组同学从Solidworks三维制图开始建立机器人整体结构模型，到利用实验室提供的3D打印、车床、铣床、电焊等器材实践操作制出零件，在不断的学习过程中逐渐掌握发展技能，为以后的工作学习打下了坚实的基础。电控组需要熟练掌握各种计算机语言，拥有良好的逻辑思维能力，自主探索控制程序，自主调试机器人，从而使参赛机器人拥有良好的性能。视觉组同学需要具备强大的数学逻辑能力，通过一次次尝试找到最佳解决方案，为机器人提供精准的识别能力，从而有效地攻击敌方，为取得最终的胜利作出了巨大贡献。经过队员们的不懈努力和长达一年的艰苦备赛，T-DT战队终于在 2019 年获 RoboMaster 2019 机甲大师总决赛冠军，用巅峰时刻证明了自己。

◎荣获第十八届全国大学生机器人大赛 RoboMaster 2019 机甲大师总决赛冠军

2017 年获得 IEEE ICRA（International Conference on Robotics and Automation，机器人顶级会议中排名第一，至今已有 37 年历史）国际移动搬运机器人技术挑战赛世界冠军、特别大奖。2015 年，由 T-DT 孵化出的森之高科科技有限公司获首届全国"互联网+"大学生创新创业竞赛全国金奖（辽宁省仅 1 项）。作为金奖获得者的指导教师陆志国被国务院原副总理刘延东接见。作为 T-DT 的主要成员之一，森之高科的创始人龚佳乐一直坚持将理论与实践相结合的信念，勇于创新，敢于实践，进而取得佳绩。T-DT 团队的事迹被 CCTV 综合频道晚间新闻、新华社等多家媒体报道，共青团中央微信公众号转载的东北大学夺冠报道，阅读量超过 10 万；共青团中央微博发布的夺冠之路视频，播放量超过 40 万。

二、价值爆发：深入交叉培养，在碰撞与合作中创造价值

东北大学建立机器人、智能车、程序设计等学生创新基地（学生创新团队）35 个，成立以学生科学技术协会为主的学生创新创业类社团 20 个，以打破学科界限，促进学科交叉。在专业教师指导下，不同专业的学生以市场和应用为导向，开展知识学习、科技探索、交叉创新，先后成立沈阳天骄科技有限公司等 72 家学生创业企业，实现了创新与创业体验的完美结合。东北大学 ACTION 团队得益于学校"三创融合、交叉培养"的育人理念，通过开展机器人寒暑假训练营、竞赛机器人创新选修课、创新项目研究等活动，实行了"课程学习－项目运作－竞赛提升－创业实践"新模式，年

均培养信息、计算机、机械、软件、企业管理、电子等专业学生千余人。

2016—2019年，ACTION团队蝉联全国大学生机器人竞赛总冠军，连续四年作为中国唯一代表队出征亚太大学生机器人大赛，获2次亚军、1次季军、3次最佳技术奖。2017年，ACTION团队获评大学生“小平科技创新团队”。通过大赛练兵、技术积累，创新的种子逐渐成长为创业的大树，2015年，沈阳艾克申机器人技术开发有限责任公司成立，一件件具有极高技术壁垒且前景可观的产品华丽问世：竞赛模块机器人进入俄罗斯、新加坡等国内外市场；下肢康复机器人迭代三级，低于市场价一半的新产品即将面世，给下肢伤残患者带去了新的希望，获得行业赞誉。2017年，该公司成为国家级高新技术企业。这恰恰印证了东北大学“竞赛积攒经验－科技成果转化－产业化反哺科研”的良性循环模式，响应了国家“大众创业、万众创新”的号召。

◎ 东北大学ACTION团队参赛现场

大学生科技竞赛是检验大学教学成果的有效途径。2020年2月23日，喜报再次传来，东北大学再次蝉联全国普通高校学科竞赛排行榜十强，2015—2019年学校获奖数量位居全国第三，总分排名全国第十。东北大学以拔尖“三创（创新、创业、创造）”人才培养为目标，强化“以学生探究活动为主线开展教学”的培养观，坚持立德树人，树立创新创业“学校护航、重在育人”的理念，以“重教育、重实践、重成效”为原则，构建专业教育、实验实践教学、生产实训“三融合”的创新创业人才培养体系，在课程基础上形成“一课一赛一基地一团队”的立体人才培养模型，形成“理论课程学习－集训技能提升－竞赛实战练兵－产业实践创造价值，从课堂走向基地，从基地走向赛场，从赛场走向市场”的完整人才培养和孵化链条，打造以“交叉培养、协同育人、专创融合”为特色的学生创新创业教育“前孵化器”和学校科技园、技术转移中心、学生创新梦工厂为一体的“后孵化器”，进一步提高了国内高校“服务社会”领域的声望，取得了创新创业创造动能释放、创新创业人才辈出的可喜成绩，形成了良好的创新创业教育生态。

◎东北大学 ACTION 团队荣获第十八届全国大学生机器人大赛冠军

专创融合、模块教学、行动为先的双创人才培养新模式探索与实践

——创新创业学院“实践育人”工作案例

创新创业教育是适应经济社会和国家发展战略需要而产生的一种教学理念与模式。在高等学校中大力推进创新创业教育、探索双创人才培养新模式，对于促进高等教育科学发展，深化教育教学改革，提高人才培养质量具有重要的现实意义和长远的战略意义。东北大学创业先锋班开设于2012年，以培养企业家精神、造就创新创业型人才为目的，经过8年探索实践，已成为较成型的创业教育模式。

一、以专创融合为基础，培养拔尖创业精英

◎东北大学第七期创业先锋班

◎东北大学第八期创业先锋班

创业先锋班的学生是从大二至研究生阶段的学生中选拔的，以本科生为主，进入创业先锋班的先决条件是学生必须有明确的专业和创业取向。创业先锋班面向全校发布招生信息，首先是进行立项考核，即学生要有一个初步的与专业结合的创业实践想法；其次是进行基础测试，主要考核领域是学生的创业理念、创业意识、经营管理学科知识、基本的常识和基础写作能力等；最后是从基础测试中选出一定比例成绩较好的学生进行面试选拔，侧重考核学生的反应能力、语言表达能力、组织协调能力等素质。经过立项、基础测试、面试3个环节的层层筛选，最终选定不超过40人组成创业先锋班。

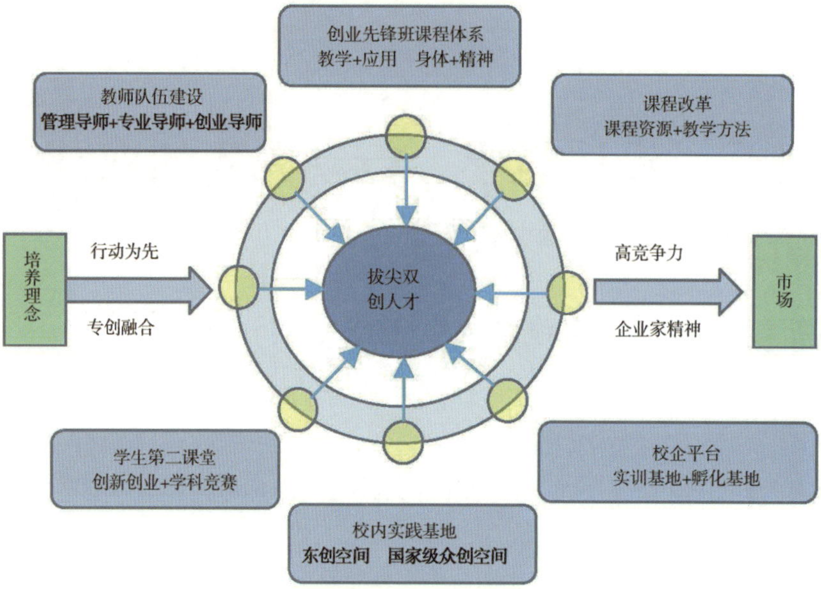

◎东北大学创业先锋班人才培养设计方案

二、以模块教学为主轴，多维度育人成效显著

◎创业先锋班野外拓展项目

创业先锋班的课程是学生在学完本专业课程之外进行的，创业先锋班的课程紧随社会动向，在学习内容上及时更新，在创业、企业经营管理、团队训练、行动力培养等实践类科目上会有所侧重，注重学生的活学活用，旨在培养有一定专业领域背景且能灵活应对商务挑战的拔尖创业人才。具体来说，创业先锋班的课程主要有商务基础、创业论、商务游戏、BP 信息、创业设计入门、管理创新研究、商务计划、体能训练、团队训练等，在学习过程中强调行动力，强调身体和精神的双重训练。

创业先锋班设有专门的咨询室，工作人员 4 名，为学生提供 2 年的实践场地无偿使用和创业基金、导师指导、专项培训、东创沙龙等创业支持及文化氛围。创业先锋班的学生以自己所学专业为基础，采用模块学习培养模式，利用 2 年时间通过学习、沉淀、思考、尝试、验证、改善等众多环节进行循序渐进的创业尝试，以期实现培养目标。在这 2 年间，创业先锋班会经常组织学生与企业家的见面会，开展南湖讲坛、论坛，东创沙龙等交流活动，让企业家为学生的创业想法、创业计划、创业规划等提出建议。

◎东北大学创新创业基地

除专创融合、模块教学、行动为先外，近年来的双创课程还展现出了全程干货、专业导师、知行合一、户外体验、趣味设计等特点。在先锋班创业教育方面，实施管理导师、专业导师、企业导师共同指导的三导师制度，导师资源和特长互补，育人成效明显。

东北大学创业教育三导师制度简表

<table>
<tr><td rowspan="4">
</td><td>三导师</td><td>职责</td></tr>
<tr><td>管理导师</td><td>创业服务与指导资深从业者入驻服务、活动组织、创业咨询</td></tr>
<tr><td>专业导师</td><td>深厚行业背景的专任教师创业基础课授课、技术支持</td></tr>
<tr><td>创业导师</td><td>行业企业资深从业者、企业家项目指导、大赛评委、项目投资</td></tr>
</table>

东北大学创业先锋班人才培养指标体系简表

一级指标	二级指标	培养目标
心理素质	欲望	创业者对成功的强烈愿望
	坚韧	困境中仍能保持意志坚定、执着，不放弃
	明事	明政事、商事，明世事、人事
	敬业	创业者对自己所从事工作的认真负责的态度
	敏感	对外界变化的敏感，尤其对商业机会的快速反应
	创新	改进或创造新的事物、方法、元素等，并获得有益效果的行为
	冒险	挑战新事物，进行某些风险性活动
	诚信	讲信用，重承诺，忠诚履行自己承担的义务
知识素质	专业知识	行业发展的技术知识和现代化科技知识
	管理知识	市场营销、人力资源管理、财务管理、企业战略规划等方面的知识
	政治经济知识	创业者对时势政治、国家经济政策知识的了解
	其他知识	其他领域兴趣爱好和相关知识
能力素质	机会识别的能力	识别市场机会，发现市场需求
	持续学习的能力	善于思考学习，对新技术、新知识的探究能力
	知识运用能力	能将所学知识或技术应用于实践以解决问题
	团队合作能力	拥有开放的心态，善于建立与他人相互信赖的合作氛围
	组织经营与战略决策能力	创业者拥有组织、沟通、管理、决策和分析问题的能力
身体素质	身心健康	身体和心理健康

三、以校内外多方资源为后盾，保驾护航有路径

创业先锋班在注重精英教育的同时，也在全校范围内开设了一门必修课“创业基础”（面向全校大一学生），课程建立和建设过程有来自全校各学院的专业教师和企业人员参与，保障了创新创业教育与专业教育深度融合，并为拔尖型双创人才培养提供了知识基础保障和人才基础保障。

同时，近年来学校还依托与沈阳市多家产业园、科技园、企业建立的校企合作关

系，为学生搭建实习实训平台。北京建龙重工集团年投资200万元，设立建龙创新创业基金，为创业先锋班的开展和学生创业实践提供了资金基础。东创空间于2017年入选科技部火炬中心国家级众创空间，学校为其提供了充足的场地及资金支持，使该空间具备了拔尖人才培养的软硬件条件。

创业先锋班已聘请256位校内外行业专家、企业家、校友担任创业导师，并开设相关课程，举办南湖讲坛、东创沙龙，开展资源对接。同时，学校自2016年起以“创新创业教学大赛”为抓手，加大力度对专职教师进行创新方法、创业理念和实践知识的培训，为创业先锋班的开展提供了师资基础。

◎教师指导“互联网+”大赛项目

东北大学创业先锋班模式在全国高校形成了示范辐射效应，产生了积极的社会影响，有效促进了以创业带动就业。学校通过“三融合（创新创业教育深度融合专业教育、深度融合实践教学、深度融合产业发展）”，转变教育理念、优化课程体系、搭建实践平台，解决了创新创业教育未能有机融入整个人才培养体系、与专业教育“两张皮”的问题。东北大学通过创业先锋班特色培养模式，在知识传授、能力培养和创业孵化等方面均根据学生的需求和能力设置培养办法，解决了创新创业教育与学生需求不匹配的问题，形成了个性化的创新创业教育路径。

文化育人

WEN HUA YU REN

将爱国文化贯穿立德树人全过程
构建爱国红色文化铸魂育人立体场域

『讲述·东大人的故事』 以榜样力量凝聚发展正能量

构建全覆盖的廉洁教育格局
营造风清气正的校园政治生态和育人环境

奋斗新青年 追梦新时代
青春故事会让理想信念照亮璀璨星光

塑魂铸才 全面推进文化育人

深入推进『一五一十』思政文化育人一体化平台建设
打通育人『最后一公里』

坚守立德树人初心 领航理想信念前行

红色文脉传风骨 立德树人做文章

汇聚点滴力量 催开满树繁花

『书香材料·以书为媒』 构建大学生综合素养提升体系

中外合作办学背景下文化育人路径探析

用中华传统礼仪深化新时代感恩教育

打造『刘长春杯』系列赛 擦亮东北大学体育名片

将爱国文化贯穿立德树人全过程 构建爱国红色文化铸魂育人立体场域

——党委宣传部“文化育人”工作案例

东北大学在98年办学历程中积淀了深厚的爱国文化，学校始终高扬爱国主义旗帜，始终把爱国文化作为立校之魂、育人之基，始终坚持爱校和爱国统一，坚持爱国和爱党、爱社会主义相统一，以追溯爱国之源坚定文化自觉、以凝聚爱国之魂提升文化自信、以强化爱国之效实现文化自强，构建起“爱国文化价值体系、爱国文化品牌体系、爱国文化景观体系、爱国文化产品体系、爱国文化传播体系”共生共进、融合联动的爱国文化铸魂育人立体场域，实现育人效率最优化、效能最佳化、效果最大化，着力培养具有“爱国之情、强国之志、报国之行”的时代新人。

“爱国是东北大学的传统。每一个学生首先应该懂得的道理和终身实践的目标，就是热爱祖国并为之奋斗。只有对国家、对人民爱得深，才会有强烈的责任心，才会对国家、人民有献身精神。”2007年除夕夜，国务院总理温家宝同留校学子共度除夕之夜时对东大师生动情地说。

东北大学是一所具有爱国主义光荣传统的大学。建校98年来，学校始终高扬爱国主义旗帜，无论是在民族危难的初创之时，还是在颠沛流离的流亡办学阶段，无论是在百废待兴的新中国成立之初，还是在春潮涌动的改革开放年代，自觉担当起救国、报国、兴国、强国重任，谱写了爱国奋斗的精彩华章。东北大学深入挖掘爱国文化，赋予爱国文化新的时代内涵和现代表达，构建起爱国文化育人铸魂的立体场域，切实培养担当民族复兴大任的时代新人。

一、溯爱国之源：东北大学爱国文化的历史生成

东北大学自诞生之日起就肩负御侮兴邦、救亡图存的使命，在白山黑水间撑起一面兴学育人、文化救国的大旗。1931年九一八事变后，东北大学成为第一所流亡大学，

先后迁徙北平、开封、西安、四川三台等地，书写了可歌可泣的爱国史诗。一二·九运动中，东北大学学生走在游行队伍最前列，成为运动中的主力和先锋；1936年12月9日，一二·九运动一周年之际，东大学生举行了“停止内战，一致抗日”请愿游行，点燃了西安事变的导火索，掀起了抗日救国的新篇章；在四川三台，东大青年宣传抗日，抨击腐朽政治，在战火纷飞的国土上开辟出一块文化绿洲；东北大学教师阎述诗谱曲的《五月的鲜花》最早在东大师生中传唱，很快流传到全国，成为家喻户晓的抗日救亡歌曲；东北大学涌现出60多位抗日英烈，其中有毛泽东亲自为其家属签发共和国第一号烈属证书（00001）的丛德滋烈士、中国少年铁血军总司令苗可秀……从1931年被迫流亡到1949年迎来新中国成立，东大人一路求学、一路抗争，积淀了光荣的爱国主义传统。

◎一二·九运动，东北大学学生走在游行队伍最前列

新中国成立初期，东北大学奋力担负起民族振兴、国家富强的历史重任，破解钒钛磁铁矿冶炼的世界难题、研制第一台模拟电子计算机……成为在国家工业体系建立初期的探路者和主力军。改革开放后，东北大学提出“为冶金行业服务”和“为地方经济服务”的“双为”方针，研制了第一台国产CT、第一块超级钢，创建了第一个大学科学园，发出了新时期大学服务社会主义建设的时代先声。新世纪以来，C919大飞机、第四代核电、空天飞机等国之重器都镌刻下东大人科技报国的印记，东北大学矢志成为中国新型工业化道路的引领者和开拓者，为国家、为社会、为人民作出了杰出贡献。

二、凝爱国之魂：东北大学爱国文化的时代内涵

“什么是东大文化？”这是走过近百年办学历程的东北大学和广大师生校友共同关切的问题。2016年，东北大学启动文化表述语凝练工作。通过广泛征集、问卷调查、集中讨论，将东北大学文化确定为“实干、报国、创新、卓越”。“实干、报国、创新、卓越”内涵丰富、寓意深刻：实干是东北大学的品格，报国是东北大学的情怀，创新

是东北大学的气质，卓越是东北大学的追求。“实干、报国、创新、卓越”充分体现了大学文化共性与东大文化个性的相互融合、历史底蕴与未来取向的有机统一、价值取向和文化选择的兼容渗透，反映了东北大学的文化品位和文化使命。

◎《实干 报国 创新 卓越——东北大学文化探析》书籍

在文化核心凝练的基础上，学校开展文化核心理论阐释和实践解读，出版《实干 报国 创新卓越——东北大学文化探析》一书，深刻阐释了东北大学爱国文化的时代内涵。东北大学的爱国文化是“为国献身、与祖国同呼吸共命运”的精神风骨，是“与国同行，与国家发展同频共振”的价值追求，是“为国筑梦，助力中华民族伟大复兴”的历史使命，彰显为全体东大人赤诚爱国、实干报国、科技强国的坚定信仰和忠实践行。提炼和阐释东北大学爱国文化是对东大自身价值的思考和定位，是对东大精神风貌的提纯和升华；是东北大学提升文化自觉、培养文化自信、走向文化自强的重要标志；是提高全体东大人的文化认同感和归属感，增强学校精神内驱力的力量源泉。

三、践爱国之效：构建爱国文化铸魂育人立体场域

多年来，东北大学始终把爱国文化作为立校之魂、育人之基，构建爱国文化铸魂育人立体场域，将爱国主义教育贯穿办学治校全过程、贯通育人育才始终，着力培养具有“爱国之情、强国之志、报国之行”的时代新人。

（一）构建爱国文化价值体系

东北大学将爱国主义教育作为思想政治教育的永恒主题，优化爱国主义教育内容，活化爱国主义教育形式，发挥爱国主义教育强大正效应。将爱国文化深度融入教职工的思想政治教育，通过“引领·提升·共进”“1+1”专项活动、理论武装宣讲团、文化午餐、国情教育专题培训班、卓越教师工作坊等载体开展爱国主义教育，激发广大教职工的爱国奋斗精神，让广大教职工成为爱国文化的坚守者和传播者。构建大学生爱国主义教育体系，打造“理论中国”大讲堂、“思政课实践”必修课、“理论之光”

实践教学活动等，全面构筑“问题导向、经典品读、学理优先、实践育人”教育教学模式，推进教材体系向教学体系、知识体系向信仰体系的转变；将爱国元素融入各类课程，推进“思政课程”和“课程思政”同向同进，在广大学生的心灵中种下爱国的种子。依托“知行”团校培养体系、主题团日活动推进体系、大学生能力素质拓展体系，切实让爱国文化烙印在学生的思想深处，转化为学生的生动实践。

（二）构建爱国文化品牌体系

东北大学打造“爱国 +”系列文化品牌活动，培育出一批富有文化含量、彰显文化品位的活动品牌，厚植师生爱国情怀。

深入开展“四史教育”，制定《关于开展“网上重走长征路”暨推动“四史”学习教育的工作方案》，举办“学党史 守初心 担使命”党史青年荟答题竞赛等系列活动，引导广大师生学史明志、知史励行。

深入挖掘东北大学近百年办学历程的爱国元素，实现爱校与爱国同频共振。创排校史剧《离离原上草》，以东北大学建校、迁校、复校半个世纪沧桑历史为主线，讲述了东大学子在流亡、复校的历程中抛洒热血的感人故事，生动细致地展现了20世纪第一代东大师生的精神风貌；该剧自2013年上演以来，广受好评，成为展现东大历史的精品力作。开展纪念一二·九运动系列主题教育活动，创排话剧《永远的一二·九》，连续18年举办“妙笔流声”诗歌散文朗诵大赛，为学生搭建了释放爱国爱校情感、实现自我教育的平台。

◎第十七届“妙笔流声”诗歌散文朗诵大赛

坚持爱国和爱党、爱社会主义高度统一，积极开展系列教育活动。打造“与信仰对话——马克思主义经典著作诵读会”，让广大学生与伟人进行原汁原味的“对话”。打造4季“讲述·东大人的故事”典型推进会，选树了37个身边先进典型，展现了东北大学优秀师生团队、典型个人的奋斗故事和其中蕴含的东大精神。连续5年开展讲述东大青年奋斗的青春故事会，彰显了东大青年师生的家国情怀、实干品格和自强不息的精神风貌。

结合重要纪念日开展爱国文化育人系列活动，2015 年，为纪念抗日战争胜利 70 周年，以“弘扬东大爱国传统，传承东大抗战精神”为主题打造“不能忘却的记忆”祭奠东大抗日英烈纪念礼、“铭记抗战 · 红色足迹”寻访社会实践等活动。2019 年，为庆祝新中国成立 70 周年，举办“我和我的祖国”庆祝中华人民共和国成立 70 周年主题文艺晚会，为广大师生上了一堂别开生面的爱国主义思政课；开展“青春告白祖国”社会实践主题宣讲会、“同升国旗、共唱国歌”爱国主义教育活动、“我和我的祖国”“今天是你的生日”快闪活动等数十项爱国主义教育活动，汇聚起广大师生爱国奋斗的磅礴力量。

◎“我和我的祖国”庆祝中华人民共和国成立 70 周年主题文艺晚会

（三）构建爱国文化景观体系

东北大学创新爱国文化物质表达，将爱国精神注入人文景观，凸显润物无声的化人功效。

深入挖掘老校长张学良爱国精神资源，弘扬老校长爱国精神。打造张学良生平业绩展，集中展示了老校长光辉灿烂的一生，深刻缅怀老校长的丰功伟绩；建立张学良铜像，建设以老校长的字命名的汉卿会堂，表达对老校长的深切怀念。与沈阳张氏帅府开展深度合作，联合举办东北大学张学良馆藏文物展、“繁华落尽——张学良将军晚年遗物展”，共展出张学良夫妇晚年的生活用品、日常服饰、祝寿用品、童趣用品、医疗用品等 60 多件珍贵文物，继承和弘扬了老校长的爱国主义精神。

全方位营造爱国人文环境，创建东北大学校史馆，该馆生动展现了东北大学波澜壮阔的办学历程，被评为沈阳市爱国主义教育基地。为纪念梁思成先生在东北大学创建中国首个建筑系，建成梁思成纪念馆，详细介绍了梁思成先生对中国现代建筑教育的卓越贡献。

打造一二·九运动群雕，引导广大师生铭记东大人爱国壮举；建成东北大学代校长宁恩承塑像、老校友张捷迁塑像、"中国奥运第一人"刘长春塑像、东北工学院首任院长靳树梁塑像、彭达烈士塑像等人文雕塑；建设"春华园""秋实林""新南湖"等景观小品；长征五号运载火箭模型、校歌石、校训石、师恩石等景观，形成独具特色的文化景观带。

（四）构建爱国文化产品体系

近年来，东北大学依托爱国文化，打造以平面文化产品集群、影像文化产品集群、微文化产品集群和创意文化产品集群为统领的东大爱国文化产品集群。

出版《东北大学校志》《东北大学史迹画卷》《张学良与东北大学》《漫游东大》等系列校史图书；出版《情缘东大》《诗影东大》《讲述·东大人》《东大青年奋斗的青春故事文集》等系列文化图书，提升东大爱国文化的内涵。

摄制东北大学校史纪录片，通过翔实的史料和生动的叙事，生动描绘了一代代东大人秉承"自强不息、知行合一"的校训精神爱国奉献的奋斗历程。拍摄校歌 MV、《我爱你，中国》MV、《今天是你的生日》MV 等爱国作品，用歌唱祖国的形式抒发爱国之情。此外，摄制校庆宣传片、国际宣传片、"建证东大"、金色流年等数十部宣传片，进一步提升爱国文化的辐射力。

◎《漫游东大》《情缘东大》《大学校训》书籍

（五）构建爱国文化传播体系

巩固壮大主流舆论，依托校内外媒体讲述东大爱国好故事、传递东大爱国好声音，进一步凝聚师生校友爱国共识、汇聚师生校友爱国力量。

◎“永远跟党走”东北大学庆祝中国共产党成立 100 周年主题文艺晚会

校报、电视广播、官方新媒体等校内媒体围绕爱国主题加强长线策划和深度报道，策划推出《张学良与东北大学》《东北大学与西安事变》《刘长春与少帅往日情》等重要文献，推出彰显爱国精神的东大典型人物、典型事件报道上百篇。

积极向校外媒体推介、推送爱国新闻素材，2015 年，结合学校抗日期间办学历程与办学精神，策划东北大学纪念抗日战争 70 周年选题，中央及地方媒体的累计报道有 30 余篇，产生了强烈的社会反响。充分发挥典型示范引领作用，手写“网红高数参考书”的退休教授谢绪恺，“把论文写在中国大地上”的轧制技术及连轧自动化国家重点实验室，被学生叫“亲妈”的高数老师邵新慧等典型人物先后被中央广播电视总台、《人民日报》、新华社等国家级媒体报道，在社会得到普遍关注、产生强烈反响，有效引领广大师生见贤思齐、崇德向善，从榜样示范转化为群体践行。党史学习教育期间，推出“一二・九运动的主力和先锋”“党史故事百校讲述——宋黎的故事”“‘五月的鲜花’从东北大学开遍华夏”等系列融媒体作品，实现微观校史和宏观党史融通育人。教育部一线采风、人民网党史学习教育官网、全国高校思政网以及新华社、人民日报、学习强国等主流媒体报道 60 余篇；其中，光明日报整版报道我校党史学习教育情况，产生良好社会反响。

“讲述·东大人的故事”以榜样力量凝聚发展正能量

——党委宣传部“文化育人”工作案例

为深入学习贯彻习近平新时代中国特色社会主义思想和党的十九大精神，推动全国高校思想政治工作会议、全国教育大会和全国宣传思想工作会议精神引向深入，肩负起举旗帜、聚民心、育新人、兴文化、展形象的使命任务，增强师生的文化自觉、文化自信，为一流大学建设提供强大的精神动力，东北大学精心打造“讲述·东大人的故事”典型推介会文化品牌活动，以事迹短片和人物现场访谈的形式深入挖掘并分享东北大学师生的真实故事，集中展现东大人砥砺奋进、爱国报国的昂扬风貌，用理想信念照亮出彩人生，以榜样力量凝聚发展正能量。

一、精准定位，精雕细琢，以榜样示范引领品牌铸就

学校在全校范围内挖掘典型人物，通过各类评优表彰及部门推荐等，力求选树出一批“做得好、学得来、立得住、叫得响、口碑佳”的优秀师生榜样，形成分类别、分特色的榜样选树体系。学校组织专门团队通过梳理事迹材料、拍摄事迹短片、撰写视频和访谈脚本并设计现场访谈环节等，全方位、多角度、深层次展示典型人物的典型事迹，引导受众提高思想认识，激起情感共鸣，增强信念意志，促进知行转化。典型人物事迹为受众树立了生动、直观、现实的标杆，丰富了思想政治教育工作的正面素材，提高了思想政治教育工作的生动性，促进了思想政治教育理论与实践的统一。经过多年积累和实践，已形成了具有东大特色的典型榜样选树体系，并积累打造出东北大学“榜样示范人物志”。自 2016 年以来，东北大学已举办四届推介会，选树典型集体和个人 37 个，活动现场直接观看人数近 1.8 万人。为进一步扩大感染力和影响力，“讲述·东大人的故事”典型推介会以活动展示为核心，根据推介会本体衍生的信息及艺术价值，通过物化手段生成了具有特定文化内涵的“讲述”系列文化产品，同步出版《讲述·东大人》图书 2 本，《实干 报国 创新 卓越——东北大学文化探析》图

书1本，《讲述·东大人的故事》视频40余个，推介会光盘4期，另有微视频、微直播、微图文、微广播、报纸专刊、专题网站、宣传展板、人物事迹宣传册等系列文宣产品，使推介会成为一种“看得见、摸得着、带得走”的文化，提升了品牌的影响力和教育的覆盖面。

◎ 2021年，“讲述·东大人的故事”典型推介会活动现场

二、以文化人，润物无声，实现典型与受众双向教育效能

“讲述·东大人的故事”典型推介会通过榜样人物的选树和对其事迹的传播实现了对传者和受者的双重教育效能。“讲述·东大人的故事”典型推介会的选树宣传过程，既是对典型人物多年努力和积淀故事的总结归纳，也是对其的一种有效的自我教育。与之相对的是，典型人物的故事通过推介会进行全媒展示，对于受众来说，更是一个润物无声的受教育过程，它不断唤起受众的感情共鸣，进而感染和教育传者和受者。2017年在第二届“讲述·东大人的故事”典型推介会上，东北大学ACTION团队讲述了其在比赛中经历的种种困境与艰辛，展示了他们顽强的拼搏精神。这支自2002年组队的大学生机器人创新团队一直致力于培养学生的创新创业能力，他们的故事不仅成为东北大学创新人才培养的典范，在全校上下营造了积极向上的创新创业氛围，而且对其自身也是一种无形的激励。2019年，在第十八届全国大学生机器人大赛上，东北大学ACTION团队卫冕成功，成为国内唯一一个连续四年获得冠军的团队。在第三届

“讲述·东大人的故事”典型推介会上，深部金属矿山安全开采教育部重点实验室党支部讲述了他们向地球深部进军、为我国金属矿山深部开采担当“守护者”的使命与担当，淋漓尽致地展示了东大人身上蕴含的“心有大我、矢志报国”的东大精神，感召广大师生在科研教学等各项工作中不忘初心、砥砺奋进。第四届“讲述·东大人的故事”典型推介会讲述了1955—1982年扎根可可托海为国选矿、贡献国防的37名东大人的故事，完美诠释了“与祖国同呼吸共命运”的东大精神风骨，激励广大师生在新时代更好地担当起强国筑梦、助力中华民族伟大复兴的历史责任！

三、把握规律，锐意创新，建构新闻与艺术统一的叙述推介方式

“讲述·东大人的故事”典型推介会以影像化、立体化的展现形式，创新叙事方式、手段和策略，淡化典型人物报道与生俱来的“说教色彩”，达到润物无声的育人目的。第一，从叙事技术与叙事内容上进行创新与变革，在用丰富的影视传达技术给予受众视觉快感的同时，也为叙事内容注入“新鲜血液”，赋予时代内涵，将叙事内容与社会历史、文化环境联系起来，牢牢把握住时代的脉搏，与时俱进。第二，在影像叙事创作时紧紧把握新闻与影像的关系，将二者在叙事中有机统一。在影像技术手段上，充分调动视觉非语符号，增强吸引力和感染力，让受众爱听爱看；在叙事手段上，运用多种叙事视角交叉叙事、合理运用悬念设置、利用矛盾冲突突出人物典型个性的叙事技巧，使报道呈现故事化叙事。第三，在传播方式上，实现媒体联动，在全校乃至全国范围内制造强大的叙事效应，充分发挥典型人物报道正面宣传鼓舞人、激励人的作用，通过典型人物展现时代的精神风貌，营造良好的社会风尚。

◎ 2021年“讲述·东大人的故事”典型推介会访谈嘉宾

◎“讲述·东大人的故事”典型推介会活动

◎“讲述·东大人的故事”典型推介会现场访谈

四、多元选择，多维合作，成为学校传递正能量的重要平台

榜样人物的多元选择，媒体融合的多维合作，使得“讲述·东大人的故事”典型推介会在校内外媒体上实现了多角度、全方位的展示，成为学校弘扬主旋律、传递正能量的重要平台。“讲述·东大人的故事”典型推介会先后得到新华社、中央广播电视总台、《人民日报》、《光明日报》、《中国教育报》、《中国青年报》、《中国日报》、《科技日报》、《经济日报》、《中国科学报》、《辽宁日报》、辽宁广播电视台、《沈阳日报》、沈阳广播电视台、人民网、新华网、中青在线、央广网、大公网、中国高校之窗等国家级和省市级媒体报道百余篇。其中，中国科学院院士闻邦椿、投身国家科技战“疫”最前线的东软集团创始人刘积仁教授、手写“网红高数参考书”的退休教授谢绪恺、“把论文写在中国大地上”的轧制技术及连轧自动化国家重点实验室、被学生叫“亲妈”的高数老师邵新慧、用英雄联盟讲机械制图的李小号老师、五年扎根云南省昌宁县扶贫一线的驻村第一书记高大鲲等典型人物先后被央视新闻、《人民日报》、新华社等国家级媒体报道，在社会得到普遍关注，产生强烈反响。同时，“讲述·东大人的故事”典型推介会唱响新媒体，先后在微博、微信、今日头条等平台广泛传播，获得《人民日报》、共青团中央、微言教育等主流新媒体的纷纷关注和转发，阅读量近千万。“讲述·东大人的故事”典型推介会通过一个个典型人物和群体充分展现了东大人实干的品格、报国的情怀、创新的气质和卓越的追求，立体式形象化熔铸东大的“精神高地”和“价值坐标”，成为传承并弘扬校训精神和东大文化的重要载体和平台。

◎ 2021 年，“讲述・东大人的故事”典型推介会现场

经过 5 年积累，“讲述・东大人的故事”典型推介会逐步形成了精准定位、精雕细琢、以榜样示范引领品牌铸就的品牌特色；以文化人，润物无声，实现典型与受众双向教育效能的育人特色；把握规律，锐意创新，建构典型选树与媒体推介有机融合的创新特色；多元选择，多维合作，打造榜样育人品牌的成果特色。在全校范围内形成了强大的叙事效应，滋养师生心灵、涵育师生品行。与此同时，“讲述・东大人的故事”典型推介会传达的爱国爱校的大爱情怀、勤奋进取的奋斗精神、“学为人师、行为世范”的人格魅力等成为东北大学最宝贵的精神财富，为东北大学扎实推进一流大学建设提供了文化动力和精神支撑。

构建全覆盖的廉洁教育格局
营造风清气正的校园政治生态和育人环境
——纪律检查委员会办公室“文化育人”工作案例

近年来，学校纪律检查委员会办公室坚持面向全员、各有侧重、形式多样的廉洁教育工作思路，开展违纪违法典型案例警示教育活动，开展廉政文化作品大赛、廉政文化建设创新工程、廉政文化宣传月等品牌活动，结合新修订的《中国共产党纪律处分条例》、“两学一做”学习教育和“不忘初心、牢记使命”主题教育活动，开展系列廉政专题讲座。指导二级党组织加强廉洁教育，各二级党组织结合自身实际，不断扩大廉洁教育覆盖面，持续推动廉政文化建设。在“三全育人”综合改革试点工作背景下，学校廉政文化育人出现新局面、取得新成效，为学校“双一流”建设和各项事业发展营造了风清气正的政治生态和育人环境。

一、以品牌活动为载体，广泛调动师生接受廉洁教育的积极性

学校纪委持续深入开展一系列廉政文化建设活动，不断探索廉洁教育的针对性实效性，不断调动师生接受教育的积极性主动性。2018 年，组织开展了第七届廉政文化作品大赛，收到 505 份廉政文化作品，评选出 128 份优秀作品；开展了廉政文化建设创新工程活动，收到 81 个项目的立项申请，评选出 31 个优秀项目成果。2019 年，组织开展第八届廉政文化作品大赛，收到 324 份廉政文化作品，评选出 141 份优秀作品；开展了廉政文化建设创新工程活动，收到 27 个项目的立项申请，评选出 22 个优秀项目成果。同时，组织参加由教育部思想政治工作司主办的第七届全国高校廉洁教育活动暨“携手打击腐败”公益广告作品征集活动，学校有 7 份廉政作品进入全国入选名单，其中 1 份作品入围了全国仅 10 项的精品项目；3 人获得全国大学生廉洁知识问答先进个人；学校被授予优秀组织单位，获奖情况实现新突破。2020 年，组织开展第九

届廉政文化作品大赛，收到 381 份廉政文化作品，评选出 137 份优秀作品；开展了廉政文化建设创新工程活动，收到 38 个项目的立项申请，评选出 37 个优秀项目成果。与此同时，有的二级党组织结合自身实际，自主开展了独具特色的廉政文化建设活动，也取得了良好的教育效果。

◎第七届廉政文化作品大赛全国获奖作品

二、以警示教育为重点，不断增强干部师生对党纪国法的敬畏之心

针对校党委班子成员，通过党委常委会、理论中心组学习等渠道，传达学习中央纪委、辽宁省纪委、中央纪委国家监委驻教育部纪检监察组等的文件精神和违纪违法典型案例通报情况。针对新任职的中层领导干部，由校纪委书记进行集中廉政授课，选取教育系统违纪违法典型案例加强警示教育。针对其他干部师生，以报告讲座、谈心谈话、文化活动、学习培训、情景教学等方式，组织开展入党入职、提职交流、入校离校等廉洁教育活动。2018 年，结合“两学一做”学习教育，组织开展习近平新时代中国特色社会主义思想专题学习，党章、新形势下党内政治生活的若干准则、廉洁自律准则、纪律处分条例、党内监督条例、问责条例等党内法规以及宪法、国家监察法等法律法规专题学习。2019 年，组织重点部位领导干部到沈阳正风肃纪大数据监督平台参观学习。研究制定《关于开展典型案例警示教育“五式”学习活动的方案》，结

合“不忘初心、牢记使命”主题教育，认真学习教育部党组、中央纪委国家监委驻教育部纪检监察组共同编撰的《党的十八大以来教育部直属系统违纪违法典型案例汇编》，以传阅式、结合式、讲座式、交流式、整改式5种方式为依托，全方位、立体化地加强警示教育，并开展了10余场专题讲座。2020年，依托学院组织开展入党前和预备党员廉洁教育培训105次，覆盖普通师生4100余人。向二级党组织提供警示教育记录片，为二级党组织开展警示教育活动提供便利。以开展警示教育活动为切入，不断推动党员、干部、师生知敬畏、存戒惧、守底线，习惯在受监督和约束的环境中工作生活，助力全面从严治党向基层延伸、向纵深发展。

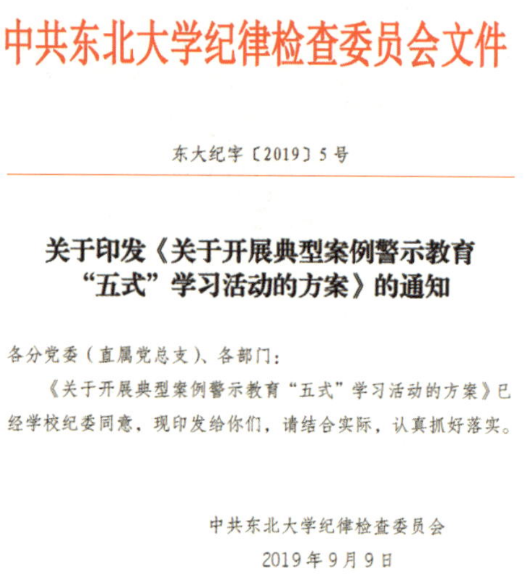
中共东北大学纪律检查委员会文件

东大纪字〔2019〕5号

关于印发《关于开展典型案例警示教育“五式”学习活动的方案》的通知

各分党委（直属党总支）、各部门：

《关于开展典型案例警示教育“五式”学习活动的方案》已经学校纪委同意，现印发给你们，请结合实际，认真抓好落实。

中共东北大学纪律检查委员会

2019年9月9日

◎关于开展典型案例警示教育“五式”学习活动的通知

◎校党委副书记、纪委书记杨明给干部作廉政讲座

◎组织干部到沈阳正风肃纪大数据监督平台参观学习

三、以环境建设为目标，切实营造“廉政文化”的清廉氛围

推进高校党风廉政建设，是高校实现育人目标和可持续发展的重要保障。加强廉政文化建设，传播廉政知识，弘扬廉政精神是高校党风廉政建设的特殊使命。加强对广大师生的理想信念、价值观念、道德修养、廉洁操守、诚实守信教育，有助于引导师生树立规矩意识、法律意识，从日常细微处做起，自觉抵制拜金主义、享乐主义等

不良影响，为“廉洁从业”“廉洁从政”打好基础。近年来，学校纪委不断巩固和拓展廉政文化宣传阵地，丰富活动形式和内容，注重提升活动的教育效果，引导广大干部师生牢固树立正确的世界观、人生观和价值观。坚持营造浓厚的“崇廉尚洁”的校园文化氛围，以廉政文化涵养校园政治生态。切实加强廉政文化建设，旨在形成切实有效的廉政育人长效机制。用好流动宣传展板、清风廊、东大廉政网等宣传渠道，开设校报廉政专栏，加强廉政文化宣传。明确校院两级领导班子成员每年至少讲 1 次廉政党课，推动师生明大德、守公德、严私德，有力促进师德师风建设，不断提升人才培养质量，不断强化基层组织功能，为营造风清气正的政治生态和育人环境提供保障。

奋斗新青年　追梦新时代
青春故事会让理想信念照亮璀璨星光

——共青团东北大学委员会“文化育人”工作案例

截至2019年，“璀璨星光”东大青年奋斗的青春故事会已连续举办5年。故事会以学校五四评选中涌现的青年师生榜样典型事迹为教育内容，以大型青春原创故事会为载体，采用TED演讲和访谈的形式，为青年师生讲述榜样的奋斗历程，故事鲜活、生动、走心，用信仰引领，用事实说话，用情怀感人。

教育强则国家强，人才兴则民族兴。在全国高校思想政治工作会议上，习近平总书记指出，要坚持把立德树人作为中心环节，把思想政治工作贯穿教育教学全过程，实现全程育人、全方位育人，努力开创我国高等教育事业发展新局面。这一重要讲话科学地回答了高校“培养什么人、怎样培养人、为谁培养人”这一根本问题，为新形势下高等教育事业的发展指明了方向。为深入推进东北大学“三全育人”工作，打造特色思想政治教育平台，东北大学连续5年策划举办“璀璨星光”东大青年奋斗的青春故事会，培养树立一批“做得好、学得来、立得住、叫得响、口碑佳”的优秀师生榜样，通过优秀东大青年师生和校友分享奋斗历程，教育和引导师生明确社会责任和历史使命，让理想信念照亮璀璨人生。该活动是学校建立健全全员、全程、全方位的思政教育体制机制的重要平台。

一、接地气，用“亲”发挥榜样教育作用

“璀璨星光”东大青年奋斗的青春故事会着眼于打造接地气的榜样团队，聚焦教师、学生的平实瞬间，捕捉和直击他们在平凡生活中的朴素小事，将小视角与大情怀相融合，让小人物与大事迹相辉映，突出一个“亲”字，做到两个“力求”(力求在榜样寻树、选树、培树上，做到各有特色、覆盖全面；力求培树可爱、可敬、可亲的“实”形象)，发挥“亲切”“亲和”“亲民”的榜样教育作用，激发广大青年师生学习先

进、崇尚先进、赶超先进的意识。

自 2015 年以来，“璀璨星光”东大青年奋斗的青春故事会先后邀请了第 11 届模拟炼钢挑战赛世界总决赛冠军、中国青年五四奖章获得者周文涛和全军“学习成材标兵”、全军“四会”优秀政治教员标兵巴兴等优秀青年校友；国家级青年人才项目入选者费腾教授和 2017 年全国高校思想政治理论课教师年度影响力人物、学生最喜爱的老师任鹏副教授等优秀青年教师；全国大学生机器人大赛三连冠获得者、2018 年亚太大学生机器人大赛国际亚军的 ACTION 团队，带着妈妈上大学的大学生道德模范刘莉和全国大学生自强之星提名奖获得者陈为彬等优秀团体和个人。在“璀璨星光”东大青年奋斗的青春故事会上，近 40 位先进典型和榜样代表向全校 3000 多名学生分享奋斗历程，讲述成长故事。该故事会不仅成为东大青年学生热衷与期盼的品牌思政课，更成为激励东大青年奋勇拼博的成长文化和精神坐标。

◎ 2016 年“璀璨星光”东大青年奋斗的青春故事会

◎ 2017 年“璀璨星光”东大青年奋斗的青春故事会

◎ 2018 年“璀璨星光”东大青年奋斗的青春故事会

◎ 2019 年“璀璨星光”东大青年奋斗的青春故事会

二、聚人气，用“新”吸引向上东大人

“璀璨星光”东大青年奋斗的青春故事会出发点在思想引领，立足点在感动教育，落脚点在故事分享，突出一个“新”字，做到两个“吸引”。用“新”的平台载体构建常态机制，吸引青年学生持续关注；用“新”的讲述模式打造品牌活动，吸引青年学

生喜爱参与。在特色载体上出“新”，创设讲述模式，请优秀师生榜样到视听情境交融的现场，以嘉宾访谈、嘉宾 TED 演讲、故事讲述等大型原创青春故事会的形式，生动再现了东北大学师生在学校发展建设中砥砺奋进、建功家国的动人故事，每年面向全体新生全景讲述榜样故事。同时，在常项载体上创“新”，建立常态机制，让东大师生榜样走进班团会，分享交流自己成长路上的经验与思考，以更广、更宽、更具温度的方式呈现东大师生的奋斗历程。

三、显正气，用“进”形成持续正能量

“璀璨星光”东大青年奋斗的青春故事会的灵魂和主线是促进青年学生自觉践行社会主义核心价值观，突出一个“进”字，做到“两个持续”。贴近不同年级、不同专业学生的诉求，串联起线上线下思想教育平台，持续“推进”；瞄准学生骨干、普通学生、特殊学生等不同群体、不同对象的需求，筑牢立体宣传阵地，持续“走进”。通过微信、微博、微视频的“三微一体”和“榜样事迹故事集、简要事迹橱窗展、报纸专刊精选”等方式，引发广大青年师生情感共鸣，将单维度的榜样教育转变成常态化、持续性的影响性教育，形成独具特色的榜样引领品牌，有效增强思想教育的实效。截至 2019 年，“东大群星闪耀时”故事文集、“璀璨星光”故事影集出版共 5 季感动分享教育校本教材，制作了 40 余部榜样纪录片，形成了独具特色的榜样引领品牌。故事会辐射力和影响力广泛，新华网、中国教育新闻网、中青在线、央广网等媒体纷纷转载报道，在校内外营造了向上向善的正能量氛围。

“璀璨星光”东大青年奋斗的青春故事会是东北大学培育和践行社会主义核心价值观的大型思想政治教育活动，是推进东北大学形成“三全育人”工作格局的重要平台。多年来，作为学校校园文化建设的龙头品牌和创新举措，“璀璨星光”东大青年奋斗的青春故事会活动积极围绕学生、关照学生、服务学生，积极参与了构建学生成长成才的育人体系，通过优秀东大青年师生和校友的经历分享，集中展现了东大师生砥砺奋进、建功家国的昂扬风貌。先后选树和邀请 40 余位青年师生先进典型和优秀校友榜样代表作为故事会嘉宾，每年面向全校 3000 多名学生讲述，为引导学生坚定“四个自信”，筑牢中华民族伟大复兴的中国梦，传导了积极的思想与价值。2017 年，该项目荣获“第九届高校校园文化建设优秀成果推选展示”优秀奖。

塑魂铸才　全面推进文化育人

——研究生院“文化育人”工作案例

长期以来，为培育科研攻坚的生力军和社会各行业的领军力量，学校高度重视研究生的全面发展，把打造积极向上的研究生文化摆在突出位置。为发挥文化建设对研究生教育的重要作用，研究生院组织开展形式多样的研究生文化活动，倾力建设“塑魂铸才——研究生文化育人工程”。

“塑魂铸才——研究生文化育人工程”以“塑魂铸才”为主题，开展铸魂工程、立德工程、薪火工程、践行工程、筑爱工程“五大工程”，构建初心文化育人、修身文化育人、学术文化育人、实践文化育人、公益文化育人“五大育人体系”，形成文化育人强磁场效应，培育德智体美劳全面发展的新时代研究生。

一、铸魂工程——初心文化育人

“铸魂工程”以初心文化育人为核心，坚持用马克思主义、中国特色社会主义理论体系、习近平新时代中国特色社会主义思想引领广大研究生不忘初心、牢记使命，成为红色基因的传承实践者。

◎第四届“我心目中的好导师”颁奖仪式

开展“我心目中的好导师”评选活动，表彰在研究生培养教育工作中做出突出成绩的研究生导师，充分发挥研究生导师立德树人作用，展示学校研究生导师的良好形象，激励广大导师为研究生教育发展做出更大贡献。活动自2008年起，已成功举办五届，累计评选出研究生心目中的“好导师”百余人，活动作为研究生对导师综合评价的重要载体，得到了全校研究生导师和研究生的广泛关注，并吸引他们积极参与。评选的规模逐年加大，评选的形式不断创新，评选的程序不断完善。“我心目中的好导师”评选活动，实现了研究生与导师之间的良性互动，在导师与研究生之间架起了一座沟通的桥梁，不仅展现了导师的风采，而且从不同层面更加深入地诠释了立德树人的内涵。

开展研究生先进个人评选活动，表彰在学术创新、科技服务、勤学励志、文体艺术、社会工作等方面取得突出成绩的研究生个人，选树典型，激励先进，从而推动研究生德智体美劳全面发展，不断提升其综合素质，逐步提高研究生教育的质量。

二、立德工程——修身文化育人

“立德工程”以修身文化为核心，坚持培育和践行社会主义核心价值观，引领广大研究生明大德、立大德，成为社会主义核心价值观的坚定信仰者、积极传播者、模范践行者。

开展“研究生诗词大会”，弘扬传统中华诗词之美，增强研究生对优秀传统文化的理解和认可，提升广大研究生的文化素养。活动自 2017 年起，已成功举办三届，比赛设置初赛、复赛、决赛三个环节，初赛阶段即吸引 500 余名研究生参赛。参赛的同学们都怀揣着对诗词的热爱，在比赛中大显身手，现场气氛浓厚而热烈。

◎第九届研究生寝室文化节

开展“研究生寝室文化节”，增强寝室成员间的团队合作精神与凝聚力，在活动中拓展自身交友圈，塑造积极健康的校园文化，并繁荣寝室文化。活动至今已成功举办九届，一般历时 1~2 个月。活动包括初赛“积点成线，映像东大”校园越野跑，复赛“奇思妙想”创意 DIY 和寝室微电影展示，决赛“寝室才艺比拼”“知识竞赛抢答”等比拼环节。在“寝室才艺比拼”环节中，情景剧、歌曲串烧、舞蹈、器乐演奏等节目轮番上演。在“知识竞赛抢答”环节，每组派出男女两名队员上台进行知识抢答，题目涉及天文地理、文化娱乐、生活常识等方面，不仅考验了同学们的知识覆盖面，更体现了队友的默契度。研究生寝室文化节，彰显了研究生的团结与激情，激发了年轻人的智慧与理想，使社会主义核心价值体系能够更深刻地融入广大研究生的学习生活中。

三、薪火工程——学术文化育人

“薪火工程”以学术文化育人为核心，坚持用东北大学近百年发展历程中的学术传统、学术品格和学术文化来引领广大研究生崇尚学术、开拓创新，成为东大学术精神的传承者和弘扬者。

开展“星火博士生学术沙龙”和“研途驿站”（即研究生经验交流会）活动，促进研究生之间的学术交流，明确现阶段的学习目标，调动他们的学术科研积极性，加深他们对学术前沿问题的把握；解决研究生在科研、就业和出国等方面的疑惑，引导其确定未来的前进方向，加强学风建设，营造良好的校园氛围。已连续主办 28 期“新思维讲坛”、13 期“博海天空”等学术活动，连续开展 12 期博士生学术沙龙活动，以时事热点、科学道德、学术交流、经验分享等为主题；这些活动走进资源与土木工程学院、材料科学与工程学院、信息科学与工程学院、理学院等，连续举办五届沈阳地区高层次人才交流会，与沈阳地区高校和科研院所的博士生进行学术交流，促进了校内外、学科间的互动交流，搭建了良性的学术交流平台。

四、践行工程——实践文化育人

“践行工程”以实践文化育人为核心，坚持产学研用协同育人，引领广大研究生将实现理论与实践相结合、知识与能力相统一、研究与应用相转换，成为新时代创新人才。

开展“百名博士企业行”“走进国家重点实验室”等活动，勉励研究生准确了解不同学科的前沿技术和发展现状，培育创新创业精神，推动企业技术创新及高校科技成果推广、转化和项目落地，不断提升广大研究生的学术贡献率。截至 2019 年，“践行工程"累计派出参与实践研究生617人次，足迹遍布全国，并积极建立符合博士生培养实际的实践教育基地，与地方、企业形成长期的合作机制，实现资源共享、成果共享，目前已在江苏宿迁、丰县和辽宁锦州等地建立"博士生工作站"，与江苏扬州、广西防城港等地签订人才合作协议，努力提高研究生社会实践的层次和水平，带领研究生先后走进华中科技大学、中国海洋大学和航空工业沈阳飞机设计研究所（601所）等高校、科研院所的国家重点实验室和研究中心等，通过访谈、实地参观等方式了解国家重点项目的发展与需求，拓宽了研究生深造与就业途径。

◎百名博士企业行——走进鞍山

五、筑爱工程——公益文化育人

"筑爱工程"以公益文化育人为核心，坚持用大爱精神引领广大研究生提升责任意识、奉献意识和群体意识。开展"爱心超市系列活动""研究生志愿者服务系列活动"，发扬中华民族友爱互助、崇德向善的优良传统，把引导研究生参与社会公益活动作为培养爱心的一条重要途径，通过爱心义卖、志愿家教等多种形式的社会实践，弘扬研究生的志愿精神，促进研究生自我成长。

"一元爱心超市"创立于2012年，是由东北大学研究生院（党委研究生工作部）主办的校内品牌公益活动。该活动通过收集师生捐赠的闲置物品，定期举办义卖，让大家以极低的价钱买到所需的用品，这既为老师和同学们的生活提供了便利，同时也对爱心捐赠者手中的闲置物品进行了合理利用，做到了资源重新分配。义卖所得款项全部纳入"张学良教育基金会"旗下"一元爱心超市"子基金，用于资助困难学生，培养了研究生的爱心意识、爱心行为。该公益活动以“爱心超市”为基础，已拓展为“一元爱心超市”“一元捐真情献”和“一张纸献爱心”系列公益活动。截至2020年12月，该系列活动已筹集资金96088.88元，先后资助了学校患重大疾病或突遭家庭变故的学子10人。活动得到了《光明日报》、《辽沈晚报》、沈阳文明网、东大新闻网等多家媒体的报道，获得2013年度“辽宁省大学生思想政治教育精品活动”（A类），获2018年“创青春”辽宁省大学生创业大赛银奖等荣誉，极大地激励了广大研究生关注贫困群体，关爱贫困同学，扶危济困，培育和践行社会主义核心价值观。

◎“一元爱心超市”

开展“塑魂铸才——研究生文化育人工程”，符合学校“教育英才”的办学宗旨，有助于发挥人才培养、科学研究、社会服务、文化传承创新和国际交流合作的大学功能，契合思想政治教育的需要，以务实创新精神开创思想政治工作新局面，激发思想政治工作的生机与活力。

“塑魂铸才——研究生文化育人工程”寓教育于文化建设之中，同时注重研究生创新意识和创新能力的培养，使学生真正成为文化建设的积极参与者和受益者，促进了研究生综合素养的全面提升。

深入推进“一五一十”思政文化育人一体化平台建设　打通育人“最后一公里”

——学生工作处“文化育人”工作案例

东北大学“一五一十”思政文化育人一体化平台紧紧围绕“立德树人，培养德智体美劳全面发展的社会主义建设者和接班人”一个核心目标，立足于全面落实和不断丰富学生工作“教育、管理、指导、服务、能力素质拓展”五项职能，着力构建一体化育人平台、打通育人“最后一公里”。平台对标教育部“十大育人体系”，以全校各学院、多部门的项目化建设推动“十大育英工程”；坚持“专业化、分阶段、全覆盖”的原则，将 40 个重点项目、128 个精品活动建设融入分年级教育实践，挖掘教育要素，完善育人机制，整合协调联动，唱响育人强音。2019 年“指南针驿站”项目、2020 年“党家社校，全员铸魂，奏响组织育人‘三部曲’”项目先后荣获教育部思想政治工作精品项目，成为东北大学文化育人的靓丽品牌。

一、丰富思政文化育人内涵 一体化平台，让教育更“走心”

“以动态、协调、可持续、有反馈的一体化育人系统，让学生工作‘教育、管理、指导、服务、能力素质拓展’五项职能在新时代发挥出更大作用，着力破解大学生思想政治工作发展不平衡不充分问题，是我们搭建平台努力的方向。”学生工作部部长马天威在谈到“一五一十”思政文化育人一体化平台建设时表示，“我们建设的‘一五一十’思政文化育人一体化平台，其实质是一个能够将党对人才培养的需要与学生成长发展诉求有机统一的平台。”

如何更好地满足“90 后”“00 后”学生的成长发展需求，让学生拥有更多的“获得感”，培养学生的社会责任感、创新精神、实践能力，努力造就具有远大抱负和国际视野的精英人才，一直都是“一五一十”思政文化育人一体化平台的发展建设目标。东北大学“一五一十”思政文化育人一体化平台于 2018 年 3 月正式启动建设，在充分把握思政文化育人内涵，创新思政文化育人路径，继承和发扬学生工作“教育、管理、指导、服务、能力素质拓展”五项职能的基础上，突出德智体美劳五育并举理念和融入分年级教育实践，创新制定了学校大学生思想政治工作的主要内容和工作标准，一体化构建了大学生思想政治教育工作体系。平台下设五个子平台，分别为：“一五一十”大学生思想政治工作主阵地建设平台、大学生思想政治工作创新发展中心、学生“云成长”一体化大数据平台、大学生思想政治工作科学评价体系平台、大学生思想政治工作队伍建设平台。“一五一十”思政文化育人一体化平台支持孵化了一批立足学院优势、突出学科特点的创新孵化项目，涌现出了一批可示范、可引领、可辐射、可推广的精品教育活动。

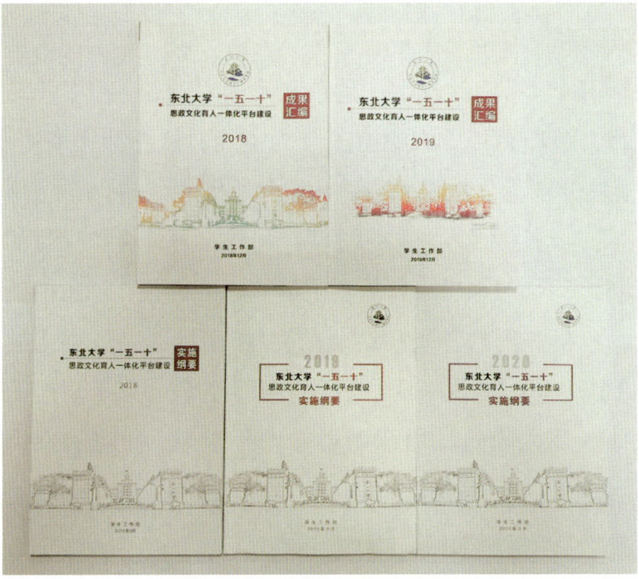

◎“一五一十”思政文化育人一体化平台实施纲要及成果汇编

平台建设的正式启动，充分调动了全校学生工作职能部门和各学院学生工作干部的积极性、主动性、创造性，充分激活了大学生思想政治教育工作的内生动力，进一步形成思想政治教育工作合力，进一步深化学校“三全育人”工作格局。外国语学院学生工作办公室主任姜铭奎在谈到东北大学“一五一十”思政文化育人一体化平台时表示，“一体化平台项目承办特色化，各学院可以结合学院学生特点和专业特色，有针对性地选择申报项目，比如我们学院承办的‘辅导员谈心谈话’项目，其设计就立足于学院工作优势、突出学院基础工作特色，确保项目充分发挥实效性；同时，活动开展打破了学院、专业的界限，来自不同学院、不同专业的学生可以结合自身特长和兴趣有选择性地参加活动，实现了项目主体的丰富性，充分满足了学生不同阶段的成长成才需求，促进学生德智体美劳全面发展。”马克思主义学院辅导员赵铭依谈道：“作为一名辅导员，不仅能够依托‘一五一十’平台、针对学院特色举办各类校级大型活动，为全校学生搭建平台，不断促进学生成长发展；同时该平台也为辅导员提供了全方位职业能力提升的机会，例如辅导员培训、素质能力大赛、德育科研支持计划等，让我们在参与的过程中得到历练与提升，成为更好的自己。”

二、风里雨里在线等你，“指南针驿站”让学生更“暖心”

新冠肺炎疫情爆发后，有一方“驿站”仍然风雨坚守，网络联结爱与牵挂，在“停课不停教、停课不停学”的时期发挥了无可替代的指导作用，这就是“一五一十”思政文化育人一体化平台培育出的教育部思想政治工作精品项目之一——“指南针驿站”。“高老师，连续和失去爆破等读音省略的问题，我在家怎么也弄不明白，还请您指导。”“稍等，我给你发四张连音练习的资料图片，我们一起练习！”隔离病毒但不隔离爱，外国语学院高志英老师视频连线持续了两个多小时。“有时候这种线上辅导比线下上一整堂大课还要累，需要兼顾很多，但是现在是战‘疫’关键时期，同学们的成长与发展也不能松懈。”高老师感慨道。“指南针驿站”是东北大学“一五一十”思政文化育人一体化平台校级建设项目，该项目以“立德树人”为主线，依托两大模块、四大项目来具体开展工作。两大模块分别为显性引领模块和隐性引领模块，四个主体项目分别为“思想引领”“预约指导”“成长沙龙”“能力提升”。同样亲身体会该项目的一名同学在谈到“思想引领”模块时表示，“思想成长是学生最核心的成长，思想的锤炼是与坚定的信仰、崇高的理想、自我实现的梦想相结合的，‘指南针驿站’推出的‘校友说’‘党员说’‘师者说’‘学子说’等‘四说新语’活动，切实为我提供了思想上的引领和帮助，今后我要把握当下、砥砺奋进，用行动彰显青年担当、贡献青春力量。”

充分发挥同辈引领作用也是“指南针驿站”的重点建设内容之一。马一然同学经常参加成长沙龙活动，聆听学姐学长分享的关于专业保研、跨专业保研等内容，使她在发展的关键阶段及时了解到了保研的具体流程，“感觉明晰了前路，在正需要发力的阶段给予我很大

◎“指南针驿站”成长沙龙活动

的帮助。我会将个人理想与专业学习相结合，坚持奋斗，永不停歇。”马一然同学如是说。将思想政治工作的“给”转化成学生的“得”，这就是“指南针驿站”一直以来始终坚持的信条。

三、构建四位一体育人网络，党家社校让家长更“放心”

“党家社校，全员铸魂，奏响组织育人‘三部曲’”项目是“一五一十”思政文化育人一体化平台培育出的另一项教育部思想政治工作精品项目。“四年前我们和孩子一样，忐忑地走入东大校园，不知道孩子的未来究竟是什么样子。在东大，我们并不是‘被通知’孩子的日常表现，而是能够实实在在参与孩子一点一滴的成长，如今孩子毕业成才，感谢学校让我们家长共同见证并分享收获的喜悦！”一位家长在参加完毕业典礼后感慨万千地说道。

现代教育应当是一种开放性的全方位教育，学校不再是影响教育的单一因素。东北大学高度重视家校联系平台建设，将家校联系平台作为思想政治教育的有力抓手，建立健全家校联系机制，构建四位一体教育网络，汇聚了家校育人合力，积累了丰富的家校联系工作先进经验和优秀成果。为深化家校共育新机制建设，系统推进“互联网＋家校教育”工作，学校搭建了“O2O”（Online to Offline）“三全育人”家校联系平台，通过统筹各级组织资源、构建多角度分级联动工作机制，“零距离”沟通、贯穿“入学—毕业”全时空学业时段，“大数据”支撑、整合“线上—线下”工作模式，“多视角”切入、打造“大思政”育人新平台等实践育人举措，营造良好共建的家校协同育人生态，创新科学高效的家校合力育人模式，全面推进“三全育人”工作，最终形成“家校深度融合育人共同体”。

◎计算机科学与工程学院葫芦岛家长会

该平台通过“成人礼”、新生家长会、实地家访和《致家长的一封信》，“邀请式”深化全程育人毕业仪式，“精准化”开展全方位育人实地家访，“靶向制”组织全员育人地区家长会，实现对全体本科生家庭教育联系 100% 覆盖。截至目前，平台共发放 20 余万封信件；开展实地家访 5000 余次；地区家长会覆盖 30 个地区，开展 50 余次，覆盖学生 2000 余人次。家长们纷纷感叹：“感谢学校让我们有机会参与孩子培养的全过程，参与孩子的职业规划，了解学校学院政策，学习如何与上大学的孩子相处，感受家校联合育人的丰硕成果。”

“若你问我青年风采当如何，我定要‘一五一十’告诉你，东大青年已在路上，春生夏长，秋收冬藏。”四季轮转，春时踏青而诵，夏时行知路上，秋时硕果共享，冬时底蕴滋养。东北大学“一五一十”思政文化育人一体化平台建设坚持因时而进，突出价值引领，统筹凝聚了辅导员、班导师、思政课教师、学校管理干部、成长发展指导员、优秀学生骨干、校外辅导员、家长等各方力量资源，进一步形成思想政治教育工作合力，实现了全员育人；坚持因事而化，精准施策，创新制定了学校大学生思想政治工作的主要内容和工作标准，有效破解了大学生思想政治教育发展不平衡不充分的难题，实现了全程育人；坚持因势而新，凸显实效，一体化构建了大学生思想政治教育工作体系，促进学校学生工作五项职能在新时代下更好地发挥思政育人功能，实现了全方位育人，为落实教育部“三全育人”综合改革试点高校、全国党建工作示范高校、教育部“一站式”学生社区综合管理模式试点高校建设与推进学校一流大学建设提供强力支撑。

坚守立德树人初心　领航理想信念前行

——离退休党委“文化育人”工作案例

离退休党委以“三全育人”试点工作为契机，围绕全国高校关心下一代工作委员会（简称“关工委”）十大品牌，加强“五老”队伍建设，不断扩大关工委工作的受益面，助力学校人才培养工作。充分发挥了“五老”在大学生理想信念教育中的“辅导员”作用，在大学生职业生涯设计中的“引路人”作用，在大学生党建工作中的“质检员”作用，在青年教师成长中的“传、帮、带”作用。

一、诱掖后进，化做春泥更护花：闻邦椿

◎中国科学院院士闻邦椿教授在工作

中国科学院院士闻邦椿作为中国“振动利用工程”学科的开拓者，为新中国的建设做出了不可磨灭的贡献。如今91岁高龄的闻邦椿教授始终诱掖后进，继续奋战在教学一线。在研究机械产品综合设计方法论的过程中，闻邦椿教授认识到人的一生也需要一定的方法论作指导。从2010年至今，闻邦椿教授陆续撰写了20余部关于科学方法论方面的著作，如《成功做事方法学——现代成功学浅论》《科技创新方法论浅析》《创新创业方法学》《顶层设计原理方法应用》《科学方法论体系规则应用》，等等。

为了让东北大学学生能及早掌握人生哲学方法论的相关知识，闻邦椿教授找到学院领导阐明他的想法。在学院领导的促成下，机械学院在新生培养计划中以通识必选课形式开设“人生哲学方法论”课程。按照闻邦椿教授的设想，掌握并合理运用了方法论，引导青年学生坚定“四个自信”，将爱国之情、强国之志、报国之行融入中国特

色社会主义事业、建设社会主义现代化强国、实现中华民族伟大复兴的奋斗之中。闻邦椿教授除了把自己的思想整理成专著，也一直坚持着亲临亲授青年人。2019 年以来，闻邦椿教授为青年学生作关于方法论的专题报告近 10 场，受益学生上千人。

正如一名上过“人生哲学方法论”课程的同学写到的：“闻邦椿教授致力于学术，总结出现代成功学方法论，毫无保留地奉献给当代大学生，其中的体系和规则的确对大学生学习、做事、做人等方面有着巨大的影响和极强的实用性。只要坚定执行现代成功学方法论规则，我们就会拥有丰富而精彩的大学生活，并为以后迈进社会的长远发展奠定坚实的基础，创造更高的人生价值！”

二、背佝偻不散宴席，染华发依旧年轻：谢绪恺

从 1950 年带着一丝生涩和稚嫩登上讲台，到 2005 年在鲜花与簇拥下缓缓离开，屈指算来，整整 55 年，一位教师将自己最宝贵的年华，献给了这块不到 10 平方米的讲台，他就是东北大学著名教授谢绪恺。

◎谢绪恺教授获评“2017 年度感动沈阳十大人物”

曾经，谢绪恺教授提出了关于研究线性系统稳定性的“谢绪恺判据”，让他成为整个国际控制学界第一个用个人名字去命名线性系统稳定性研究成果的中国人。如今，那份对数学之美最朴素、最单纯的好奇心与探知欲，他从未丢失，他最爱的仍是那方寸讲台与那些可爱的学生们。

谈起目前的学生普遍认为高等数学比较难这个问题时，96 岁高龄的谢老师向我们分析道：“我们国家现行的高等数学教材品种实在过于单一，而且总是偏重演绎上的推理，很难同时兼顾理科学生和工科学生的需要。如果说数学系的学生在数学上是要学会‘铸剑’，那么其他专业的学生更需要的只是‘用剑’。”经过几年的精心筹备，由谢绪恺教授整理编写的《高数笔谈》和《工数笔谈》终于横空出世。通俗易懂的语言、妙趣横生的案例，这两本书使烦琐实际的工程模型理论化、数据化，也将生涩的、难以理解的公式推导通俗化、实际化。在“笔谈”系列大受欢迎的同时，其编写者谢绪恺教授也受到广大师生的爱戴与追捧，被誉为“网红教授”。

三、犹是赤子，退而不休担重任：邱秀华

◎邱秀华教授作报告

2019年3月18日习近平主持召开学校思想政治理论课教师座谈会。作为马列教研室成立50年来的第一位女教授，邱秀华教授始终严格要求自己。面对日趋复杂的外部环境，退休后的邱秀华教授仍感责任重大，在这历史变化的际遇中不断求索，坚持初心——从事着她一生所热爱的思政课事业。

从新生入党启蒙教育到学生党支部“信仰领航”文化沙龙，再到东北大学各学院示范主题班会，我们总能看到一个熟悉的身影在激情澎湃地为大家讲党史讲国史、谈人生树理想。虽然她已经退休了，但初心没有变，肩负的使命也没有忘：把当好学生“思想”的引路人作为自己毕生的追求！

邱秀华教授性格开朗，爱好广泛，能歌善舞，身边的朋友在她退休之初，排着队等着和她一起游历祖国大好河山，享受清闲幸福时光。可没想到，她依然干劲不减，被选举为东北大学关工委委员、东北大学老教授协会副会长，受邀参加各项学生活动，探讨前沿思政教学方法，退休后的她似乎比退休前更加忙碌了。据不完全统计，退休后她先后应邀为青年学生和青年教师做了50多场专题报告。有人不解地问她哪来的那么大干劲，她笑着说：“给学生上了一辈子课，习惯了。只要组织和学生有需要，我可以在讲台上一辈子讲下去！”

四、不忘初心，育人路上立新功：王振范

作为一名老党员，王振范教授曾在1963年被东北工学院党委树立为学习雷锋的先进典型，党委决定向全院号召“远学雷锋，近学王振范”。

2000年退休以后，王振范教授满怀对党的感恩，积极参加关心下一代的教育工作，并在2009—2019年担任东北大学关工委常务副主任。在此期间，创办了当代大学生论坛，包括座谈会以及出版内部刊物两部分，参与各学院师生座谈会50余次。在党委指导下，搭建了关工委辅助指导教育青年学生的工作平台。

无论是在职时搞研究和教学，还是退休后在校关工委工作，王振范教授都能认真负责、尽心尽力、全力以赴，工作不计报酬。在编辑《关心下一代》内刊时，年逾八十的王振范教授努力钻研电脑知识，坚持亲自排版；为了能够方便跟青年学生交流，王振范教授虚心向青年人请教，坚持学习使用微信。而在此过程中，王振范教授的爱人身患重病，在辛苦照顾爱人的同时并没有耽误工作，他把这些工作作为“老有所为，发挥余热”的过程，把关心下一代作为自己的责任。王振范教授坚定信仰、不断奋斗、甘于奉献的精神深深鼓舞和引导着一批又一批青年学生。

◎王振范教授与退休教师座谈交流

闻邦椿、谢绪恺、邱秀华、王振范……这是一个个被青年学生铭记的名字。在东北大学，还有很多像他们一样活跃在育人一线的身影。东北大学用鲜活的事迹感染更多的人参与到关心下一代工作当中去，在各学院建立了10个二级关工委，开展了“建载体、树品牌”建设工作。2019年以来，以主题班会、学术讲座、人生规划、“青马工程”为载体，开展学术报告、讲座20场，参与学生数量3000多人次；开展以“我和我的祖国”“使命在肩、奋斗有我”“守初心、担使命”等主题教育活动8场，参加座谈报告的学生达800人次；以支部对接、师生联谊、共话发展等形式，开展“老少共话”活动8场，参与学生数量300多人次。

“三全育人”指的是全员育人、全程育人、全方位育人。从三者的逻辑关系来看，全员育人是全程育人和全方位育人的基础。东北大学有近3000位离退休教职工，他们中很多人曾经是思政课和专业课教师、心理健康教师、就业指导教师、辅导员、班导师以及有经验的管理教辅人员，他们应该成为全员育人的一部分，也有能力在全程育人和全方位育人中发挥重要作用。从育人效果来看，“三全育人”提倡以德为先，而“五老”队伍具备独有的政治优势、经验优势、威望优势，能够很好地在思想观念层面引导大学生树立正确的世界观、人生观和价值观，通过与知识教育的深入融合，实现对传统德育的拓展和延伸。

红色文脉传风骨　立德树人做文章

——文法学院“文化育人”工作案例

大型校史话剧《离离原上草》创作于2013年，是由东北大学文法学院师生自编自导自演的一部作品。它取材自东北大学近百年的沧桑历史，讲述了可歌可泣的东大故事，描绘了爱国爱校的东大精神底色。时至今日，《离离原上草》已在4校区公演22场，观众数量累计超过1.3万人次，被《中国青年报》《沈阳日报》等十多家媒体多次报道，先后有超过300名学生参与话剧的创作、编排与表演，这些学生成为一代代“小离人”。8年来，本话剧在东北大学校内实现多项“创举”：首次在刘长春体育馆面对5000余名学生进行演出；党委宣传部、学生工作处、教务处与校团委四部门对其进行顶层设计，同时由文法学院、跨文化战略研究院联合执行；首次以话剧的艺术形式，在沈阳总校及秦皇岛分校扎根并成长；以话剧为基础，孵化出一本出版物、两门课程、一个社团。今天，《离离原上草》作为一部优秀文化作品、一种思政工作的崭新载体、一个全程育人平台、一项部门联合机制，为东北大学“三全育人”工作提供了有力支持。

◎《离离原上草》校史话剧宣传海报

话剧《离离原上草》的创作与公演，是塑造学生理想信念、践行社会主义核心价值观、培养学生综合能力的生动实践。它的价值，不仅在于它是一部校史话剧，更在于其实现了全方位文化育人的深远意义。

一、宣扬东大校史，描绘爱国精神底色

2019 年 9 月，《离离原上草》迎来了第 22 场公演，演出舞台第一次搬到了刘长春体育馆，并且面对 5000 余名新生，场面之盛大、气氛之热烈在东大话剧公演史上实属罕见，亲历者无不动容。文法学院一名新生在观看话剧后表示：“这是我第一次在观看话剧时几度落泪，深深地体会到母校筚路蓝缕的发展史，也感受到先辈们的勇敢担当和赤忱热血，给了我奋斗自强的决心和勇气。”

《离离原上草》将东北大学恢宏的历史脉络浓缩至两个多小时的话剧故事中，用跨越式的表现手法描摹了东大校史，突出展现了先辈们崇高的爱国品格。新生通过“唱一首校歌，看一部话剧”充分了解东北大学的沧桑历史，树立起对母校的归属感，汲取强大的精神力量。

◎《离离原上草》校史话剧剧照（一）

同时，该话剧坚持以爱国主义为精神底色，以初心教育与“中国梦”的伟大实践为主要内涵，具有极强的感召力。观众在欣赏剧情的同时，自觉与剧中人物产生共情，启发学生将个人理想寄托于民族复兴的洪潮之中，将个人命运与国家、民族的命运紧密结合，用自己的实际行动践行爱国者的使命与担当。

二、创新教育载体，打通“最后一公里”

《离离原上草》的创新之处，在于其形式的创新，其所采用的话剧形式是一种效果更好的思政教育载体。话剧以极富感染力的剧情搭建起与观众的思想沟通桥梁，能够引发观众思考、产生共情。这种创新的教育载体更为学生喜闻乐见，且具备更为强大的精神力量，加深了东大学子心底的爱国之情。

同时，话剧《离离原上草》将德育、美育相结合，是高校美育工作的新载体，坚持以美育人、以文化人，是东北大学美育工作的创新尝试与杰出成果。该话剧既重形式也富内涵，在形式上，其利用了多种舞台手段，台词凝练考究、思想深刻；在内涵上，其紧紧围绕提升学生审美和人文素养这一核心指向，引领广大学生树立正确的审美观念、陶冶高尚的道德情操、培育深厚的民族情感。

三、搭建立体化平台，实现全程育人

话剧《离离原上草》自上演以来，不断发展丰富其育人内涵，其创作者在原有话剧的基础上对剧本进行丰富并出版；孵化出一家以艺术表演与创作为主旨的话剧社团——“萱草剧社”；在校内开设两门特招艺术类人文选修课——“话剧欣赏与实践”“话剧剧本创作与导演基础”。从而形成了一部话剧、一本出版物、一个社团、两门课程“四位一体”协同育人的创新平台，实现了文化育人、课程育人、实践育人和心理育人的结合。目前，“萱草剧社”、课程“话剧欣赏与实践”与“话剧剧本与导演基础”在全校影响广泛，口碑极佳。

学生们参与话剧表演，并在课程与社团中得到综合素质的提升。话剧的呈现需要所有演职人员的通力协作，这有效提高了学生们的文学修养、语言表达、组织协调及抗压能力等素质；两门课程由该话剧的初始策划者——文法学院院长张雷教授以及总导演王一老师共同担任授课教师，使学生们通过课堂的系统学习，掌握话剧表演的基础性知识，提高艺术修养；“萱草剧社”由文法学院团委指导，剧社成员参与社团活动，凝聚起强大的组织向心力与集体荣誉感。话剧首任编剧及演员钟周丽嫄在毕业多年后仍然感慨：“在剧组和后台风风火火的日夜，让我认识到了一个真正由情怀、才华以及能力构成的团体应该如何行动。如今偶尔在工作中被人夸奖能扛事耐摔打，大部分得益于此。”

◎《离离原上草》校史话剧剧照（二）

◎《离离原上草》校史话剧剧照（三）

四、打造工作联动机制，构筑多部门协同系统

《离离原上草》发展至今，获得学校多部门的关注与支持，逐步打造并形成了跨部门联动、多单位协同的育人系统。在这一系统中，校党委宣传部将本剧纳入“文化精品培育战略”，教务处将其纳入“大学生文化素质教育基地学生活动项目”，学生工作处将其纳入“‘一五一十’思政文化育人一体化平台项目”，联合校团委共四部门从顶层设计上为该话剧把握育人方向，提供资金支持；文法学院与跨文化战略研究院作为执行单位，具体参与话剧的编排、创作与演出。六个部门从宏观到微观，从统筹布局到具体执行，协同一致地为话剧的育人工作保驾护航。

◎《离离原上草》校史话剧在汉卿会堂上演

更值得一提的是，该话剧得到了东北大学秦皇岛分校的大力支持，在分校团委的指导下，经过数月的排练准备，《离离原上草》于2019年12月在秦皇岛分校进行公演，东北大学党委副书记、秦皇岛分校党委书记孙正林教授莅临观看并给予高度评价。自此，该话剧在四校区落地生根，并获得总校与分校的跨校培养。

历史照亮未来，征程未有穷期，《离离原上草》演绎了东大人自己的故事，用生动的话剧语言和极富感染力的剧情感染观众。于无声中润万物，于光影中育英才，《离离原上草》作为一部优秀的校园文化作品，承载着立德树人的光荣使命，引领当代青年学生树立积极的世界观、人生观和价值观。同时探索出一个新颖、有效的教育载体，搭建起多方位、全过程的立体化育人平台，构筑起多部门联合的协同育人系统，有效提升学生的综合素质与能力。《离离原上草》以强大的精神力量，感召吾辈学子继承先辈的精神传统，接起前辈们不懈奋斗的接力棒，在新时代背景下延续学校的光辉，为实现中华民族伟大复兴的中国梦凝聚更强大的正能量。

◎《离离原上草》全体演员合影留念

汇聚点滴力量　催开满树繁花

——外国语学院“文化育人”工作案例

“指南针驿站”创建于2016年，是东北大学“一五一十”思政文化育人一体化平台校级建设项目。多年来，“指南针驿站”立足于倾听学生成长诉求、顺应时代发展要求和满足社会进步需求，通过学生乐于接受的方式方法、载体平台和话语体系，帮助学生完成思想引领和价值塑造。它突出育人的精准性和实效性，将解决具体问题与思想引领有机融合，统筹协调各方资源和力量，对学生进行点、线、面的精准分类指导与引领，全面提升了基层“三全育人”工作的针对性和实效性。

一、汇聚力量，构筑文化育人阵地

“指南针驿站”整合各方资源，凝聚育人力量，搭建了一个集专业课教师、思政课教师、学生工作队伍以及优秀校友于一体的“大思政”育人平台。在此基础上，充分有效地利用“大思政”文化育人的合力，用新颖独特的、学生喜欢的方式方法使“大思政”平台从建起来到活起来，切实发挥平台中每一个要素的文化育人作用，切实帮助学生完成思想引领和价值塑造，将教师的初心使命转化为学校立德树人的工作效能。“指南针驿站”在育人格局的设计上基本形成了辅导员—班导师—指导师共同助力学生成才的全员育人模式；为学生提供课上到课下、大一到大四全程指导的全程育人模式；从思想引领到个人发展等多方面导航成长的全方位育人模式。“指南针驿站”当前已经成为思政课程和课程思政在课下有效的延伸和补充。

二、精准引领，提升文化育人内涵

“指南针驿站”聚焦育人的精准性和实效性，创新性地采用了“指导师制”和“预约制”来为学生服务。为了精准对接学生的需求，学院严格筛选、优先聘请教授专家、学科带头人、资深教师和优秀青年教师（博士）等作为学生成长发展指导师。指导师根据自身的优势和特长确定指导方向，“指南针驿站”据此建设指导师库，为学生提供可供选择的“菜单”，学生根据自己的问题和困惑来预约不同方向的指导师。指导师的指导虽然分方向，但思政无界线，在每次指导过程中，指导师都会点对点地与学生交流，帮助学生解决个性化的问题和困惑，并且会根据学生的具体状况潜移默化地融入思想和价值引领的元素，从而达到润物无声的效果，实现了思想文化引领和知识文化引领的有机结合，让隐性引领发挥更好的功效。这两种创新模式从大学生的实际特点出发，变被动为主动，让他们乐于接受并主动参与其中，这也是“指南针驿站”不断焕发生机的重要法宝之一。

◎“指南针驿站”全体教师合影

三、显隐相融，演绎文化育人魅力

“指南针驿站”注重显性引领和隐性引领的有机结合，让思政育人文化“无处不在”“无孔不入”。两者充分配合，相得益彰，实现“1+1>2”的文化育人效果。“指南针驿站”始终坚持遵循文化育人规律，以优秀的文化作为育人的核心内容，组织开展各类学习教育活动，实现显性文化引领效果。2019年，在原有的“漫说经典”“品读经典”“‘指南针驿站’年度表彰聘任会暨典型事迹推介会”的基础上，又精心培育了“四说新语”项目，以“党员说”“师者说”“校友说”“学子说”为载体，积极传播社会主义新思想、学术前沿新动态、就业择业新形势和优秀学生新做法等；与此同时，在隐性引领模块，继续扎实有序推进“预约指导”和“成长沙龙”，指导师以潜移默化、循序渐进的方式对学生进行启发、教育和影响，使学生在不知不觉中逐步塑造优良的思想行为、道德品质和价值观念，对学生产生根本性、长期性、深远性的潜在影响。

◎成长沙龙活动

四、催开繁花，彰显文化育人实效

“指南针驿站”自2016年运行至今，开展活动600余期，其中思想引领50余期，预约指导400余期，成长沙龙50余期，能力提升100余期，总结表彰大会3期。每一次活动都透露着“指南针驿站”的情怀，每一次指导都饱含着指导师们的心血，每一次参与都印刻着学生们的成长。

外国语学院2016级学生李旖妃在一次预约指导后的日记中写道：“‘指南针驿站’经验丰富的指导师们，可以帮助我们认知自我，在迷茫摇摆时拉我们重回正轨，继续前进。王勃然老师鼓励我不仅要把专业课学好，还需要把自己放到社会、世界的大背景下，去思考自己承担的责任，要勇于担当、追求卓越，努力成为社会栋梁和民族脊梁。我一直将王老师的教导牢记在心，这也将成为我一生的奋斗目标。”在2019年暑假，李旖妃同学参加了中国人民大学教育学院的保研夏令营，其中一个考核项目是无领导小组讨论，讨论主题是学校、家长、学生三者如何联动引导学生发展。当拿到考题后，李旖妃立刻就想到了“指南针驿站”。在讨论时，她详细介绍了这一模式，解释它是如何加强师生之间的互动交流的。最终，她以面试第一的成绩拿到中国人民大学录取通知书。她说，“指南针驿站”又一次帮助了她。

在“指南针驿站”的指导和引领下，像李旖妃一样成长进步的同学还有很多，它犹如和煦的春风，吹开了校园满树的繁花。

“指南针驿站”不仅对校内的学生产生了深远的影响，同时也将东大文化、东大精神弘扬辐射到广大青少年群体。2019年6月28日推出第4期“师者说”之后，沈阳市法库县东湖二中七年三班的师生慕名而来，在“指南针驿站”工作人员的组织协调下，中学生们走进了东北大学，近距离感受到了大学生活。

寒来暑往，四序迁流，变化的是学生的成长与蜕变，不变的是育人的真心与温度，“指南针驿站”始终践行着“一心一意只为你”的承诺，在文化育人的道路上铿锵前行。

“指南针驿站”曾获评教育部全国高校首批思想政治工作精品项目和辽宁省高校辅导员工作精品项目。其开创了东北大学“三全育人”工作的一种新模式，以学生的需求为出发点，以学生的成长为落脚点，用深受学生喜爱的方式方法和话语体系推进育人工作。“指南针驿站”整合育人资源，让学科带头人、教授以及骨干教师们成为学校思政文化育人的主力军，并通过“指导师制”和“预约制”的方式，改变了传统思想文化引领重形式、重场面，忽视效果的“粗放式”教育模式，继而向点对点的精准引领方式转变，注重学生的个体情况，注重将解决实际问题和解决思想问题相结合，注重充分发挥学生的主观能动性，把思想政治教育的“外部灌输”变成“主动汲取”，将思想政治教育的“给”转化成学生的“得”，全力打通思政育人“最后一公里”，助推学校的育人工作。

◎“讲述·东大人的故事”典型推介会推介“指南针驿站”文化育人经验

2019 年 6 月，“指南针驿站”团队受邀参加了东北大学“讲述·东大人的故事”典型推介会，向全校师生展示推广“指南针驿站”的经验和模式，受到了广泛好评和关注。

“书香材料·以书为媒”构建大学生综合素养提升体系

——材料科学与工程学院“文化育人”工作案例

为深入学习贯彻习近平新时代中国特色社会主义思想，全面贯彻落实全国教育大会、全国高校思政会、学校思想政治理论课教师座谈会精神，东北大学材料科学与工程学院深入开展“书香材料·以书为媒”主题文化活动，积极构建大学生综合素养提升体系，深入研究以中国特色社会主义文化感染青年人、引导青年人、教育青年人的新方法、新路径，鼓励同学们多读书、爱读书、会读书，树立积极的读书观念，读书修身、明德立志。

一、以重要时间点为契机，全面推动读书活动全覆盖

每年的4月23日为世界图书和版权日，以这样一个有重要意义的纪念日为契机，材料科学与工程学院面向全校师生，举办主题为“书香材料·以书为媒”的读书节开幕式活动，有效地增强了读书活动的影响力，扩大了活动的覆盖面。

◎东北大学阅读马拉松挑战赛宣讲会

读书节开幕式上，通过“真人图书馆”、“读书主题班会”、“信·书香”、“我们国家的读书人”历史短剧、“声入人心”六国语言朗诵等新颖的读书活动表现形式，将读书与文化教育结合、读书与人生经历结合，以书涤荡心灵，

以阅读启迪人生。

在重大节庆、新生入学、寒假暑假等重要时段，在学院微信公众号上推出“庆祝新中国成立70周年——书香材料·读懂祖国”“书香材料暑期阅读课”“军训书香夜”等活动，通过开展全员读书并撰写读书报告、读书报告评比展示等活动，督促学生对经典书目进行精读，切实提升学生综合素养。

在“书香校园”平台上，举行暑期主题为“仲夏夜之梦”、寒假主题为“暖冬书籍”的读书月活动。在活动期间，教师以读书故事分享、书籍推荐、读书感悟发布等形式，每天在平台上发布1000~3000字的阅读成果；学生以推荐书籍、读书打卡等多种形式在线上社群内交流读书感受，参与同学积极发布自己的读书心得。假期结束，对活动进行总结，学院官方微信平台会对优秀的读书故事、假期书单进行推送，扩大活动的后续影响力。

二、以历史和经典为引领，夯实读书活动内涵

历史和经典是最好的教科书。为培育和弘扬社会主义核心价值观，必须要立足中华优秀传统文化，“书香材料·以书为媒”主题文化活动从三个方面提出了工作推进的新思路：着眼于底蕴，弘扬传统文化，提升广大同学的学术思想和品格；着眼于能力，培养阅读习惯，增强同学的学习思辨能力；着眼于质量，实施管理创新，确保教育活动的时效性。

三、以跨学科、跨年级组合为模式，传播读书交流成果

为帮助学生养成阅读习惯，提高学生文化素养，自立项开展以来，“书香材料·以书为媒”读书交流活动在班级、年级、学院、校区之间开展。依托东北大学“一五一十”思政文化育人一体化平台，在南湖与浑南两个校区分别开展主题为“读书，邂逅一场春的礼遇”“深情五月，感恩母爱”等多次主题鲜明的读书会，师生一起就某一观点分享和交流想法，进行思想碰撞。该活动鼓励学生们体验并思考各学科各领域的美，文科、理科、工科学生齐聚一堂，本科生、硕士生、博士生畅所欲言，这些交流都进一步扩大了读书活动的范围和影响力。

为了有效保留读书会分享图书的成果，自项目推广以来，学院通过微信推送与线上社群向广大师生推荐图书，累计微信推送50余次、图书600余本。让更多的同学结缘好书，在书海相逢，收获真知，不断成长。

四、充分利用校内外资源，合力培养大学生阅读习惯

为营造良好的阅读文化氛围，提升大学生的人文气质，书香社同东北大学图书馆共同举办东北大学首届阅读马拉松挑战赛，通过6个小时的持续阅读，挑战学生的专注力。校领导对此项比赛极为关注，推荐了10余本比赛用书。春季赛和秋季赛共吸引了全校1000余名同学参与，共有800余名同学挑战成功，完成阅读。与此同时，与图书馆开展人文沙龙活动，加强学生对图书馆资源的了解和认识，使得学生能够在图书馆找到他们真正需要的信息，同时通过对馆藏资源更新的报道，让学生掌握图书期刊的最新动态。该项活动的开展，帮助学生提高了文献检索能力，为深入学习和科研工作打下了坚实的基础。

◎东北大学阅读马拉松挑战赛

此外，通过与和平区图书馆、和平区作家协会进行友好共建，开展诗歌、电影主题讲座，《风荷》杂志以文会友等15项主题活动；与沈阳玖伍文化城进行友好共建，举办与作家苑子豪见面会等深受大学生欢迎的读书活动，充分利用校外文化资源，培养大学生的阅读习惯。

◎“书香材料·以书为媒”作家见面会

五、以全民抗疫为背景，全力发挥文化育人功能

在全民抗击疫情期间，材料科学与工程学院和校团委共同发起“以爱之名·共同战疫——让阅读温暖2020年的春天阅读接力赛”，共有5000余名同学完成21天读书打卡计划，为这个特殊的寒假留下了书香记忆，此外，组织三期“书约云端”战“疫”读书会、“书香讲坛——诗歌，从不缺席”“共克时艰·与爱同行——线上真人图书馆”“影响青年时代的一本好书”等主题系列Vlog（视频博客）。

经过几年的发展，“书香材料·以书为媒”活动的建设方案在活动开展、队伍建设、内涵深挖上取得了突出的成果：开展活动80余次，活动累计参与1.5万余人次。在未来的发展中，“书香材料·以书为媒”主题文化活动将以多维度、多方位、多视角、全覆盖的方式，以思

◎东北大学阅读马拉松挑战赛赛场

想文化引领为先导，将三种文化和校本文化精髓通过阅读传授给广大学生，同时，以分年级大学生综合能力精准提升为目标，通过第二课堂活动这一载体，以学生党建活动为示范，以各类社会实践活动为平台，检验大学生阅读活动的实际效果，使学生的综合素养得到有效提升。

“书香材料·以书为媒”主题文化活动的实践作为学院“三全育人”综合改革建设实施方案的重要组成部分，是坚持以文化人、以文育人的创新做法，是落实高校思想政治工作的重要举措，该活动将继续聚焦主题，创新形式，搭建平台，增强师生文化自信，为落实立德树人根本任务、培养高素质人才提供文化支撑。

中外合作办学背景下文化育人路径探析

——医学与生物信息工程学院“文化育人”工作案例

育人事关教育百年大计。中外合作办学作为中国教育事业的组成部分，要坚持社会主义办学方向，全面落实立德树人根本任务。医学与生物信息工程学院（简称“医工学院”）坚持把人才培养放在办学首位，坚持高标准、严要求的育人工作遵循，注重以文化人、以文育人，为培养高素质人才提供文化支撑，助力学生全面成长成才。

一、强化顶层设计，汇聚育人合力

中外合作办学只要其受教育主体是中国学生，就必须坚持中国特色社会主义办学方向不动摇。学院党委明确党建地位及其思想政治工作育人重要性，牢牢把握在人才培养过程中的领导权、管理权、话语权，加强监督检查力度，切实维护好国家利益、教育主权和学校、学生利益。学院党委聚焦“培养什么人、怎样培养人、为谁培养人”这一根本问题，加强顶层设计，出台了《医工学院关于中外合作办学领域教师及学生思想政治工作的有关规定》《医工学院意识形态工作实施方案》等文件，为全力做好育人工作提供制度保障。

学院在教育培养学生的过程中始终牢固树立“国家利益至上”的观念，处理好成才观、发展观、利益观与国家观、安全观的关系，切实把安全发展融入学生的全面发展之中，更加自觉地坚持党的领导和社会主义制度，更加自觉地维护国家主权、安全、发展利益，更加自觉地防范来自重点安全领域的各种风险，时刻与党和国家同呼吸、共命运，不断提升维护国家安全的能力素质。为此，学院充分发挥基层支部作用，筑牢思想防线，通过主题党日、主题团日、师生素质拓展、师生共度教师节等活动，引领学生自觉践行社会主义核心价值观。

◎医工学院生物医学信息学系党支部主题党日活动

家庭教育在孩子的成长发展中具有不可替代的影响力。中外合作办学的大多数学生家庭不仅关心孩子的学习，更关心孩子的健康成长；不仅关注学校的发展，更关注教育发展趋势和国家大事。为此，学院在新生报到伊始就强调，家庭要把中国优秀传统文化的“家国平天下”情怀寓于无形之中，教育孩子爱党、爱国、爱校、爱家，与学校教育达成共识，积极协同配合，形成家校合力。同时，学院通过召开家长会、举办“我为父母做件事”等活动进行育人感化教育。

◎赴抚顺雷锋纪念馆举行庆“七一”暨“一先两优”表彰活动

◎ 2019 年“不忘初心、牢记使命”主题教育营林社区志愿服务活动

二、加强思政教育，夯实育人基础

入学军训教育。入学军训教育是培养大学生国防意识的关键环节，也是国家国民教育体系的重要组成部分。学院以新生军训为切入点，实施以“传统安全”“军事训练”为主的国防教育向“大安全”延伸的总体国家安全观教育，引领学生牢固树立忧

患意识和安全意识，增强历史使命感和时代紧迫感。同时，通过开设学院院长、院士讲堂，新生入党启蒙教育，党委书记讲“四个自信”“唯物辩证法”等专题党课，对新生进行思想启蒙教育。

过程教育。首先，开展以理想信念教育为主的灵魂工程，重在爱国主义精神培育。学院党委坚持以习近平新时代中国特色社会主义思想为指导，用中国特色社会主义和中国梦凝聚共识、汇聚力量，大力弘扬以爱国主义为核心的民族精神，充分利用新中国伟大历史成就展览、中华民族传统节庆等形式开展爱国主义教育，把跨越时空、超越国度、富有永恒魅力、具有当代价值的文化精神弘扬起来。其次，开展以形势政策教育为主的宣讲工程，重在树立四种正确认识。学院通过开展“我和大学”“我和祖国”“我和世界”三个专题形势政策教育，从正确认识世界和中国发展大势、正确认识中国特色和国际比较、正确认识当代中国与外部世界的角度出发，端正学生对“时代责任和历史使命”“远大抱负和脚踏实地”的正确认识。最后，引荐剑桥大学三一学院知名教授为学生教授中外文化异同课程、学院执行院长赵越开展名家讲坛活动，让学生们在中西方文化交流中增进文化认同，增强文化自信。

◎我与祖国同行·“辽宁省庆祝中华人民共和国成立 70 周年成就展”参观活动

毕业教育。开展以国际理解教育为主的认同工程，同时注重党性教育。学院通过深入开展“国际文化周”活动，努力构建多渠道、多层次、宽领域的对外文化交流格局，在跨文化交流的国际环境中，掌握文化交流交融交锋主动权，不断提升新时代中国特色社会主义的国际影响力、传播力和竞争力，更加坚定中国特色社会主义道路自信、理论自信、制度自信和文化自信的实践自觉。同时，对学生党员开展从入学开始的“三谈”教育到“最后一节党课”教育，使党性教育贯穿学生生涯始终。

三、提升文化自信，增强育人实效

学院充分发挥课堂教学主渠道和育人主阵地作用，加强思想政治理论课和形势政策教育课建设，提升思想政治教育的亲和力和针对性，加强对外教课程的过程监管，严格“课堂讲授守纪律，公开言论守规矩”的教学规范和相关外事纪律，教育引导师生正确区分政治原则问题、思想认识问题、学术观点问题，旗帜鲜明地反对和抵制各种错误观点和社会思潮。

学院注重通过中西文化交流的方式丰富和提升校园文化育人功能，以暑期学校的形式组织以“英国苏格兰的艺术与学术自由探索”为主题的文化、学术交流，设计以生物医学工程前沿知识为核心的课程、讲座，开展双方师生学术交流及课题探讨，同时融入英国深厚的历史、文化、艺术探索主题与体验，让师生在两周左右的探索之旅中感受英国一流大学的学术氛围，提升英语沟通能力，体会英国的文化和艺术精髓。

学院通过学长辅学、青年马克思主义工程、专业辅导等载体，丰富“老带新”“传帮带”的育人模式；通过建立海外校友会，定期开展教学研讨、竞赛与培训，与邓迪大学、英国尼斯塔尔伯特学院（NPTC）举行研讨会等方式，实时与国际接轨，提升教学团队的教学水平和素养，密切做好持续的育人工作。

四、加大文化传播，打造育人品牌

文化展览彰显文化自信。学院发挥中英双方师生的主观能动性，提供艺术展所需的展品及核心元素，通过声、光、电、影像、图片及实物（如 3D 打印作品）等展现生命科学及生物医学工程领域的发展历程与最新前沿的课题，让受众在观赏的过程中感知人类对生工领域课题的积极探索及在该领域发展过程中面对各种课题的思索。海报展秉持着文化建设贯穿全年的宗旨，延续学院合作办学的国际化特色，巩固中英双方合作办学的质量和效果，以双方探讨的课题为学术海报设计核心元素，充分发挥学生的主观能动性，培养以项目为中心的工程科研、设计能力，掌握学术海报设计的核心知识，展示双方联合培养过程中的学术成果与培养特色，建设学院国际化、研究型、产学研医的品牌。

英语俱乐部彰显文化自信。英语俱乐部是学生学习英语、运用英语的学生组织，一般通过 Kick Off，Group Free Talk，Group Game 和 Movie Seeing 四个环节进行主题设计，起草活动方案，它是学生提升英语听说能力的课外补充，亦是锻炼学生组织、协调、表达能力的舞台之一，其逐步植入的戏剧表演、经典趣配音、文学朗诵、新闻播报等系列元素将会一直关注学生在英语学习方面的进步与成长。

青年学者论坛彰显文化自信。每年，医工学院青年学者论坛都会邀请来自美国、荷兰、中国台湾等地的青年才俊就研究方向和成果作学术报告，会后就学科专业建设开展进一步交流，通过思想的碰撞，拓展视野，彰显文化自信。

综上，依托中外合作办学特色的背景，医工学院积极构建适于学生成长、成才的育人氛围，强化顶层设计、加强思政教育、提升文化自信、加大文化传播，通过育人载体、活动、平台、长效机制、制度保障等体系建设，汇聚育人合力、夯实育人基础、增强育人实效、打造育人品牌，构建具有医工特色的全员、全程、全方位的育人体系。

用中华传统礼仪深化新时代感恩教育

——江河建筑学院“文化育人”工作案例

为深入贯彻落实全国教育大会精神，切实推进东北大学“一五一十”思政文化育人一体化平台建设，江河建筑学院准确把握毕业季这一重要节点，连续5年开展学院“一路芳华　感恩前行”毕业生谢师礼，2019年学院首次承办学校浑南校区“饮水思源　感恩前行”毕业生谢师礼，以感恩教育为基点，推升德育教育建设成果平台，通过对毕业生开展感恩教育，充分发挥了高校感恩教育的濡染效应，切实提升了学生的思想道德素质，打造校区特色鲜明、教育成果显著的思政教育品牌，获得了校内外广大师生一致好评。

一、承尊师之礼，扬感恩之风

◎浑南校区“饮水思源　感恩前行”毕业生谢师礼之“光阴的故事”照片墙

尊师重道是中华民族的传统美德，周代已有释奠尊师之礼，后孔子说“自行束修以上，吾未尝无诲焉”，谢师礼由此而来。它是学子在学成之际对老师的谆谆教诲表达感谢的礼仪，在引导学生对老师心怀感激、心存敬意，塑造良好品格的教育实践中具有重要意义。为强化广大青年学生的感恩意识，学校面向浑南校区全体毕业生开展“饮水思源　感恩前行”谢师礼，面向学院全体毕业生开展“一路芳华　感恩前行”谢师礼，全面营造尊师尚学的良好氛围，弘扬教师优良师德师风，形成“全员育人、全程育人、全方位育人”的教育新常态。

这两项活动是东北大学“一五一十”思政文化育人一体化平台建设的重要项目，以感恩奉献、爱校荣校为核心，厚植高校感恩教育土壤，强化担当，以行践知，在感恩实践中着力培养学生的责任感和使命感；提高站位，以知促行，在献礼谢师中深度陶染学生的感恩之心、知恩之情，切实提升学生的思想道德素质，实现立德树人的根本目标。

二、思饮水之源，铭奋进之冀

毕业生谢师礼采取新颖的表现形式，阐述中国传统文化“谢师”的内涵，将感恩教育与实践有机融合，推进学生对“饮水思源”感恩意义的接收和内化。学院传统谢师礼包含优秀毕业生表彰、毕业生设计表彰、学生献花行谢师礼、师生互赠纪念品、知名校友回校寄语等环节。

◎毕业生代表为老师献礼

浑南校区毕业生谢师礼在学院传统典礼的基础上，内容进一步扩展，设置了“致青春”“铭师恩”“赢未来”三个篇章，将过去、现在、将来串联起来，分别表达对过去的缅怀、对现在的珍惜以及对未来的展望。毕业生以情景剧、诗朗诵、行谢师礼等多种方式表达对老师的感恩之情、不舍之情，教师代表以寄语、赠礼的方式表达对学生的衷心祝愿。

第一篇章的主题为“致青春”。为契合主题，活动以毕业生成长记录视频开场，师生共同回顾过去的大学生活。其后，优秀毕业生代表发言，代表莘莘学子表达对大学生活的深情感怀以及对未来的憧憬期许。浑南校区毕业生代表进行诗朗诵《相聚东大 情聚浑南》，真挚表达学生对母校的深切留恋，与会领导代表学校向毕业生赠予纪念指环，激励毕业生情系东大，砥砺前行。

第二篇章的主题为“铭师恩”。活动邀请毕业班班导师、“最想见到的专业教师”、毕业生辅导员、宿舍管理员等教职工代表出席、参礼。2019 年，受邀教师代表马克思主义学院任鹏副教授寄语毕业生，望东大学子谨记校训，砥砺前行。毕业生代表依次向参礼老师行谢师礼，致谢恩师，言不舍之情。毕业生献礼后，学校研究生支教团代表出演音乐情景剧《长大后我就成了你》。

第三篇章的主题为“赢未来”，旨在勉励毕业生莫忘师恩、莫忘校情，做赫赫栋梁，写昭昭青史。2019 年的典礼上，毕业生向母校献上由他们自己设计和组建的鲁班锁。鲁班锁象征团结一心，记载着 9 个学院的付出与艰辛，与东北大学厚重的校园文化相辅相成，寓意 9 个学院团结互助，助力浑南校区发展跃升。典礼最后，浑南校区全体毕业生、辅导员共同朗诵《一路芳华　与你同行》，一同回忆共同奋斗的四年时光，祝福毕业生不负芳华，追梦远航。

◎浑南校区“饮水思源　感恩前行”毕业生谢师礼之诗朗诵《一路芳华　与你同行》

为营造浓厚的毕业季氛围，除活动当天现场流程设置安排外，还特别制作了“东北大学至一路芳华”高铁票纪念展板，摆放于浑南校区学生活动中心北侧，以此祝福东大学子前程似锦。此外，还在两个校区内设置“LOVENEU”展板、“毕业证”展板、

“最佳室友”展板等打卡点，营造温暖愉悦的毕业气氛，激发毕业生荣校爱校情怀。活动当天于浑南校区图书馆设置了悬浮气球，寓意驻浑南校区的9个学院。在活动场地附近设置毕业生成长剪影长廊，长廊中的照片由工作人员前期收集，包括毕业生在校期间生活照片、活动照片等，展出毕业生四年时光的点点滴滴，指引学生回顾感悟大学生活，为后续活动的有效开展做铺垫。

◎毕业生谢师礼上，毕业生献礼母校

三、传文化之蕴，助德育之行

百年老校底蕴深厚，传统文化润物无声。浑南校区“饮水思源　感恩前行”毕业生谢师礼、江河建筑学院“一路芳华　感恩前行”毕业生谢师礼，以感恩奉献、荣校教育为核心，着力培养学生的责任感和使命感，其新颖、开放、温暖的形式得到了校友、家长、老师、毕业生及在校生的一致好评，感染力强，反响较好。谢师礼着重表现了毕业生对班导师、专业教师、辅导员等学生成才路上的引路人的感激和不舍，也表达了学校对毕业生的祝愿和期盼。同时，采用典礼谢师这一方式代替宴会、送礼等地方习俗，也是对教育系统开展贯彻“八项规定”的有效落实，能够更加有利于营造风清气正的校园文化。

谢师礼是中华民族传统美德的一种表现形式，强调师恩永存，所有活动紧紧围绕主题进行设计。活动整体既保证了重要环节的严肃庄重，又兼顾了整体环节的趣味性与故事性。活动流程安排合理，井然有序，在同类型活动的基础上增加新意，使其更具有特殊性与仪式感。活动整体流程严明有序，主题突出，前期氛围渲染以及工作准备较为完善，保证了后续活动的有序进行。除了常规诗朗诵、献礼等环节，在成长长廊、高铁纪念票等方面的活动设置也体现了该次活动的创新性。

由于浑南校区毕业生谢师礼活动覆盖浑南校区 9 个学院，因此在活动的组织过程中如何统筹兼顾就显得尤为重要，活动设置既要保留每个学院的特色，又应具有整体性。毕业生献礼代表着毕业生最深切的祝愿，他们以象征团结一心的鲁班锁为基础，在不同体块上刻画不同学院的标志，表现出浑南校区 9 个学院团结协作、共同进步的积极意义，具有丰富的内涵和创新价值。

打造“刘长春杯”系列赛
擦亮东北大学体育名片

——体育部“文化育人”工作案例

2019年11月16日，随着首届“刘长春杯”迷你马拉松（接力）赛在东北大学南湖校区开跑，东北大学精心打造的“刘长春杯”校园体育系列赛事活动正式拉开序幕。人民体育教育家马约翰曾说：“体育对人民有两个最大的贡献：一是用科学方法锻炼人民健全的体格；二是辅助教育，培养人的优秀品质，达成教育的目的。”体育育人就是“刘长春杯”校园体育系列赛事创建的出发点和落脚点，它让校园体育激发育人新活力，帮助学生在体育锻炼中享受乐趣、增强体质、健全人格、锤炼意志。

一、学校体育深入大众视野

习近平总书记在党的十九大报告中指出，要广泛开展全民健身，加快推进体育强国建设。加快建设体育强国，就要把握体育强国梦与中国梦息息相关的定位，把体育事业融入实现“两个一百年”奋斗目标大格局中去谋划，深化体育改革，更新体育理念，推动群众体育、竞技体育、体育产业协调发展。

学深悟透做实习近平总书记关于体育强国的重要论述，就要把体育强国梦寓于中国梦之中、融入百年奋斗目标之中，从孩子开始培养、从学校体育抓起。作为体育强国建设的中流砥柱，学校体育的发展正逐步进入大众视野。当今我国学校体育始终坚持“健康第一”的指导思想，培养学生养成终身体育的基本理念，全面发展学生的身心健康。与此同时，校园体育赛事的蓬勃发展，不仅让校园成为高水平体育人才培养的重要基地，还会在校园里培育更为深厚、久远的体育文化。而高校体育赛事品牌作为学校校园体育文化的重要组成部分，对校园体育工作起到了很好的推动作用，有助于营造积极向上的校园体育文化氛围，更能培养学生的爱国主义和集体主义精神。因此，高校体育赛事品牌的塑造不仅是实施“素质教育”的有效措施，更是培养学生终身体育意识的重要途径。

二、创建东大校园体育新品牌

刘长春是毕业于东北大学的我国著名短跑名将、爱国体育家。他凭借超人的体育天赋和顽强的意志，创造了多项短跑全国纪录。作为第一个参加奥运会的中国运动员，刘长春肩负着中华民族的使命，远渡重洋、单刀赴会，实现了中国派一位选手参加奥运会的梦想，向世界宣告了中国奥林匹克运动的存在，开创了中国参加奥运会比赛的先河，使国内民众真切感受到奥运会的无穷魅力。刘长春的爱国情怀、拼搏精神及体育思想，对中国体育运动的发展产生了深远的影响。“刘长春”这个名字被永远载入史册。

打造“刘长春杯”校园体育系列赛事，就是充分发掘爱国爱校、拼搏进取的东大体育基因，为东大校园体育赋予新内容、丰富新形式、激发新活力，营造独具特色的东大体育文化。通过精心设计贯穿全年的系列体育精品赛事，调动大学生运动积极性，扩大校园体育运动的普及面和参与面，让大学生“走下网络、走出宿舍、走向操场”，强身健体，培养百折不挠的坚强意志、永无止境的运动精神和陪伴一生的健康生活方式，塑造大学生道德品格，形成东大校园体育新品牌。

打造“刘长春杯”校园体育系列赛事，可充分发挥体育育人功能，促进学校体育运动后续人才的培养和积累，从而推动学校体育事业的发展。通过校园竞赛平台，大力培养一批在校内外高水平赛事上勇创佳绩的高水平运动队伍，提振人心、增强凝聚力，传播体育精神，形成师生合力，推进学校各项事业发展。

三、校园体育呈现精神传承

校园因奔跑而动起来，活跃起来。2019 年 11 月 16 日下午 2 时，在东北大学校园里，首届“刘长春杯”迷你马拉松（接力）赛鸣枪起跑，500 余名参赛师生从五四体育场出发，途经刘长春体育馆，在校园中奔跑，再返回体育场。当冬日午后的暖阳照射在刘长春雕像和现代感十足的体育馆时，由

◎东北大学首届“刘长春杯”迷你马拉松（接力）赛鸣枪起跑

此经过的师生都会为“中国奥运第一人”永恒的英姿所触动，奔跑的身影更加矫健，冲向终点的步伐也更加坚定。

孕育了“中国奥运第一人”刘长春的东北大学，有着辉煌的体育运动史，在东北大学校园里能够参加首届“刘长春杯”迷你马拉松（接力）赛使无数学生感到自豪，参赛的大三学生刘伟兴奋地说：“奔跑在校园里，经过刘长春的雕像，相信很多同学都和我一样，能够想起前辈开创了中国奥运史，刘长春精神是东大校园体育文化的基石，刘长春顽强拼搏的精神及其具有特殊意义的运动经历，在我们每个东大人心中根深蒂固，这是我们所有东大学子的一份骄傲。”2019 年 11 月 18 日，《沈阳日报》以“打造‘刘长春杯’系列赛，擦亮东北大学体育名片”为题较大篇幅地介绍了这场赛况。

◎东北大学首届“刘长春杯”迷你马拉松赛（接力）接力区

自 2019 年首届“刘长春杯”迷你马拉松（接力）赛举办以来，参加系列赛的师生运动员有千余名。学校以打造“刘长春杯”校园体育系列赛事为抓手，全面营造校园体育文化氛围，以此增强东大师生身体素质。与此同时，深入挖掘“刘长春杯”校园体育系列赛事所蕴含的体育文化底蕴，擦亮东大体育名片，令每一位东大人能够深刻了解东大辉煌的体育史。通过举办首届“刘长春杯”迷你马拉松（接力）赛、“刘长春杯”气排球比赛、“刘长春杯”冰上趣味运动会等赛事，将运动健康的理念浇筑在师生神经里、融化在血液中，学校体育文化氛围因此焕然一新。伴随着崭新的体育文化精神的滋养，更快、更高、更强的奥运精神将不断传承，刘长春浓浓的爱国主义情怀也将深深融入东大人的血脉中。

◎“铭记中国女排精神，点燃校园运动激情”——东北大学首届“刘长春杯”校园师生气排球比赛

◎“我为冬奥助力，参加冰雪有我”——东北大学首届“刘长春杯”校园冰上趣味运动会

东北大学有着辉煌的体育运动史。体育，在东北大学是一种校园文化，更是精神传承。连续坚持举办了58届的体育运动大会，每年一届的冰上运动会，篮球、田径、武术、滑雪、足球等校队在国内外大学生运动赛场上战绩不俗，滑冰课是全国体育优秀课，雪上运动开展得同样精彩……这些无不彰显着东北大学校园文化中强大的“体育基因”，更全面体现了东大人在体育方面的造诣与精神传承。“刘长春杯”校园体育系列赛事品牌的创立，不仅要将爱国精神、拼搏精神植根于东大人心中，更要推动师生以“自强不息、知行合一”的精神去书写东北大学悠久辉煌的体育运动史。“刘长春杯”校园体育系列赛事品牌项目的创建，开拓了学生在运动方面的视野，更为他们提供了优质的锻炼平台。全员运动、崇尚体育、热爱体育的良好风气在东北大学校园日趋形成。

网络育人

WANG LUO YU REN

以融创新、以微搏大、汇聚合力
实现网络文化育人取得新成效

构建网络育人平台
全力打赢疫情防控阻击战

服务师生、信网高效
打造东大网络新范式

NEUART 艺术双馨：思政工作联网上线
构筑铸魂育人新生态

以融创新、以微搏大、汇聚合力 实现网络文化育人取得新成效

——党委宣传部“网络育人”工作案例

近期，东北大学一系列优质文化作品火遍朋友圈。改编歌曲《你学起来真好看》脍炙人口，“老师的最美‘备’影”话题图文感动了东大学子。优质文化内容获得广泛传播的背后，是东北大学网络文化建设思路的新尝试，通过整合融媒体资源，构建三级网络平台，打造精湛的工作团队，以舆论引导和思想教育为着力点，坚持“以融创新、以微搏大、汇聚合力”，努力使网络文化育人取得新成效。

一、以融创新，优势集成育人实效

◎融媒体作品《你学起来真好看》（扫描图中二维码观看节目）

“你学起来真好看，像南湖的松一样，所有的努力所有的付出都逆风生长。你学起来真好看，一如东大人模样，毅然顽强不畏风霜自强不息啊……”这首旋律动听、歌词朗朗上口的《你学起来真好看》一经发布，就火遍了朋友圈。经人民日报客户端、“学习强国”学习平台、央视频等媒体转载后短时间内阅读量就超百万。一时间，师生纷纷在视频下留言：“咱东大学生就是这么好看！”“忍不住单曲循环，现在都会哼唱了！”“好听又励志，东大等我来！”

《你学起来真好看》是东北大学推出的一期融媒体视频作品。学生自发改编了当下热门歌曲的歌词，将“云端开课”以来的心路历程融汇其中，并借此歌词向辛勤工作、无私付出的老师们表达感谢；与多日未见、甚是想念的同学们互相勉励，共同期待春暖花开再相逢，共度校园好时光。

思路决定出路，融合才有活路。在融媒体时代背景下，东北大学树立一体化宣传理念，实现传播速度、内容厚度、影响广度和服务效度的统一，最大限度地发挥媒体融合发展的综合效能。一体化宣传理念旨在通过整合现有媒体资源，打造全新的融媒体平台，包括报纸、电视、广播、网站、微博、微信、抖音等，实现内容多渠道、多样化的全方位传播，建立“一材多用”的新局面，既规避了传统媒体传播速度慢的弊端，也弥补了新兴媒体报道深度不够的短板，从而达到快捷方便、深度互动、新旧互补的宣传效果。

听！学声！

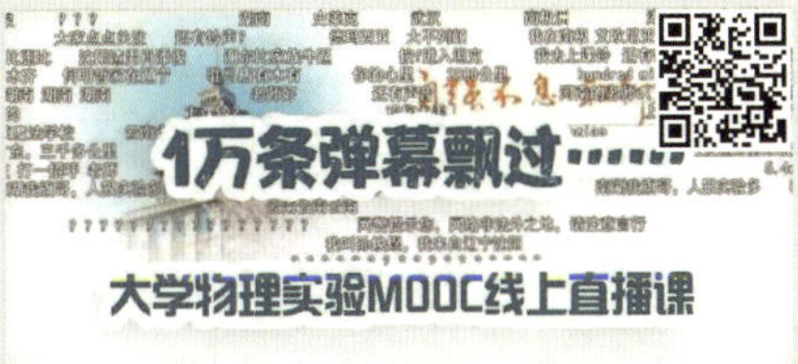

大物实验宅家做？答案飘在1万条弹幕中……

雪山很美！你很酷！

武汉重启，东大约你！学霸女寝“组团儿”保研武大！

◎新冠肺炎疫情期间官方微信推出系列融媒体作品（扫描二维码可阅读）

融合不是做加法，而是要做乘法。党委宣传部坚持内容为“王”，强化长线策划，深入挖掘典型，追求内容生产的专业性和权威性，出品真正有价值的思想内容。同时，充分发挥媒体育人功能，将网络和新媒体打造成校园声音的扩音器、文化传播的传音器、凝聚人心的集音器和危机公关的校音器。

二、以微搏大，多维拓展育人阵地

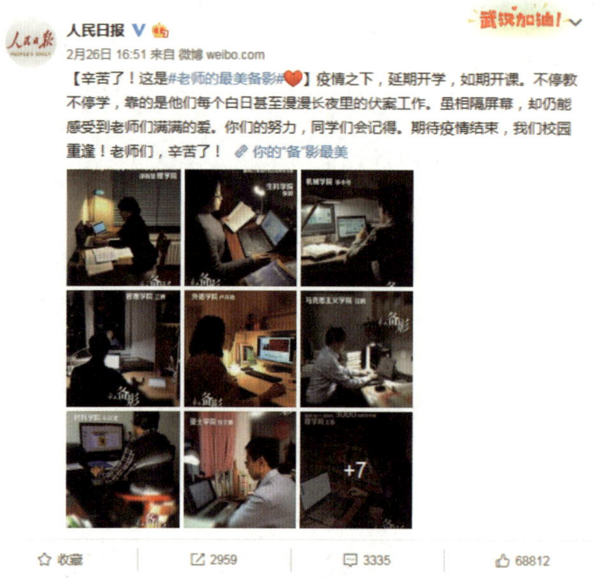

◎《人民日报》转发东北大学“老师的最美‘备’影”

灯照桌台，光影阑珊。正是夜深人静的时刻，却有一群人正伏案疾书，不知疲倦地写下一页页教案，一遍遍预演即将开始的课程。东北大学“云端开课”的前一天，当学生们正在梦乡中期待着别开生面的课堂时，老师们还在为开课做着最后的准备，确保万无一失。

艰难时期坚守职业本色，他们毅然承下重担。每人负责的课至少有上百名学生，最多的需要为3000名同学开课。课堂的搭建、线上教学的设计、考核的开展……每一个环节都需要斟酌再三，方能在“云课堂”中有条不紊地顺利开展。老师们辛劳备课的日常，被定格成永恒的瞬间，由此有了这组最美的“备”影。

当这组照片以“老师的最美‘备’影”为话题在微博平台上推广后，一时间反响热烈，人民日报瞬间转发了这条微博，并配文“虽相隔屏幕，却仍能感受到老师们满满的爱。你们的努力，同学们会记得。”该条微博阅读量高达4438万，获点赞6.8万，评论区里的学生们纷纷向辛苦备课的老师们送上自己最真诚的感谢，成为当天网络热门话题之一。

在“师生在哪里，宣传阵地建设到哪里”的宗旨引领下，东北大学建设了三级网络平台为主的宣传矩阵。一级平台为主题宣传教育网站群；二级平台为官方微博、官方微信为主的微传播圈；三级平台是共建网站群、有关论坛等。三级网络平台能够全方位、全角度覆盖校园舆论热点和关键话题，努力创作师生喜闻乐见的文化内容，满足师生的精神文明需要，增强思政教育实效，实现细致入微的育人效果。

三、汇聚合力，精心打造育人团队

融媒体时代，专业的网络文化建设队伍对于核心品牌的塑造至关重要，这对新媒体工作人员的综合素质提出了更高要求。为将文化作品打造成集内容与思政引领于一身的高水平优质作品，新媒体队伍应具备较高的媒介素养和融媒体工作能力。东北大学构建了校党委统一领导，党委宣传部总体负责，团委、学生处等相关部门各司其职、协同工作的网络文化建设工作格局，最大限度地激发了各部门的创作活力，同时确保了网络文化建设面面俱到，构建文化建设新格局。

同时，东北大学致力于打造一支技艺精湛的融媒体队伍。经过多年筹备，现已形成近百人的校园网络建设管理团队、近 200 人的舆情团队和近百人的新媒体建设团队，打造核心网评员 20 余名。核心团队成员具备较强的融媒体工作能力，能够统筹官方微信、官方微博和校园文化媒体的集中运作，衔接各媒体的集中工作，确保网络文化宣传效果最大化，组织新媒体发挥集成宣传优势。

为打造高水平的网络文化育人团队，党委宣传部负责网络文化建设的人员全部参与教育部主办的网络文化、新媒体建设、媒介素养等相关培训，专业化水平显著提升，专业素养大幅提高。在网络文化建设

◎新冠肺炎疫情期间，东北大学官微推出“东大战‘疫’‘90后’！”融媒体作品

领域，推行项目制工作方式，以项目负责人牵头的形式落实新媒体运营、舆情等工作开展，打破了职务职级界限，将人才整合化一，有效激发了队伍的整体活力。

校园网络文化作为校园文化在互联网时代的升级产物，是网络信息技术作用于校园，以微信、微博、论坛等数字化互动媒体为载体，师生员工共同参与，以发送和接受数字化信息为核心内容的文化。怎样把握网络文化的特征，有效地发挥校园网络文化的育人效果，不断提高网络文化育人水平，是当前加强和改进新形势下高校思想政治工作急需解决的重点和难点问题。东北大学以融媒体建设的经验为网络文化建设提出新思路，创新重塑文化品牌。通过打造技能过硬的专业队伍，网络文化育人工作已经历了“探索—发展—提高”的过程，形成了高效专业的工作机制，激发出高校网络文化育人的无限活力，为探索育人模式提供了宝贵借鉴和可靠的实施方式。

构建网络育人平台　全力打赢疫情防控阻击战

——学生工作处“网络育人”工作案例

在抗击突如其来的新冠肺炎疫情中，有一群人以“生命重于泰山、疫情就是命令，防控就是责任”为遵循，以理想信念为“甲”，以信息技术为“矛”，努力搭建东北大学学生“云成长”一体化大数据平台健康信息填报系统，用“云成长”推动“云防护”“云引领”“云疏导”“云问候”，在学生疫情防控关键一环与病毒“赛跑”，用实际行动诠释了疫情下东北大学学生工作处的责任与担当。

一、迎难而上，搭建平台与时间赛跑

“在抗击新冠肺炎疫情的关键时刻，我们随时听候调遣，愿奔赴一线贡献我们的力量！”2020年1月26日（庚子年正月初二），不同于以往祥和欢庆的气氛，人们的心里有了更多的不安与紧张。这一天，武汉市中心城区区域实行机动车禁行管理；这一天，辽宁医疗队组建完成，千里奔赴武汉支援；这一天，2万多名学生的身体健康情况也让东北大学学生工作队伍的每名教师牵挂。早在农历新年之前，新冠肺炎疫情发生后，学生工作队伍就冲锋在前、争分夺秒、快速行动、全力以赴做好疫情防控工作。“学生在哪里？”“学生去过什么地方？”“学生体温正常吗？”“学生安全吗？”每一个问题都沉甸甸的，只有得到了答案，才能让老师悬着的心放下。也正是这一天，人们开始意识到这是一场赛跑，一场与时间的赛跑，一场与疫情的赛跑，一场用科技信息助力的防控阻击战。

“快点！再快点！与学生健康有关的事一刻都等不得，越快越好！”在校园，疫情防控是没有硝烟的战场，也是检验学校育人初心和使命的考场。越是疫情肆虐之际，科技信息越要先行。有应急措施，有工作预案，有逆行勇士，决不能在信息数据上落后分毫。只有尽快获得大量准确的学生健康信息，才能为学校防疫提供及时、有针对性的决策支持，才能从根本上带来精准有效的防控措施。面对疫情的不确定性，只有掌握更多信息数据才能拥有“与时间赛跑”的资源和底气。因此，学生工作处迅速反应，克服疫情影响，放弃春节假期，于大年初二组织力量开发学生健康信息填报系统，开始与疫情赛跑！

二、分秒必争，凸显信息化网络优势

抗击疫情如救水火。学生工作处第一时间统筹规划，第一时间联系建设单位，第一时间为研发人员配备口罩、消毒液、测温枪等防疫物资……在这个特殊的战场，学生工作处用敢打硬拼的精神创造了一个个“第一时间”，以只争朝夕、时不我待的拼劲和狠劲与困难较量、与时间赛跑。面对疫情不断变化的数据，面对不断出台的政策要求，健康信息填报系统的构建思路改了又改，不断完善、精益求精。该系统承担着学生健康信息反馈机制的重任，能提前1分钟上线，就能减少1分钟对不能掌控学生信息的担忧，就能早1分钟采用更科学、更有针对性的防控措施。

“千淘万漉虽辛苦，吹尽狂沙始到金”。历经近20天的反复修改、测试、调整、升级，东北大学学生“云成长”一体化大数据平台健康信息填报系统终于上线。在这场疫情防控战役中，反馈学生身体健康数据、追踪学生移动轨迹、建立个体关系图谱、排查学生疫情隐患，“云成长”平台成为学工系统最有力的防疫“武器”。随着健康信息填报系统的上线，东北大学拥有了完整、及时而精准的结构化学生健康及出行信息，这意味着在海量信息数据中更多的“重要小样本”和“异常事件”能被发现，这些正是疫情防控工作的重中之重。健康信息填报系统将学校了解学生每日健康情况变成可能，全校所有本科生、预科生针对“居家”“返校”“在校”三个不同阶段，进行动态信息上报，填报内容涵盖学生每日健康信息、学生位置信息、流行医学调查等三大方面。

三、“云”端备战，学工系统保学生平安

学生们的一句“正常”能让辅导员暖心，辅导员的一句“正常”能让学校安心，无数个“正常”才能让祖国放心。“云成长”一体化大数据平台健康信息填报系统，已成为东北大学学工系统科学防疫的重要阵地。每一位辅导员都能在“云成长”平台办公中感受着与疫情赛跑的东大速度，关注疫情数据变化，提醒学生每日填报，发送温馨提示，绘制异常学生时间、空间路径……用“云成长”推动“云防护”“云引领”“云疏导”“云问候”，用“一朵云推动另一朵云”，学工系统“云”上备战，实现了学生疫情防控信息动态化、可视化，不断提高防控决策的精准化和科学化。

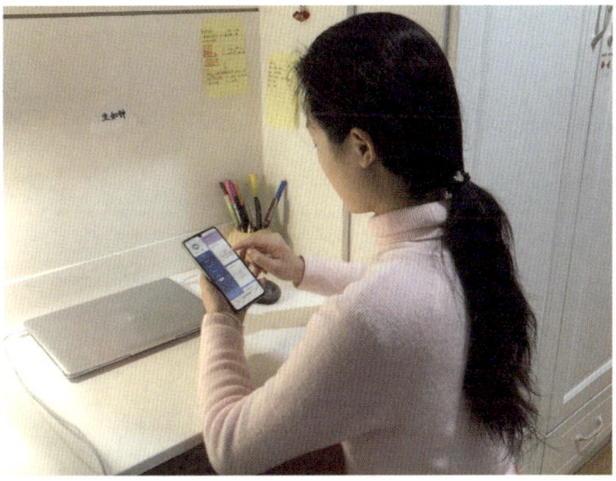

◎学生居家通过东北大学学生“云成长”一体化大数据平台健康信息填报系统填报个人健康信息

“亲，今天你‘云成长’了吗？”成为东北大学100余名辅导员日常使用频率最高的短句之一。从早上7点开始，每一位辅导员就开启了不断刷新学生健康数据的模式，获取学生健康信息的实时状态。利用东大特有的树状网络工作队伍，学工队伍时刻保持与学生干部同步查询、确认、提醒、督促，这些工作几乎每天都一直持续到深夜。有些忘记填报或者身在海外的同学需要辅导员克服时差、疲惫以及学生的不解，一一电话反复提醒。每天所有同学100%填报是每名辅导员的目标，因为在辅导员的心中，每个学生的平安健康都是百分之百的重要。正是因为学生干部将学生的健康和需要放在心上，以真心换真情，才让学生安心、舒心、放心地完成每一次健康填报。自系统上线以来，已经累计近百万条学生健康数据，而这一数字还将不断攀升，随着数字不断增长的，还有保障全体学生健康安全、最终战胜疫情的坚定信心。

四、初心不改，越是艰难越冲锋向前

“惟其艰难，方显勇毅；惟其磨砺，始得玉成。”对于学工系统而言，每日学生健康信息100%填报后，并不意味着一天工作的结束，而是信息反馈、制定防控措施工作的开始。辅导员对学生的填报情况进行认真整理，仔细检查有没有体温特征和所处位置异常的学生，看到大家都平安无事，一颗不安的心才稍稍放下。一旦发现有特殊情况，马上比对之前的信息数据，绘制学生异常情况的时间、位置轨迹，第一时间与学生联系询问，并及时向上级反馈情况。有时为了避免学生感到过分紧张，辅导员还会用聊家常的方式进行询问。陪伴是最长情的告白，在“云成长”平台陪伴学生度过的每一天、经历的每件事，都将会成为2020年春天埋藏在每个学生工作者心中一段难忘的经历，进而化作激励每个人继续前行的动力。

在疫情防控期间，各学院学生的个人健康信息填报率为100%，每天有超过2万条健康数据在“云成长”一体化大数据平台上相聚。在全校提前返校0人、疑似0人、确诊0人的数据背后，是辅导员们每天“起得最早，睡得最迟”的坚守；他们忧心于学生的出行安全，挂念着学生的身心健康；他们无暇顾及自己的家庭，却放不下未完成的工作；他们以高度的政治责任和实践担当，投入疫情防控阻击战，初心如磐、使命在肩，彰显了东大学工“越是艰险，越冲锋向前”的强大精神动力，用实际行动诠释了疫情下东大学工的责任与担当。正如东北大学学生改编的《你学起来真好看》歌中所唱：“想回北方盛京城，想念南湖碧波畔，这个春天不平凡，“云成长”在作伴。师生重逢在‘云端’，最美的你呀。”

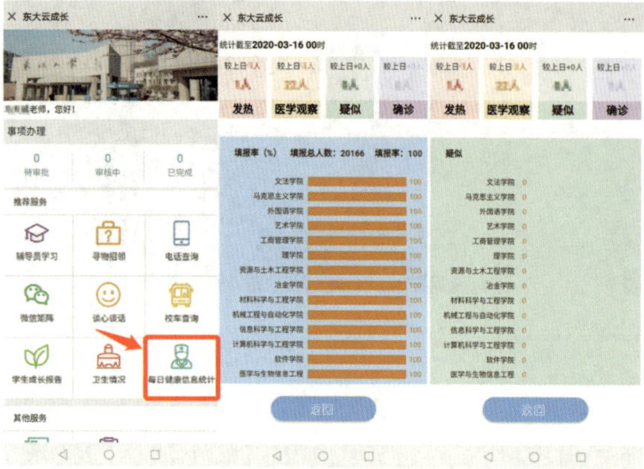

◎手机随时查看每日填报结果统计

信心在凝聚，希望在升腾。学生有需要的地方，即是一线，疫“前”疫“后”，皆是战场。“云成长”一体化大数据平台健康信息填报系统是应“疫”而生，却不会因“疫”而止。学校学工系统将借“云”之力主动担当，奋进作为，积合力以致胜，汇众智而成功，答好这份特殊的“考卷”，守护平安纯净的一方校园。

对于“云成长”一体化大数据平台而言，其能做的还不止于此。它以服务学生成长需求为核心，形成贯穿学生在校全过程的一站式信息化服务；将学生、教师、家长、企业等多角色纳入平台，满足全员育人设计理念；以构建统一授权认证中心、统一通信中心、统一服务中心为基础，打造全方位管理服务数据平台，为“三全育人”试点建设工作提供强有力的支撑和保障。

服务师生、信网高效　打造东大网络新范式

——信息化建设与网络安全办公室“网络育人”工作案例

自2001年以来，信息化建设与网络安全办公室（简称“信网办”）秉承着服务师生的理念，建设和运维了东北大学第一张全校区自主运维的校园网、东北三省第一个教育科研网节点，近年来，规划并构建了“主干网＋无线网＋物联网”三网融合的新一代校园综合支撑网络环境，再次建设了全国第一张IPv6、Wi-Fi6高速无线网络，东北—佛山虚拟网络互联专线，总校—秦皇岛融合网络，自主建设了系列网络应用服务（如IPv6网络视频直播、网络电视服务、网络会议直转播服务），为学校师生的教学科研提供了畅通有效的互联互通环境，使学校的教学、科研、管理等工作更加便捷高效。

习近平总书记在网络安全和信息化工作座谈会上强调指出：“网信事业要发展，必须贯彻以人民为中心的发展思想。”信网办以此为宗旨，深入推进东北大学“三全育人”工作，以服务师生为本职，潜心技术、刻苦实干，努力为全校师生打造最优秀的网络互联与应用环境，让全校师生在共享互联网发展成果方面享有更多获得感。

一、网络背后的力量：“让网络永不断线”

全校三个校区的园区网、物联网、无线网、业务专网建设与运维工作的最大特点是全年全天不间断监管、抢修与保障。广大师生的教学和科研离不开网络，业务系统的运行需要网络的不间断服务，对此，信网办人牢记使命——让这张网越来越健壮、永不断线！

为了实现这个目标，必须在核心技术上进行攻关。他们多年来潜心研究，工程讨论室里到处布满全校各个区域的网络图纸，通过开发和应用最新最稳定的网络技术、软件定义技术，修订了核心网络路由策略，实施全校区的扁平化改造，通过5年的努力，到2019年底，全校区的网络运维工作全面实现集中式、智能化管理。推出了具有自主知识产权的“网络智能管理系统”，这是一个简单的动态拓扑界面，充满了红、黄、绿色的智能标签。一旦学校某个楼宇的交换机出现问题，这套程序就会用红色报

警，并通知到当天值守的区域运维人员手机上，日复一日，年复一年，从未间断。

◎知行楼网络改造

信网办让网络永不断线，用技术和青春书写了东北大学网络背后的力量，确保了东北大学三个校区的网络稳定运行，为师生教学科研保驾护航。

二、“师生在哪里，服务就跟到哪里”

以师生为中心，是校园网络的根本。值班室里，一部 20 年来从未改变过的网络报修电话“87240”见证了历史和今天。在建设初期，办公环境较为简陋，为了随时响应师生的“网络救援”，他们 24 小时候命，伴随他们的不仅仅是维修电话，更有常人无法忍受的机房噪声。一根光纤、一个路由、一层交换，关系到全校师生的教学和科研，来不得半点儿马虎。每年上万次为师生上门解决计算机联网问题、实验室网络问题、路由器配置问题、打印机联网问题等，已经成为了一种生活常态。“太不容易了，无论是南湖校区还是浑南校区，一个电话打去，他们就背着工具包过来了，”软件学院年近 60 岁的杨广明教授说，“感觉上，他们就是我们教学科研不可分割的一部分。”

师生在哪里，服务就跟到哪里。当前，秦皇岛分校的网络已通过地址池融合与路由对接技术和总校网络融为一体，万里之外的佛山研究生院也通过虚拟网络专线与总校实现零距离沟通。

三、紧跟前沿，打造领先的网络新范式

近年来，互联网技术日新月异，学校的网络业务也与日俱增，教育信息化全面开启。面对新的挑战，信网办不敢松懈，2017 年，学校决定启动“智慧校园”规划。校园网需要建立“主干网 + 无线网 + 物联网”三网融合的网络及其安全新范式。2018 年，在主干网全面改造完毕的基础上，启动了无线网、物联网的技术和方案调研工作。2018 年，无线网最好的技术是 802.11ac Wave2，但全球的前沿技术是 802.11ax，也就是 Wi-Fi6，学校认为，无线网技术的发展应聚焦于后者。通过反复的技术推演，最终

形成了 Wi-Fi6、IPv6 一体化的南湖校区、浑南校区无线网、物联网的建设方案。2019 年 9 月，全球无线网联盟最终确认了 802.11ax 为新一代无线协议，这与当年的判断是一致的。2019 年年底，无线网开始施工：62 天，120 道子项，南湖校区、浑南校区，71 个楼馆、8752 个寝室、全校所有活动广场区域全部建设完毕，初步实现了“主干网 + 无线网 + 物联网”三网融合的新一代校园综合支撑网络环境，为学校的智慧校园提供了支撑平台。截至 2020 年年底，学校 80% 的上网流量都已转移到了新建的无线网络，无线网峰值用户数超过 2.5 万人，峰值流量达 8.23G。在 2020 年的全国无线网大会上，当同行们听到了来自东北大学的案例介绍后纷纷表示，这是当前全国最先进、最大的 Wi-Fi6、IPv6 的“双 6”网络。

◎浑南校区物联网核心调试

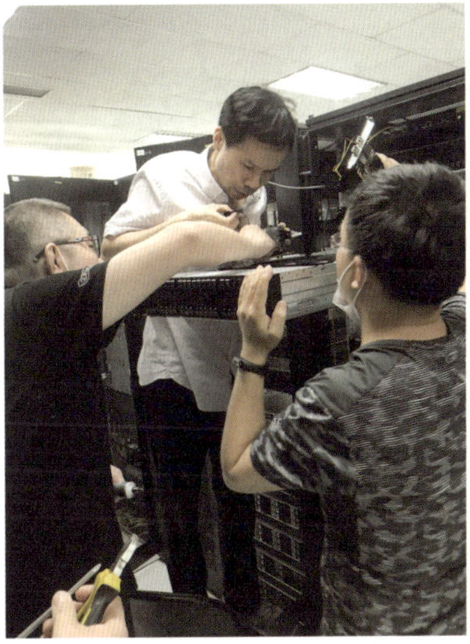

◎校园网出口分光系统扩容

四、疫情中的网络：不可阻挡

2019 年年末，新冠肺炎疫情袭来，在严格确保疫情防控措施基础上，网络核心机房启动紧急预案。首先启动的是网络性能升级预案与稳定性保障预案，以应对开学时的各种可能风险。整个寒假，为响应学校“停课不停教、停课不停学”的战略，在最短的时间内为学校抢出一条既确保安全又能稳定运行的互联通道，出口带宽紧急扩容到万兆，为学校师生的在线办公、在线教学和在线学习提供保障。

为保障疫情防控期间广大教职工复工复课，方便教职员工居家办公科研，信网办紧急启动了“校园网进家属区”民生工程。截至 2020 年年底，已为 1125 户学校教职工家庭提供了光纤入户的校园网接入。

充分发挥自身优势，以信息化技术助力学校疫情防控。为了便于学校师生居家科研，信网办与图书馆联手，第一时间与中国教育与科研计算机网（CERNET）合作，开通了学校“教育网统一身份和资源共享服务 CARSI”，使得全校师生可以居家无障碍访问并获取全球 23 个主流学术数据库资源，包括 IEEE、ACM、Springer、Nature……极大地方便了全校师生疫情期间进行学习和科研。同时，视频会议成为疫情期间办公的常态化需求，信网办紧急优化了学校已有的视频会议系统，实现了华为 TE、ZOOM、Welink 多种主流视频会议系统的对接，可以满足各校区的异地同步视频会议。信网办还优化了视频直播平台，实现了视频会议的录播，并开发部署了视频会议的预约系统。到目前为止，为全校保障了省部级视频会议、全校级视频会议、部门级视频会议 160 余场……

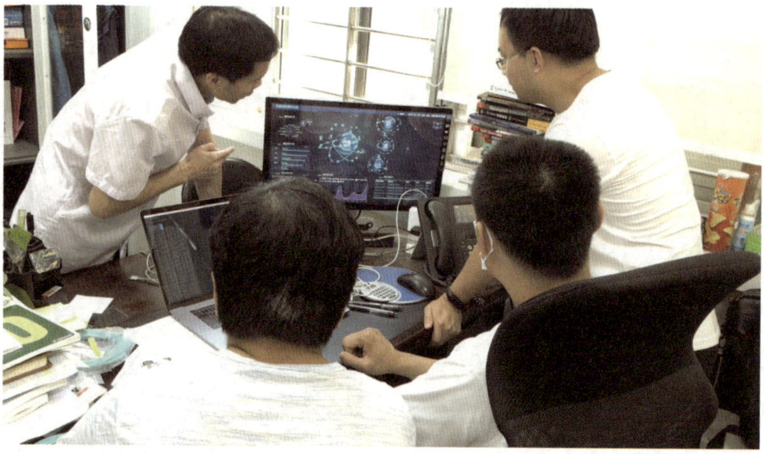

◎网络安全攻防演练

系统规划、精细管理、工程控制、智能服务是校园信息化服务的理念，只有提前谋划，才能更好地服务师生，信网办将通过对校园网络服务的系统优化进一步细化职责，以工程控制理念为全校师生提供更智能的服务，提高师生的获得感。

NEUART 艺术双馨：思政工作联网上线　构筑铸魂育人新生态

——艺术学院“网络育人”工作案例

艺术学院紧紧围绕立德树人根本任务，积极适应“融媒体 + 思政”的新趋势、新特点，主动触网，重点建设“NEUART 艺术双馨”微信公众号，精心打造“1+2+3”的网络育人体系，着力搭建“云端”思政平台，通过教育管理服务联网上线，积极探索打造有时代热度、人文温度、思想深度、情感厚度的网络育人阵地。

一、工作思路

习近平总书记在全国高校思想政治工作会议上强调，要运用新媒体新技术使工作活起来，推动思想政治工作传统优势同信息技术高度融合，增强时代感和吸引力。2017 年，教育部发布《高校思想政治工作质量提升工程实施纲要》，将网络育人作为“十大育人”体系重要内容，对高校开展网络育人提出了更高要求。疫情防控期间，学工系统进一步探索“云思政”育人工作模式，保障学生疫情期间成长“不掉线”。

2019 年 12 月，艺术学院对原有的新媒体平台、校园网站及其资源进行全面的整合，着力实施“三六”计划，重点打造官方微信公众平台“NEUART 艺术双馨”。该平台围绕班导师、导师、家长、校友、辅导员及学生等 6 个主体，包含“艺馨团校”“艺馨党建”“双馨工程”“五育教育”“三季服务”“家校共建”等 6 个板块。

在建设过程中，“NEUART 艺术双馨”新媒体平台精心打造了“1+2+3”网络育人体系。其始终坚持“立德树人”1 条主线，在微信公众平台开设了 52 个特色鲜明的原创栏目，内容涵盖从新生入校的开学季、军训季，到老生离校的毕业季，还有招生季、考试季、就业季以及运动会、春节等重要节庆时点，将网络育人延伸至学生整个大学生涯，实现大学生涯全程覆盖。其以丰富的平台功能和品牌推文为 2 个抓手，聚焦理想信念与价值引领，突出素质提升与行为养成，立足成长需求和心理期待，通过开设

“学生日常管理”“学业指导”“职业规划”等多个栏目，加强对学生的全方位引领。强化“队伍建设”“内容供给”“形式创新”3个驱动，建设“艺术双馨融媒体工作室”，制定《艺术学院新媒体管理章程》，通过科学选题、精心策划、创新制作、严格审查等方式，面向教职员工、学生、家长及亲友、校友、社会等主体发布优质推文，实现多方互动，凝聚多方力量，形成全员参与格局。

二、实施路径

（一）掌握发声主动权，突出价值引领，奏响立德树人主旋律

1. 创新形式开展理想信念教育

“NEUART艺术双馨”传播主流价值，通过“有意思”的形式与“有意义”的内容推动“理上网来”。依托“‘艺’起来学习”“‘艺’初心，读党史”等特色图文栏目，以精美手绘和“一图读懂”的方式开展“学习党的十九大精神”“五四精神，传承有我”“纪念马克思诞辰200周年”等时政热点主题教育，始终如一地引导学生关注时事，推动中国特色社会主义思想入脑入心；开设“山河无恙在我胸”精品视频栏目，发布《乘风破浪》原创歌曲，生动讲述英雄人物故事，触发学生真实情感体验，解决青年学生思想困惑；开设“系在一起的红色记忆”“‘艺’语动听”音频微课堂栏目，解读党史国史，传诵伟人著作，回顾历史变迁，让学生树立正确的世界观、人生观和价值观；打造“双馨人物”品牌栏目，每年连续推出19期优秀学院师生的故事，发挥“双馨人物”的榜样示范、引领辐射和凝聚人心作用，在学院形成见贤思齐、奋勇争先的干事、成事氛围。

◎“‘艺’起来学习”

2. 多措并举弘扬优秀传统文化

◎“‘艺’心抗疫故事汇”

艺术学院立足中华优秀传统文化，筑牢有深厚文化底蕴的精神高地。加强传统文化教育成果展示，打造“艺术沙龙”精品文化栏目，邀请专家学者直播解读中华优秀传统文化，推出《非物质文化遗产木偶戏制作及表演》《大雅之器——紫砂的艺术审美》《清风云淡，画语人生——讲述中国画里古人曾经的诗意生活》等特色推文。结合中华传统节日，开展“秋味‘艺’浓”“我们不曾忘记”“‘粽’是情”等网络专题活动。传承传统美德，不断弘扬孝道文化、慈善文化、诚信文化等，策划“诚信·励志·感恩·担当”“‘艺’心一意学雷锋”“献礼母亲节”等。

3. 特色引领推动校园美育工作

艺术学院立足专业优势和学科特点，以美育工作为核心，打造了一批优秀的、有影响力的网络文化产品。推出校级精品思政项目“聆听艺术”栏目，邀请辅导员、专业老师及优秀学生等作为“网红”主播，在“云端”普及乐理常识，讲述历史人文故事，聆听美妙旋律，实现师生实时互动，不断提升学生人文艺术修养。开展“走进社会主义核心价值观：绘画里的中国”学生“云端”手绘作品展、“‘艺’美东大”学生绘画作品展、本科毕业生线上作品展等，以线上“活动宣传 + 作品征集 + 作品展播”的形式，一年累计展出作品 260 余幅，实现以美育人、以美化人。

（二）力促主体微转化，立足现实需求，打造青春代言人形象

1. 全过程覆盖引领成长

“NEUART 艺术双馨”根据不同青年群体的需求，分众化采编和深度内容文创，

创造出可亲可信、可知可感的思想空间和精神家园。针对大一及研究生新生，开设“艺述新声”新生指南栏目，“云端”寄送《致东北大学艺术学院新生一封信》，并围绕入学适应、校史校庆、心理健康、生涯规划、专业学习、安全教育等方面全面系统地推送新生攻略，做好前置教育，讲好新生入学第一课。针对毕业年级学生，推出“毕业生院长报告会”“最后一次党课”“最后一次班级活动”等专题，进行毕业歌、毕业照、毕业季原创MV、毕业寄语等征集展示活动，开展“私人定制专属你的东大时光”文创设计活动，营造浓情氛围，引导文明离校；针对在校生，推出“‘双馨’成长计划‘云’课堂”专栏，专业大师、“网红”思政课老师及辅导员实力开讲，用微课程、微视频、微漫画等学生喜闻乐见的方式旗帜鲜明地为学生答疑解惑，真正成为塑造学生灵魂和生命的“大先生”；推出“暑期社会实践风采展”专题，记录分享假期的正确打开方式，提供交流展示平台，引导规划学生发展。

战“疫”时刻：来自艺术学院辅导员的战“疫”日记（一）

NEUART艺术双馨 2020-03-18

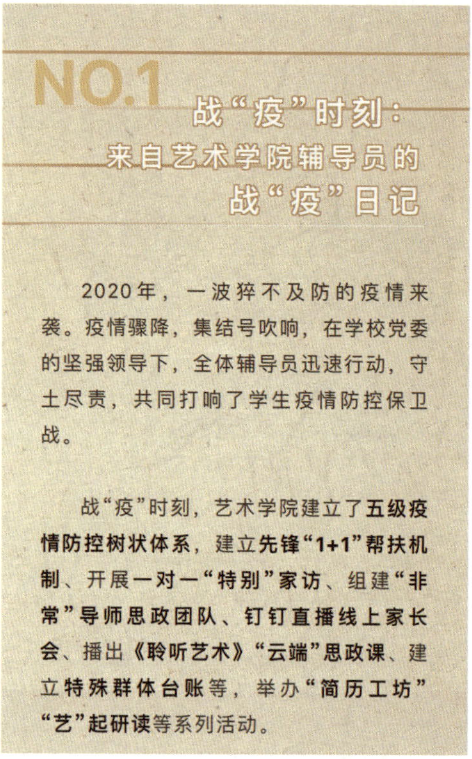

◎“战‘疫’时刻：来自艺术学院辅导员的战‘疫’日记”

2. 多主体互动提升活力

“NEUART艺术双馨”为教职工、校友、企业、在校学生和家长提供了一个交流的平台，实现资源的聚合与共享。在新生的每个关键成长节点，开展“邮寄成长”活动和“云端”家长会，让家长参与学生的每一个成长瞬间，共同解决学生不同阶段成长难题。辅导员团队打造的“辅导员育人笔记”专栏，凝聚了一线思政工作者的所感、所思与所得，或春风化雨，或针砭时弊，每篇博文推出后总能引起学生共鸣。专业导师团队通过“导师云端荐读导学”栏目，推荐专业书籍，解答成长困惑，引领学生思想。搭建“空中双选会”平台，面向社会企业发布双选会邀请函，实现与企业的“云端”双向互动。艺术学院在成立 20 周年庆典之际，针对毕业校友发出《艺术学院“拍了拍你”，邀你回家团聚》校友信息征集函，征集毕业校友信息。

3. 全天候热点正向引导

主动扫描社会热点、重大突发事件，进行网络正向引领。在疫情防控期间，设立“‘艺’起宅，动起来”网上课堂，持续推出“‘艺’心研读，读书打卡”活动 124 天，通过开展“众志成城，同心抗疫”活动，“云端”展出书画作品 200 余幅，确保疫情期间育人工作无死角、不断线。在日常的学习生活中，推出《建党 100 周年，“艺”读〈习近平谈治国理政〉》《一分钟！习近平 2019 年两会讲话“干货”全掌握》等结合党的十九大、两会、建党建国等时政大事的特色推文；推出《喜报：我院学生在第八届全国高校数字艺术设计大赛中再创佳绩》《艺术学子“云”合唱，祝福东大九十七岁生日》等紧密结合校庆安排、学子赛事、学工动态的校园热点消息；结合校园贷电信诈骗、网约车安全事件等社会热点问题开展安全教育、国防教育等。

（三）彰显“云端”思政特色，注重精品打造，树立校园文化风向标

1. 突出示范引领，开设品牌栏目

结合大学生成长成才的核心诉求，以“品牌栏目”+“爆款推文”的模式，丰润校园人文内涵，引领校园指尖文化。一方面，“NEUART 艺术双馨”围绕“德智体美劳”重点策划并开设了“艺”系列品牌栏目：艺术思政品牌栏目“聆听艺术”，时政热点品牌“‘艺’起来学习”，劳动教育品牌“‘艺’起‘劳’记”，传统文化类品牌栏目“‘艺’起度佳节”，迎新季品牌栏目“‘艺’述新声”，就业季品牌栏目“‘艺’起找工作”，毕业季品牌栏目“‘艺’起毕业”等。另一方面，开设了“双馨”工程品牌栏目——“双馨讲坛”“双馨班集体”“双馨人物”，从个人到团体，从低年级到高年级，实现点、线、面的精准分类指导与引领。

◎聆听艺术

2. 聚焦专业特点，开展特色活动

“NEUART 艺术双馨”充分挖掘艺术创作中的思政资源，将艺术实践与思政教育相结合，开展了“绘画里的中国”“共绘校园——创意井盖绘制活动”“云端传承·笔墨抗疫”等网络微画展，举办了“用我的方式向你告别”“今天是你的生日”等“云端”合唱活动，发布了《生日快乐》《每当我走过老师窗前》等快闪作品，为思政教育插上艺术的翅膀，实现以美育人，以文化人。

3. 引领校园风尚，打造优秀作品

“NEUART 艺术双馨”平台通过制作主题鲜明、思想深刻、生动活泼的微视频、微歌曲、微周边等优质网络文化产品，引领校园风尚。制作微视频，先后推出了运用新技术制作而成的学院宣传片，首部纪实类微视频《“艺”心抗疫故事汇》、连续三年推出新生季微电影《新的遇见》，阅读量均为数千次以上，转发量数百条，受到广泛关注。创作微歌曲，在抗疫特殊时期，创作原创歌曲《乘风破浪》助力抗疫；在毕业季，推出改编歌曲《不说再见》献礼母校；在迎新季，制作原创歌曲《陪伴》展现青春风貌；从作词、作曲到演唱，从排版到推送，一首首原创歌曲火爆艺术学院师生朋友圈。设计微周边，“艺术双馨融媒体工作室”先后开发“时光里青春足迹”明信片、手账本，“手绘东大”风物画帖，“不说再见”毕业季文化衫等系列产品，广受师生欢迎。

三、创新与成效

“NEUART 艺术双馨”成立于 2017 年 11 月，在深刻分析当代大学生群体特点、价值观念、思想特征的基础上，专注于及时发声、内容聚合和交流服务等功能，形成有时代热度、人文温度、思想深度的思政教育网络平台。

（一）受众高度认可，公众号推送量与关注量持续增长

“NEUART 艺术双馨”成立以来，平台粉丝数达 1800 人，每年粉丝关注增幅近 30%，共发送推文 570 余次 650 余篇，微信推送累计阅读数量达 30 万余次，其中单篇点击过万的推送近 20 条，篇均留言和点赞数量持续提升，成为深受学院师生喜爱的新媒体平台。在推文后面，家长、企业与师生等通过网络留言等形式对学院网络育人模式进行了点赞。

（二）美育特色显著，网络思政精品持续增加

将网络思政教育与美育教育相融合，通过开展美育沙龙、讲座、展览等特色线上

活动，打造了“艺”系列和“双馨”系列等十余个网络育人品牌，寓育于美、寓教于乐地实现了思政教育的目的，引导学生在美育活动中提升审美感受和创美能力。其中“山河无恙在我胸，‘艺’心抗疫故事汇”入选教育部“四个一”行动精品“战‘疫’故事汇”；原创歌曲《万众一心强中华》被“学习强国”平台推荐，累计浏览量约为2.7 亿人次。

（三）形式内容丰富，思政教育的时代感、针对性与亲和力持续提升

利用“互联网 +”思想政治教育模式，塑造了“NEUART 艺术双馨”为主体的微信平台网络矩阵，积极探索网络思政平台的可操作性，提升了思想政治教育的时代感；紧跟学生关注的校内外热点策划话题，形成正面舆论场，在充分还原客观事实的基础上，通过展开充分讨论来进行正向的思想引领，提升了思想政治教育的针对性；借鉴可视化数据、微电影、手绘图解等新形式，以趣味性为切入点，以文化内涵为落脚点，以大学生喜闻乐见的方式加大宣传力度，吸引大学生注意，提升了思想政治教育工作的亲和力。

集学生日常管理、学业指导、职业规划、生活娱乐方面的内容于一体的全覆盖，集栏目开发、主题策划、内容制作、团队建设于一体的全参与，集思想性、知识性、趣味性、服务型于一体的全融合，“NEUART 艺术双馨”已成为了解学生诉求、反映学生心声、开展思政教育的管理服务平台、师生交流平台与思想引领平台。

心理育人

XIN LI YU REN

专家教授一对一咨询　助力学生全面发展

在体验式教学中促进学生心灵发展

走进学生心灵　提升育人实效

以生为本、突出特色　构筑工科大学生的心灵『防火墙』

专家教授一对一咨询　助力学生全面发展

——学生指导服务中心“心理育人”工作案例

东北大学大型发展咨询会是辽宁省内高校中具有示范引领作用的品牌项目。历年来，东北大学大型发展咨询会从最初的心理辅导、心理测量，发展成为涵盖学业指导、心理辅导、心理测评结果反馈、生涯规划、就业指导、保研与考研政策咨询、境外交流咨询、出国留学咨询、科研创新咨询、资助政策咨询等十余类咨询项目的大学生综合性发展咨询活动。

一、专家莅临现场，多角度助力学生健康成长

每年 10 月，学校学生指导服务中心均会在两校区举办大型发展咨询会，分别邀请来自各专业的学科带头人及校内外心理专家、生涯规划导师、政策指导专员等 80 余名专家学者，与学生开展面对面、一对一的咨询辅导，很多学术“大咖”多次参与到活动中来，真正实现了“架起沟通的桥梁，铺就成才之路”的活动目标。

◎南湖校区大型发展咨询会现场

大型发展咨询会邀请不同领域的专家学者成为咨询导师。例如，学校副校长唐立新教授和冶金学院朱苗勇教授等来自各学院的 40 余位学科带头人帮助学生梳理专业发展方向、解决学业困惑、提升学习动力；公共基础课授课教师邵新慧教授和王勃然教授等多位教师为学生指明公共基础课的学习注意事项；东软集团股份有限公司人力资源总监宋清君、沈阳飞机工业集团有限公司人力资源部部长张建飞等企业资深 HR（人力资源）和职业指导专家为学生解读就业政策，分析就业形势，指明入职前的准备方向；校内外心理专家引导学生更好地适应大学生活；考研保研政策指导教师帮助学生了解升学条件、合理制订计划与目标；生涯规划师根据学生特点与需求为其量身定制生涯发展路径；境外交流、出国留学项目专员为同学们打开成长发展的新思路；校内专兼职心理咨询师耐心解读心理测评结果，帮助学生了解自身个性特点，发挥优势、开发潜能。

二、领导高度重视，形成心理育人良好氛围

◎学校领导莅临大型发展咨询会活动现场

学校领导多次莅临活动现场进行指导。学校党委书记熊晓梅指出："东北大学始终牢牢把握'立德树人'根本任务，把培养学生心理素质、思想道德素质与科学文化素质协调发展作为大学生培养目标。通过加强各部门间的协调配合，贴近学生、主动服务学生、满足学生求助需求，是加强学校人才培养工作的一项重要机制，希望再进一步思考如何发掘更多学生的学习内驱力，让学生有意识地去认识自己，有目标地去规划学业，从而实现自己的成长成才之路。"副校长唐立新指出："能直接了解到学生的

需求、想法，面对面地把经验传授给学生，不仅拉近了师生的距离，还可以更好地了解学生，对教学和管理等工作的促进都有很强的现实意义。”来自建设银行辽宁省分行的资深 HR 刘经理提到：“我也是东北大学的毕业生，今天能回到母校为学弟学妹们答疑解惑感觉很充实。我用自己走过的路和这些年的工作经验为他们现身说法，希望能对他们有所启发和帮助。”

三、学生积极参与，在体验中培养主动咨询意识

学生参与度高，参与意识强。大型发展咨询会历时 3 个小时，老师人均接待 30 余名同学，围观受益的学生更是不计其数。

曾参与过大型发展咨询会的机械学院大三学生王栋（化名）反馈指出：“大一时我就参加过大型发展咨询会，那时候刚来学校，学习上理不清头绪，生活上因为南北方差异也有些不适应，真的挺苦恼的。在那次咨询会上，教授、专家帮我打开了心里的结、为我指明了方向。我还发现他们并不是那么威严，能跟他们面对面交流，是件很幸福的事。”

第一次参与活动的大一新生杨宇（化名）同学提到：“今天这一趟来得太值了，我一直很好奇我的入学心理测评结果，所以来了以后就先去找老师看了报告，通过分析发现，我的性格特点很适合我的专业，这也坚定了我好好学习专业的信心。我去找生涯规划老师，他深入浅出的讲解让我对如何度过大学四年有了更清晰的方向，非常感谢学校给我们创造的这样一个咨询环境，实在是太给力了，以后我要定期参与这个活动！”

从 2005 年至 2020 年，东北大学大型发展咨询会举办了 100 余场次，累计为 5 万余名学生提供咨询辅导。多年来，东北大学大力普及“求助是强者的行为”这一发展性咨询理念，不断扩展咨询内容、创新工作思路和方法，探索出了集个体咨询、团体辅导、大型发展咨询会、网络咨询于一体的多元立体化发展咨询服务模式。综合性发展咨询服务平台以轻松愉悦的氛围感染学生，以全面有效的内容吸引学生，不仅补充了课堂教育中的个性化指导，还将更多与大学生心理、学业、科研、留学、就业等相关领域的专家请到学生身边，定期为学生们提供咨询服务，真正将“全员育人、全程育人、全方位育人”的“三全育人”指导理念落到实处。目前，学生们已将咨询辅导视为关爱自我身心健康、实现自我更好发展的重要渠道，在东北大学校园中形成了关注咨询、参与咨询、依靠咨询解决成长困惑的良好氛围。

在体验式教学中促进学生心灵发展

——学生指导服务中心“心理育人”工作案例

东北大学心理健康教育课程立足于大学生身心发展特点，依据学生在个人成长中容易遇到的问题与困扰，围绕自我意识、人际交往、情绪情感、友情爱情、压力挫折、生命教育等主题开展课堂教学。课程涵盖心理知识传授、心理活动体验及心理调适技能训练等多个维度，是集知识、体验、训练于一体的综合课程。学校主要面向全校一年级本科学生开设“大学生心理与健康教育”课程，通过案例教学、体验活动、行为训练、心理情景剧等多种教学方法，激发学生学习兴趣，提高课堂教学效果和质量，切实提高学生的心理素质，促进学生在自我认知能力、人际沟通能力、情绪管理能力等方面全面发展。

一、创设情境活动，从书本到生活

课程设计情景主题鲜明，重点突出，符合现实生活，由浅入深，循序渐进。

一是通过视频、图片等形式营造氛围。课程以教学图片、有趣的视频、动听的音乐等网络形式设置情境教育，使学生有身临其境的感觉。比如，教师在讲“微笑的力量”课程时，会播放一则前后反差较大的情景故事，通过故事的渲染，引导学生对生活中的故事进行经验分享。在讲“生命教育”课程时，教师先播放一段视频《一分钟生命》，让同学们认识到时光流逝是如此之快，引导学生珍惜当下的每分每秒。

二是通过角色扮演让学生生动体验。关于大学生社交方面的生活情景，教师引导学生通过“角色扮演”方法，把学生宿舍里的人际关系展现出来。学生自己可以扮演其中的角色，也可以作为局外人品评剧中所反映的问题。表演之后，学生们发现不同角色的感觉是不一样的，深切体会到了换位思考的重要性。在讲“恋爱”一章时，在教师的引导下，大家通过与小组同学非语言的肢体交流，增加了情绪表达的感染力，更好地表达出了自己的心理感受和情感。

◎东北大学第十一届校园心理情景剧大赛决赛现场

三是通过团体训练互助合作。教师采用团体活动互动模式，带领学生在活动、游戏中体验心理健康的丰富蕴涵，提升自己的心理健康水平。比如，在探讨“大学生自我意识”主题时，教师通过活动“20 个我是谁”“独特的我”“生命中的五样”“遗失的世界”等探讨自我的主题，引导学生认识个体的独特性、自我的构成等知识，启发学生进一步澄清自己的价值观，学会珍惜自己所拥有的，懂得知足和感恩。

二、引导体验分享，化思考为行动

发挥学生的自主性是课程教学活动的主旨。“大学生心理与健康教育”课程让每一名学生都有机会表达自己内心的感受，任课教师会在首次课上进行分组、选组长，让每一名同学都有机会参与到课程中。

在教学过程中，交流分享体验是不可忽视的一个环节。情境体验阶段只是调动了学生自身的感知系统和情感体验系统来获得知识，而体验分享阶段则是调动了学生与周围的同学、与老师之间的交互感知和情感体验系统。这个过程既能让学生找到自我意识与实践之间的共性要素，又通过分享交流发现自己与他人的“同”与“不同”，以此开阔视野，培养创造性思维，也可以对自己的知识进行检验和反思，这是学生在实践中主体地位与环境相互作用的体现。

◎“‘5·25’全国大学生心理健康日”主题宣传活动

分享体验有自发式的，也有小组推荐代表的方式。课程体验结合“雨课堂”“蓝墨云班课”等线上互通平台，用弹幕、头脑风暴等方式让分享充满互动性。通过分享体验，既能调动学生参与的积极性、主动性，又能将知识融入生活，在音乐、绘画等艺术形式中，调动学生感官，让学生参与体验的感受更深刻。

三、体验内化应用，连课内与课外

课程教育是开展大学生心理健康教育的第一阵地，对学校落实立德树人根本任务，推进“三全育人”，做好学生思想教育工作，培养合格大学生具有现实意义。在课程建设中，学校注重体验式教学，引导学生积极应对心理困扰，塑造健全人格，帮助学生树立积极乐观的人生观，充分发挥学生的主动性和积极性，确立学生的主体地位。

◎心理健康大讲堂现场

课程体验内化应用是体验式教学的最后一个环节，也是不可或缺的环节。比如，教师将基于正念理论的“迷你静心练习”、基于积极心理学原理的“三件好事练习”、基于表达性艺术治疗的“涂鸦日记”引入学生日常体验中，通过内化过程，引导学生将知识转化到解决生活问题情境中去，充分提高学生的学习主动性和学习效率。

四、精耕十五春秋，影响效果显著

在学校领导的高度重视下，心理健康教育教学团队20余位专兼职授课教师积极开展教学研究、获得多项教学奖励。陈阳教授先后获得“辽宁省高校心理健康教育名师”、东北大学“我最喜爱的老师”称号；团队中7名授课教师先后获得“辽宁省心理健康教育教师教学竞赛一等奖”；学校连年获得优秀组织奖；“大学生心理与健康教育”课程入选2020年辽宁省一流本科课程。

学校在心理健康教育教学中引入丰富多彩的心理健康教育体验活动，对大学生的心理素质教育和心理疏导起到巨大的推动作用，增强了学生学习的主动性，培养了学生的咨询求助意识，营造了良好的学习环境，提高了学生学习效率，对高校整体教学质量提升具有积极的促进作用。

◎“世界精神卫生日”主题宣传活动

走进学生心灵　提升育人实效

——外国语学院“心理育人”工作案例

习近平总书记指出：“思想政治工作从根本上说是做人的工作，必须围绕学生、关照学生、服务学生。”触动心灵的教育才是真正的教育。为了让思想政治工作能够真正走进学生的心里，触动学生的心灵，外国语学院一直在不断进行着探索和实践，最终将目光锁定在了辅导员的基础工作——谈心谈话上。外国语学院自2018年开始，将辅导员谈心谈话作为重点工作来抓，逐步实现谈心谈话工作常态化、制度化、规范化。在工作中不断丰富谈心谈话的内涵，坚持分类指导，因材施教，一期一谈，精准思政，在传承中创新，强化思想引领，坚持问题导向，打通育人的“最后一公里”，全面提升育人实效。

一、顶层设计、统筹规划，谈心谈话工作有高度

开展谈心谈话工作是辅导员履行岗位职责的基本要求，是辅导员的一门基本功，是贯彻《高校思想政治工作质量提升工程实施纲要》“心理育人”的重要载体。无论思想政治教育方式方法如何改变，谈心谈话都会因其直面学生、沟通深入等优势而具有不可替代的育人功能。

为切实发挥辅导员在立德树人过程中的骨干作用，外国语学院不断探索辅导员谈心谈话工作机制。在不断的实践和摸索中，于2018年最终形成了辅导员谈心谈话工作制度，制定了《外国语学院辅导员谈心谈话工作实施细则》《外国语学院辅导员谈心谈话操作规范》，对辅导员谈心谈话工作作出了明确细致的要求。辅导员每学期要和所带的所有学生至少进行一次谈心谈话，真正做到一期一谈、一生一策，谈心谈话全覆盖。依据学生共性发展规律和个性成长特点，谈心谈话内容也有所不同。此外，为确保谈心谈话工作扎实推进、顺利实施，学生工作办公室每两周召开一次专项例会，专门交流研讨谈心谈话工作。

在开展谈心谈话工作过程中，辅导员做到三个“有机结合”，即将谈心谈话与思想

引领有机结合、谈心谈话与学生日常管理有机结合、谈心谈话与解决学生实际问题有机结合，使谈心谈话成为学习贯彻习近平新时代中国特色社会主义思想、培育和践行社会主义核心价值观的有效载体，成为满足学生成长发展需求、践行“三全育人”理念的良好平台，成为走进学生心灵、解决学生思想问题和实际问题的重要手段，成为提升思想政治教育亲和力和针对性的有力武器。

二、精琢细研、深度辅导，谈心谈话工作有厚度

外国语学院不断完善谈心谈话工作方法，规范谈心谈话工作流程，创立了一整套完备的谈心谈话工作机制。

根据对象和目的的不同，谈心谈话主要分为两种类型：以了解和关心学生的思想、工作、学习、生活等情况为主要目的，按照计划适时开展的一般性谈心谈话；以帮助学生解决特殊的、突发的等个性化问题为主要目的，在问题发生的第一时间需要及时开展的特殊性谈心谈话。

谈心谈话工作坚持“二四六原则”，即以个别谈话和团体谈话两种形式；深入课堂、寝室、校园、网络四大空间；和学生谈理想、谈人生、谈学业、谈生活、谈奋斗、谈感情等六项内容。在个别谈话时又创立了“一三五谈心谈话法”，即谈心谈话形式为一对一；谈心谈话过程分为准备、实施、总结三个阶段；谈心谈话坚持平等尊重、目标明确、有备而谈、谈话必记、谈话保密五个原则。

◎辅导员与学生谈心谈话（一）

外国语学院全体辅导员统一思想、提高认识，克服困难、变被动为主动，有效解决了谈心谈话的滞后性问题，牺牲大量的个人休息时间，完成谈心谈话工作。以 2020 年为例，上半年疫情期间，完成本科生全覆盖的一对一线上谈话；下半年又开启了第二轮线下谈话。以一名辅导员带 200 名学生为例，每学期与每名学生进行一次谈心谈话需要约 40 分钟，200 名学生共需要近 140 小时，需要撰写 2~3 万字的谈心谈话记

录。这是一项耗费巨大精力的工作，没有高度的政治觉悟、责任意识和奉献精神是完不成的。

三、启智润心、精准思政，谈心谈话工作有效度

外国语学院重点推进谈心谈话工作以来，辅导员对大学生思想政治教育的认识不断提高，对工作的投入不断增加，和学生之间的感情日渐融洽，解决学生的思想问题和实际问题的能力不断提升，学生获得感不断增强，育人效果明显。这主要体现在以下几个方面。

心理育人氛围逐渐形成。亲其师，才能信其道，建立良好的师生关系是辅导员开展工作的保障。特别是对于低年级学生，辅导员给学生的第一印象至关重要。辅导员只有主动了解学生需求，工作不留死角，想学生之所想，学生才会发自内心地接纳辅导员、信任辅导员。通过谈心谈话，辅导员和学生之间增进了感情，建立了良好的师生关系，形成了良好的育人氛围，后续开展工作自然得心应手。

◎辅导员与学生谈心谈话（二）

心理育人实效不断增强。“感人心者，莫先乎情。”学院全体辅导员的用情用心和无私奉献，化解了一个个问题和危机。一名同学专业学习遇到了困难，曾一度因为学习压力大而抑郁，产生了退学的念头。辅导员通过谈心谈话帮助她进行自我分析，确定职业目标。经过多次谈心，这名同学终于客观地认清了自我，找到了自己的职业目标，学习也充满了动力。还有一名同学遇到了情感方面的困难，情绪低落，陷入困境。辅导员详细了解事情经过，认真倾听学生的感受，稳定学生的情绪。经过近一个小时

的疏导，这名同学的情绪得到了缓解，心结也逐渐打开。经过几次谈心谈话，这名同学逐渐走出了困惑，全身心地投入到学习和生活中。

这样的例子还有很多，学生在学业、情感、心理、就业、职业规划等方面的诸多问题，辅导员都能够通过谈心谈话来解决。谈心谈得多、谈得好，学生的烦恼自然少。辅导员找到了一把解决问题的金钥匙，思想政治教育更有针对性和实效性。

◎辅导员与学生谈心谈话（三）

思想引领效果日益凸显。思想政治教育不是空洞的说教，解决学生的思想问题往往是从解决学生的实际问题开始的。通过谈心谈话，辅导员首先帮助学生解决实际问题，赢得学生的信任和尊重。进而通过辅导员的人格魅力和影响力解决学生的思想问题，进行价值引领和思想理论教育，达到润物无声的效果。学院的谈心谈话工作做得深入彻底，收到了良好的育人效果，有效解决了育人的“最后一公里”问题。

辅导员专业化水平逐步提升。教育者先受教育，才能真正做到既言传、又身教。为做好谈心谈话工作，辅导员需要提高站位，明确职责，不断加强马克思主义相关理论、心理咨询技术等方面的学习，提前做好准备工作，以应对不断出现的新问题。与学生谈心谈话后，辅导员还要做好记录和分析，总结经验，凝练成果。经过几年来的实践，学院辅导员的理论水平和工作能力不断提高，专业化水平逐步提升。

学生工作质量明显提高。新形势下的谈心谈话工作，既是思想政治教育优秀方法的传承，也是融合了心理咨询技术、生涯咨询技术、教练技术等方法，不断推动思想政治教育内涵式发展的创新。相较于以前被大量事务性工作所羁绊，疲于应付，现在辅导员将谈心谈话融入日常事务性工作之中，工作状态从过去的被动解决问题型转变为现在的主动了解调研型，随之而来的是工作质量的显著提高。

经过几年的探索与推进，学院的谈心谈话工作体系已经形成，并收到了良好的育人效果。学院学生工作整体运行良好，成效显著。学院的谈心谈话工作得到了学校的肯定并在全校范围内推广，有3人被评为“东北大学谈心谈话先进个人”，学生工作办公室也获得了“东北大学青年文明号”荣誉称号。

以生为本、突出特色 构筑工科大学生的心灵“防火墙”

——计算机科学与工程学院“心理育人”工作案例

当代大学生在纷繁复杂环境的影响下，产生越来越多来自学习、就业、经济和情感等方面的压力，加强大学生心理健康教育早已成为全面推进素质教育的迫切要求。根据《高等学校学生心理健康教育指导纲要》的指导思想，计算机科学与工程学院以学生为本，在学生指导服务中心的指导下，以“贴近实际、贴近生活、贴近学生”为原则，以“引导学生树立正确的世界观、人生观、价值观”为目标，加强学院心理辅导站建设，构筑二级学院心理健康教育工作体系，促进学生心理健康素质与思想文化素质协调发展，提升学生心理健康教育工作质量。

一、形成以三级体系、双向互动为保障的工作机制

学院将日常思想政治教育与心理健康教育相结合，完善工作队伍建设，建立心理健康教育三级网络体系、心理危机预警机制与反馈机制，组成了一支师生结合、紧密联系、素质良好的心理健康教育队伍。

学院心理健康教育三级网络体系由工作领导小组、学院心委会、心理委员和心理助教员三层组成，层层深入，步步推进，互相沟通，互为支撑。学院建立了心理问题排查、特殊学生关注、心理晴雨表报送等心理危机预警机制，对应建立多级反馈、专人负责、持续关注等反馈机制，不断提高心理危机预防干预专业水平。

二、构筑以团体交流为主线的心理活动体系

根据学生的身心发展规律，学院科学开展心理健康教育工作，逐步构建并完善以团体交流为主线的心理活动体系，拓展心理健康教育途径，有效增强了学生心理健康

意识，切实解决了学生思想、心理问题，营造了良好的心理健康教育氛围。活动主要内容包括心理主题班会、心理茶话会以及“5·25”系列心理活动。

（一）心理主题班会

学院十分重视发挥班集体建设在学生心理健康教育中的重要作用，组织心理委员在各班级每学期至少召开一次主题心理班会，普及心理健康知识，引导学生关注心理健康，充分调动学生在心理方面自我认识、自我教育的积极性和主动性。

◎计算机科学与工程学院心理知识竞赛决赛

某大三班级心理委员赵晓（化名）说：“现在班级同学正处于就业还是考研的焦虑选择中，我以此为契机召开了一次心理主题班会，带领大家做放松体验，结束后大家都反映，心里没那么沉甸甸的了，我很高兴能够为班级同学解决一些困扰。”

（二）心理茶话会

为提升心理健康教育工作的质量，学院定期邀请各级心理工作成员召开心理茶话会，对心理案例和工作方法展开交流讨论，开展心理健康教育工作队伍业务培训，促进工作水平提升。根据学生学业安排每学期召开至少 2 次心理茶话会，分别进行新学期心理工作安排布置和学期末心理工作总结交流，邀请心理健康教育中心老师、学院兼职心理咨询师开展专题讲座，包括“朋辈教育辅导”“团体心理辅导”等，疫情期间在心理委员层面开展“画解”情绪涂鸦日记等支持性网络团体培训及体验活动。

（三）“5·25”系列心理活动

以“‘5·25’全国大学生心理健康日”为契机，开展心理健康教育系列活动，创造性开展心理故事会第一季之“战‘疫’印象”活动，搭建心理健康知识普及新载体，并将心理演讲比赛、心理情景剧大赛纳入心理故事会系列活动，不断增强心理健康教育的吸引力和感染力。学院连续五年开展“5·25”心理健康知识竞赛活动，共有527人参与其中，参与人数逐年递增，这项活动在测验同学们心理健康知识掌握程度的同时，也激发了大家了解心理健康知识的兴趣。该活动多次获评学校心理健康教育中心重点项目。

◎计算机科学与工程学院心理健康墙

第一次参与心理健康知识竞赛的大一新生董明（化名）同学说：“原本以为心理知识枯燥无聊，没想到这个比赛还挺有意思，既能收获一些知识，又能了解自己的心理健康情况，明年我还想试试。”

三、丰富基于积极心理体验的多样教育形式

学院把心理健康教育纳入整体思想政治教育工作体系中，大力倡导学生参与各种形式的心理健康教育活动，通过丰富的线上、线下教育形式，引导学生用积极心态面对心理问题。

设置心理健康墙，展示学院学生心理健康教育工作的内容和成果，为同学们推荐心理书籍，提供心理咨询和疏导途径。“心愿墙”是心理健康墙的重要组成部分，承载

了学生们对自我的期盼和对美好生活的向往。

开通“解忧杂货铺”信箱，学生们可以将自己的问题和烦恼投入信箱。这种轻松的方式给了学生们一个愿意倾诉的机会，也使辅导员更了解学生们真正的心理困惑。学院会定时安排辅导员和专业的心理老师对信箱中的问题进行回信，据统计，“解忧杂货铺”已回信 118 封，已实际解决 100 余位同学的烦恼问题。同时学院继续拓展“解忧杂货铺”服务途径，创新活动形式，开通线上“解忧杂货铺”通道，有针对性地解决学生们的心理健康问题。

设置“小 C 解压角”，在学生宿舍公共区域的角落摆放一些解压玩具供同学们使用，帮助同学们疏解压力。这些解压玩具均通过质量、安全检测，且在实验中表现出良好的解压效果。

◎计算机科学与工程学院“解忧杂货铺”

创办“云上解忧岛”专栏，依托学院微信公众号在开学季、考试周、考研季等重要时间节点推送相关心理故事，宣传心理健康知识，倡导健康生活方式。

经过多年实践探索，学院完善了以心理健康教育三级网络体系为依托，以学院心理危机预警和反馈机制为保障，以团体交流为主线的心理活动体系为载体，以基于积极心理体验的多样活动形式为核心的学生心理健康教育体系，将日常思想政治教育与心理健康教育相结合，工作扎实，效果良好，使学院心理健康教育的覆盖面、受益面不断扩大，学生心理健康意识明显增强，心理健康素质普遍提升。

管理育人

GUAN LI YU REN

以『三育人』活动立项助推『三全育人』

全面加强师德教育　系统提升育人能力

采矿工程系创新人才培养新模式

深挖资源、激活优势　思想引领与专业教育同向同行

开展『求真』发展系列主题活动　助力一流师资队伍建设

立德树人、以本为本　精心打造班导师TREE『素』成长计划

建设『一体四维』师德师风建设长效机制

精准施策、温情关怀　以管理的智慧深入推进战『疫』工作

以“三育人”活动立项助推“三全育人”

——东北大学工会委员会“管理育人”工作案例

东北大学工会紧密围绕学校“三全育人”综合改革试点高校建设要求，积极响应学校党委号召，创新育人平台，挖掘育人力量，统筹设计、认真组织、全面保障，以管理育人为主渠道，开展“三育人”活动立项工作，为基层工会小组打造了满足学生成长诉求、时代发展要求、社会进步需求的优质平台。经过多年实践，项目成果丰硕，凝练出鲜明的育人文化特色，获得师生一致好评，已成为校园中不可替代的育人品牌。

一、激发基层工会小组活力，构筑师生成长发展共同体

通过走访调研，校工会发现，学校校园文化活动主要覆盖于学生群体，广大教职工较难参与且缺少活动平台。在此基础上，为着力破解学校思想政治工作领域存在的不平衡不充分问题，校工会勇于担当作为，创新激发基层工会小组活力，设计开展“三育人”活动立项工作。

“三育人”活动立项要求各工会小组师生共同参与，以理想信念教育为核心，以社会主义核心价值观为引领，以全面提高人才培养质量为关键，围绕教书育人、管理育人、服务育人等主题，制定活动方案，申报活动立项，并按照立项方案组织开展活动。

为保障监督实效，校工会建立了与各基层工会小组对接的模式，激发和调动工会小组的整体能动性，引导其积极参与活动方案立项、有效实施立项活动方案、努力实现育人效果。针对优秀活动立项及工会小组，集中进行评奖表彰，划拨专项经费予以支持，鼓励敦促更多的工会小组探索构筑师生成长发展共同体。通过工会小组自身不断积累经验、凝练特色和宣传推广，最终形成自我培养、自我展示和自我提升的常态化良性循环。

近年来，校工会为营造良好的“三育人”活动立项工作环境，已将此项工作纳入分工会工作规程，并将其作为考核评价分工会工作的重要指标。各分工会高度重视，积极动员，踊跃参与，每年有900余名教职工和2000余名学生参加活动。

与以往工会活动不同，“三育人”立项活动优化内容供给、改进工作方法、创新工作载体，向各工会小组强调两个“必须”，即教职工与学生必须共同参与、活动内容必须突出育人主题。在评审过程中，也将此作为主要原则依据，由此保障育人活动的针对性与实效性。

为监督工会小组认真开展活动，发挥实际作用，活动实施前，工会开展干部培训，培训内容包括安全事项、活动花销财务要求和廉政纪律要求等；活动实施过程中，校工会的同志与活动方案立项工会小组进行对接，直接参与活动并进行记录指导，切实强化育人理念，提高育人质量，更好地服务于学校人才培养目标。

◎江河建筑学院城乡规划系工会小组“师生面对面，共话教与学”师生教学交流座谈会

◎体育部大球工会小组“缔造阳光体育，和谐校园发展”“三育人”素质拓展训练营

二、发挥纽带职能，打造资助育人常态化机制

校工会作为服务广大教职工的群团组织，应充分发挥育人纽带功能，在组织动员、引领教育等载体形式上推陈出新，更好地代表师生、团结师生、服务师生。依托“三育人”立项活动，校工会单列指标、单设标准，进行单独评审，对所有实施活动立项方案的工会小组进行2000元以内额度的资助，同时推出多项监督考核举措，有力打造管理育人常态化机制，为基层工会组织发挥活力提供优渥土壤。

校工会还深入挖掘教职工群体的育人元素，并将其融入整体制度设计和具体操作环节。在活动要求中，规定育人主题，同时要求教职工和学生共同参加，将教学科研与思想政治教育有机融合，使教育教学更有温度、思想引领更有力度、立德树人更有效度，将育人理念落实到每一位教职工。

经过多年实践，一批工会小组所开展的“三育人”立项活动受到了师生的广泛好评。例如，外国语学院大学英语第二教研室工会小组开展的文化通识竞赛、艺术学院实验中心工会小组开展的“安全伴你行”师生日常安全教育活动、理学院数学系工会小组开展的培养创新能力专题报告会、资源与土木工程学院环境工程系工会小组开展的科研创新大赛、冶金学院机关工会小组开展的科技论文写作启蒙讲座、材料科学与工程学院材料物理化学系工会小组开展的“转折与机遇”主题班会、机械工程与自动化学院机关工会小组开展的“学习强国与自身提高”专题座谈会、继续教育学院沈河校区机关工会小组开展的“忆往昔峥嵘岁月稠，喜迎共和国七十华诞”系列活动、后勤工会供暖工会小组开展的“服务‘浴’（育）人——走进浴池活动”、后勤工会供电通讯工会小组开展的“愿做燃灯人，点亮成才路”主题活动等，大大增强了“三全育人”工作的亲和力、吸引力和感染力，让师生在轻松的活动氛围中实现育人效果，彰显了突出的品牌效能。

◎机器人科学与工程学院工会小组到“机器人创新实践基地”培训

◎冶金学院有色金属冶金第一工会小组参观实验室

三、增强师生的归属感、参与感和获得感

各工会小组的教职工在日常情况下，大部分时间忙于各自的工作事务，少有时间进行横向的交流与互动，对于彼此的思想动态、工作状态和内心思考都少有了解。“三育人”立项活动的开展，使工会小组内的各位教职工有机会加深了解，沟通感情和工作，相互交流与学习。大家可以在工会小组长的领导下，通过活动来放松身心、取长补短、化解矛盾、提升自我，既能够感受到组织的活力和温暖，也能够从多角度促进工作和职业能力的发展。

参与“三育人”立项活动的学生来自不同的寝室、班级、学院甚至校区，通过活动相互结识，组建了更多的朋友圈，体验到交往更多朋友的快乐，找到了更丰富的精神依靠和思想寄托，对于增强自信、促进学习甚至身心健康都大有裨益。

在“三育人”立项活动过程中，教职工和青年学生处于同样的时间和空间，通过相互交流与学习来达成共识、促进相互协作、完成活动任务。活动结束后，师生个体在拥有成就感的同时，或多或少都会思考一些诸如“他人为何从那样新颖的角度看问题?”“活动的根本目的是什么?”“活动能够顺利完成的最重要因素是什么?”“通过活动能否总结出普遍性规律?”等问题。有了这样的思考以后，活动中相互交流与学习的成果就会得到进一步的升华和内化，进而促进个人素质的提升。

在“三育人”立项活动过程中，学生们会运用所学的知识来解决活动中所遇到的问题或现象，这样的过程实质上就是把理论与实践相结合、相比较、相验证。如果一致，知识点的记忆会得到进一步夯实；如果不一致，就会引发批判性思考。

全面加强师德教育　系统提升育人能力

——党委教师工作部“管理育人”工作案例

学校将师德师风作为评价教师队伍素质的第一标准，将加强师德教育、提升教师育人能力作为第一要务，在推进实施“三全育人”综合改革的过程中，始终以习近平总书记关于教育的重要论述为指导，以提升教师思想政治素质、职业道德水平与人才培养能力为目标，以“教育者先受教育”为着力点，以师德教育为重要抓手，为打造思想坚定、师德高尚、业务精湛的一流教师队伍提供全面支持，为推进“三全育人”综合改革试点建设提供有力保障。

一、坚定政治方向，优化工作格局，让师德教育更有高度

“三全育人”综合改革实施以来，学校把学习贯彻习近平新时代中国特色社会主义思想作为首要任务，以师德师风建设为重要抓手，不断健全师德师风建设长效机制，推进师德工作体系建设，持续树立大思政工作理念，构建大思政工作格局，形成大思政工作合力。为增强广大优秀青年教师对中国共产党领导和中国特色社会主义事业的认同与理解，学校以建党百年为重要契机，积极推进师德教育与教师思想政治教育、党史教育、“四史”教育深度融合，将“习近平总书记关于教育的重要论述”“十九届五中全会重要精神”“国情省情教育”等作为师德师风教育的重要内容，加强党对教育工作的全面领导、推进教师队伍思想政治工作、提升教师思想政治素质和职业道德水平，为实现“让优秀的人培养更优秀的人”提供强大思想保障。

二、完善制度建设，健全培训体系，让师德教育更有力度

为建立常态化、长效化学习培训制度，更好地引导广大教师增强学习意识、提升学习能力，学校持续加大师德教育力度，先后印发《关于学习贯彻习近平总书记教师节重要讲话精神的通知》《关于做好教师理论学习工作的通知》《师德专题教育实施方

案》系列文件与有关学习材料，在健全理论学习机制、明确培训学时要求、探索建立培训档案的同时，要求各部门认真落实上级精神，明确学习重点、制订学习计划、健全学习制度，引导广大教师在学深悟透、融会贯通、真信笃行上下功夫，争做“四有”好老师，当好“四个引路人”，坚持“四个相统一”。在加强正向引导的同时，学校充分发挥师德违规问题典型案例警示教育作用，印发《关于加强师德师风警示教育有关工作的通知》等系列通知，进一步加大师德警示教育力度，规范教师职业行为。

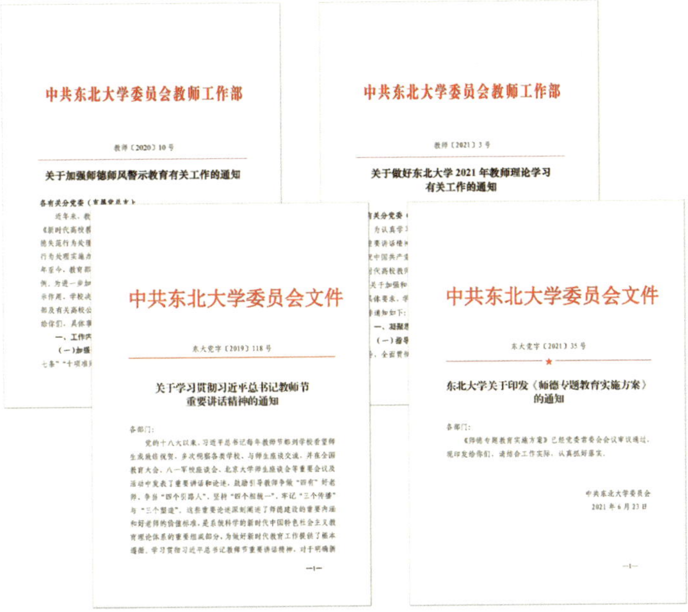
中共东北大学委员会教师工作部

教师〔2020〕10号

关于加强师德师风警示教育有关工作的通知

中共东北大学委员会教师工作部

教师〔2021〕3号

关于做好东北大学2021年教师理论学习有关工作的通知

中共东北大学委员会文件

东大党字〔2019〕118号

关于学习贯彻习近平总书记教师节重要讲话精神的通知

各部门：

党的十八大以来，习近平总书记每年教师节都到学校看望师生或致信祝贺，多次视察各类学校、与师生座谈交流，并在全国教育大会、八一军校座谈会、北京大学师生座谈会等重要会议及活动中发表了重要讲话和论述，鼓励引导教师争做“四有”好老师、争当“四个引路人”、坚持“四个相统一”，牢记“三个传播”与“三个塑造”。这些重要论述深刻阐述了师德建设的重要内涵和好老师的价值标准，是系统科学的新时代中国特色社会主义教育理论体系的重要组成部分，为做好新时代教育工作提供了根本遵循。学习贯彻习近平总书记教师节重要讲话精神，对于明确新

—1—

中共东北大学委员会文件

东大党字〔2021〕35号

东北大学关于印发《师德专题教育实施方案》的通知

各部门：

《师德专题教育实施方案》已经党委常委会会议审议通过，现印发给你们，请结合工作实际，认真抓好落实。

中共东北大学委员会

2021年6月23日

—1—

◎加强制度建设，先后印发系列师德教育类制度文件

三、加强思想引领，实施人文关怀，让师德教育更有温度

本着以教师为本，加强对教师关心关爱的原则，学校加强教师日常思想引领，注重实施人文关怀。为贯彻落实习近平总书记关于坚决打赢疫情防控阻击战的重要指示精神，学校在疫情防控初期起草发布了《东北大学致全校广大教师的一封信》，引导全体教职工增强大局意识、坚定必胜信念、展现教师风采、积极奉献社会，为坚决打赢疫情防控阻击战提供强有力的思想保障；在疫情防控常态化背景下，下发《关于做好对教师关爱和思想动态把控有关工作的通知》系列文件，关心教师工作生活状况，精准掌握教师思想动态；发布《致海外留学人员的一封信》，加强对重点教师群体实施人文关怀，并激励广大教师积极向学生与社会传播正能量。

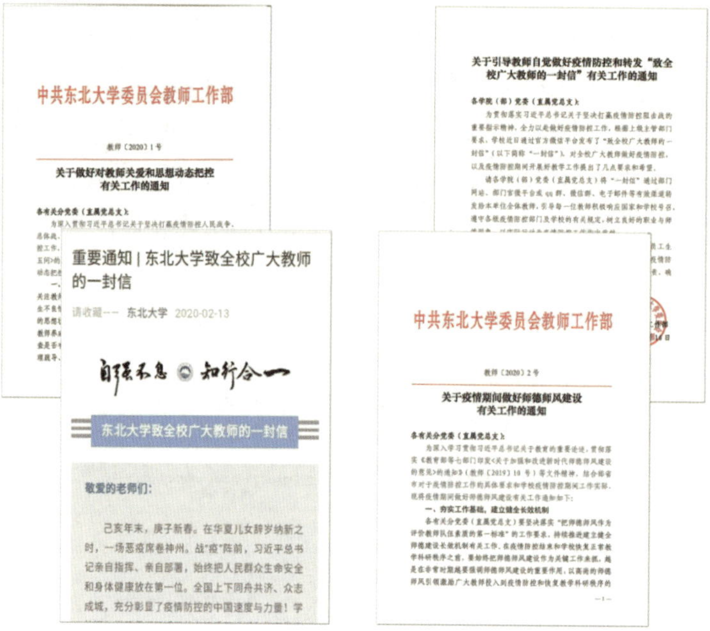

◎通过发布文件、信件等形式加大人文关怀实施力度

四、提升教育质量，实施分类培训，让师德教育更有准度

◎ 2021 年优秀青年人才培训班开班式

为提升师德教育质量，进一步丰富师德教育内容体系、扩大培训受众，学校打造了以“三新教师”（新入职教师、新晋升职务教师、新遴选博士生导师）师德师风专题培训为代表的品牌活动，建立起必修与选修相结合、专题与校本相结合、线上与线下相结合的立体化培训体系。在完善常规培训的同时，学校结合各类教师不同阶段成长发展特点，制定个性化培训方案，实施针对性、阶段性引导教育。例如，面向优秀青年人才、海外归国教师等开展优秀青年人才培训班暨国情省情教育活动；以教师节等重要节日为契机，面向青年教师、新晋升教授等开展教师节座谈；每两年面向全校基层教学科研组织负责人开展“十项准则”学习教育等专题培训；定期组织各部门师德师风建设工作主要负责人、骨干教师等参加师德类网络培训。

五、创新培训形式，丰富学习资源，让师德教育更有效度

◎东北大学卓越青年教师培训班学员前往井冈山红色教育基地开展党史实践教育

为促进师德教育组织有效、实施有法、落实到位，学校积极探索方式方法创新，录制《新时代高校教师职业行为十项准则》教育微视频，逐条解读“十项准则”的内涵和外延，探索建设“十项准则”微课程；建立并完善了“东北大学教师在线学习中心”，累计上线 277 门培训课程，为教师自主学习提供了丰富资源与便捷条件；面向全校教师开展“聚焦‘金课’建设　助力教学改革”“让思政元素有效融入课堂”等 43 期卓越教师工作坊，为教师创新育人理念、提升育人能力提供了高质量学习与互动平台；充分利用红色教育资源，举办 6 期“优秀青年人才培训班实践教育活动”，组织 132 人次优秀青年人才、海外归国教师、青年骨干教师等前往井冈山、抗美援朝纪念

馆、东北抗联史实陈列馆、大梨树村等地开展实践研习，为青年人才成长发展提供强大精神动力。近年来，学校师德师风与教师发展类培训获得了广大参训教师的一致认可，培训满意度始终保持在 95% 以上。

加强师德教育，是培养师德高尚一流教师队伍的有力抓手，在推进“三全育人”综合改革过程中发挥着积极的促进作用。在持续的探索与实践中，学校逐步建立并完善了全过程、全覆盖、有效果的师德教育培训体系，为推进“三全育人”综合改革的实施与提升立德树人成效提供了有力支撑。2019 年至今，学校涌现出一大批辽宁省教育系统最美教师、辽宁最美科技工作者、沈阳高校师德标兵、沈阳市师德先进个人等优秀教师典型；一系列反映学校教师优良精神风貌的短视频作品获评教育部教师风采视频征集活动“入围奖”。

◎东北大学教师获多项师德类荣誉称号

采矿工程系创新人才培养新模式

——资源与土木工程学院“管理育人”工作案例

东北大学采矿工程创新实验班于2016年9月创建并招收第一届学生，截至2020年已经连续招生四届。该班型以推进学校一流人才培养工作、探索创新人才培养新途径、提升人才培养质量为目标，采取优先选拔、本科导师制、小班化教学、专业奖学金、国际实习、本博贯通培养等制度，致力于培养国际化、创新型高级采矿工程人才。创新实验班的创立和实践为东北大学人才培养模式开辟了新途径，起到了良好的示范带动效应。

东北大学采矿工程专业有着辉煌的历史，曾经有一大批国内知名学者铸就了采矿工程学科全国排名第一的成绩，以“热血青年、献身矿业、刻苦学习、敬业报国”著称的“五四煤”班，一直是学校人才培养的成功典范，“五四煤”精神至今为人传诵。面对未来“深部开采、智能采矿、绿色开发”的行业发展趋势，为提高采矿工程专业生源质量，实现东北大学采矿工程学科提升跃进，结合教育部新工科建设的总体要求，学院在冯夏庭教授（2016年任资源与土木工程学院院长）的倡议下创建了采矿工程创新实验班。该实验班按照宽口径、重实践、国际化的原则，培养创新能力突出，基础理论扎实，有较强组织能力、社会活动能力和语言文字表达能力的创新型、国际化人才。

◎ 2016级创新实验班见面会

一、精准定位，大力创新，构建独具特色的培养模式

本着“厚基础、宽专业、重实践、国际化”的指导方针，东北大学采矿工程专业凝练出自身发展特色，以金属矿床深部、安全、高效开采为核心，发展绿色开采和智能开采，将专业知识与前沿技术相结合，构建专业核心课程、实践教学与科研活动相结合的创新人才培养体系，提高专业课程双语教学和国际交流比重，培养新型工业化、国际化的采矿工程专业人才。为此，资源与土木工程学院成立了创新实验班领导小组和执行小组，负责实施对创新实验班建设的选拔、指导、协调与管理。采矿工程系制定了单独的培养方案，进一步优化课程体系，突出创新能力和实践能力的培养。构建了专业课程实验、科学实验、虚拟仿真、3D 打印创新实验相结合的创新实验教学体系，不断提高学生的创新能力。在创新实验班基础上实施本博贯通培养，打造一体化人才培养模式。

二、集中资源，多措并举，全方位提高创新人才培养质量

创新实验班在大一新生入学后即在全院范围内选拔优秀生源 20~30 人组建班级。创新实验班采取学业导师制，导师由采矿、力学等学科教学经验丰富、教学水平一流、具有较高学术造诣的教师担任。教学管理中采取单独的培养方案，建立了本硕一体化课程体系。创新实验班强化主动实践和创新精神的培养，采取引导式、启发式、探究式等教学方式，强化实践教学环节，优化实践课程体系。

教学管理实行小班化教学，将全院的优质教学资源集中到实验班，选派优秀教师承担实验班的教学任务，聘请教学名师和企业专家担任部分课程的任课教师；开设学院内现有的校级及以上精品课程；大幅度提高课程体系中双语课和全英文课程的比例。在大二年级，择优赴国外高校或企业开展 2 个月的国际交流与实习。鼓励学生选择“2+2”合作培养模式；鼓励创新实验班学生在大学四年期间发表论文或申请专利。创新实验班研究生推荐免试名额是普通班级的 2~4 倍。优秀学生可申请进入本博贯通班，让优秀的创新实验班学生继续在东大攻读博士学位，为学科发展储备优秀人才。

三、争取资源，开拓视野，培养创新型国际化一流人才

采矿工程创新实验班最初定位目标中就包含培养国际化的一流人才。为此，全院集中资源并积极争取学校支持，每年提供 20 万~30 万元经费，在创新实验班选拔

5~10 名优秀学生前往国外进行国际实习。2018 年和 2019 年，学院分别选拔 2016 级和 2017 级创新实验班优秀学生前往加拿大进行了国际实习，期间，这些学生参观了 SNOLAB 实验室、Creighton Mine 矿山及劳伦森大学采矿实验室等。在国际实习中，学生开阔了国际视野，激发了科研热情，坚定了学习信心，取得了良好的效果。2016 级创新实验班刘旭同学参加了“2+2”培养模式，代佳佳同学考取了加拿大 UBC 大学硕士研究生。

◎ 2016 级创新实验班选拔学生前往加拿大进行国际实习

◎ 2017 级创新实验班选拔学生前往加拿大进行国际实习

四、优中选优，留住人才，实施本博贯通培养

培养精英人才，推动学科发展是高校义不容辞的责任。从 2018 年开始，东北大学成立采矿工程本博贯通班，先后组建了 2016 级、2017 级、2018 级、2019 级四届本博贯通班，共计招收 41 名优秀学子开展本博贯通教育。本博贯通教育调整了培养大纲，优化了课程体系，重构了培养模式，贯通了本博教育；学生大学二年级进入导师课题组，以大学生创新实验室为抓手，积极参与文献分析、开题培训、中英文科技论文撰写、专利与写作培训、无界课堂等学术活动，奠定了坚实的科研基础，培养了良好的科研习惯，开阔了国际化的视野。经过系统培训，本博贯通学生本科阶段参与大创项目的比例为 100%，参与科技论文撰写与发表的比例为 85%，参与导师项目的比例为 100%，参与国际交流与海外实习的比例为 80%。

五、上下一心，精心培育，第一届创新实验班成果丰硕

第一届创新实验班——采矿 1603（创新班）同学经过四年努力取得了骄人的成绩，平均成绩 84.06 分，位列专业、年级双第一；大学英语四级通过率为 94.8%，六级通过率为 68.42%；三年累计获奖学金超 27 万元，人均获奖学金 1.4 万元；班级同学获

校级奖励百余项，校级以上奖励13项，其中国家级奖励8项；全员参与大学生创新实验训练计划，参加挑战杯项目1项、采矿工程实践作品大赛3项；发表论文7篇，获得发明专利2项、国家级科技创新奖项8人次；在毕业推免工作中，该班级19名同学获得13个推免资格，另有1名同学选择留学深造，综合免试深造率为73.7%，其中“保内”升学占50%，考研人数4人，班级学生继续在本校深造的比例为50%，继续研究矿业相关学科比例为100%，这充分体现了班级同学不忘初心、牢记使命，不断助力东北大学“双一流”建设的强烈意愿和为祖国矿业发展奋斗终身的坚定决心。

东北大学采矿工程创新实验班是学校贯彻落实《国家中长期教育改革和发展规划纲要（2010—2020年）》及《东北大学“十三五”发展规划》文件精神所采取的创新举措，是在新工科建设背景下改革现有人才培养模式、创新人才培养体系的创举。创新实验班的成立进一步发挥了采矿工程专业的学科特色，加速了专业人才培养模式的改革步伐，创新了人才培养新途径，提升了人才培养质量，为专业吸引了优秀生源，为学科发展奠定了人才储备基础。

通过创新实验班的创立和实践，采矿工程专业在人才培养模式上有了更加深刻的认识，积累了宝贵的经验。采矿工程专业将以此为契机，继续完善各项培养制度措施，深入推进教学改革，积极探索，勇于创新，助力学校“双一流”建设，努力谱写东北大学采矿工程专业的新篇章。

深挖资源、激活优势 思想引领与专业教育同向同行

——冶金学院“管理育人”工作案例

冶金学院创新班导师工作，构建思想引领和专业教育融合相长，辅导员队伍和专业教师协调互补的育人模式，形成一年级班级由专任教师个体担任班导师，二、三、四年级班级由研究所集体担任班导师的育人工作格局。研究所根据“一人一班”的原则，指派所内师德好、作风硬、责任心强、有热情、有精力的固定教师担任所带班级的班导师，班导师工作由研究所统筹。学院建立了班导师绩效奖励考核办法，年终时会将当年班导师绩效纳入研究所团队的绩效考核。学院专任教师参与班导师工作人数达到100%。

一、工作内容与特色

◎冶金学院班导师工作“Teamworking”创新模式研讨会

（一）统一思想，明确职责，联合推动全方位育人

冶金学院领导高度重视学生思想教育工作，定期召开培训会、研讨会、中期总结会及考核会，强调班级指导工作的重要性，围绕提升人才培养质量的目标，立足专业特色和学生特点，为班导师工作的开展提供指导方向。全院教师育人理念明确，达成“三全育人”共识，稳步推进各项工作开展。

（二）政策保障，纳入学院绩效整体工作

学院修订完善《班导师工作绩效考评实施办法》，将班导师工作纳入教师考核体系，大幅度提升班导师和研究所指导学生的绩效奖励。例如，班导师工作年度考核为优秀的教师个人，其绩效加分与指导获得校级优秀博士学位论文或者获评校级教学成果二等奖相当；班导师或研究所成员开展招生宣传，推荐学生就业，以及参加关乎学生学习成长的重要活动，根据实际情况确定绩效分，报学院审批备案后计入教师年终绩效。学院对班导师以及研究所指导班级工作的考评，主要从学生测评、过程考评及结果考评三个方面进行考量计算。绩效奖励政策和考评实施细则的制定，既明确了班导师和研究所指导学生的目标任务，又为专任教师全过程参与学生思想教育和人才培养提供了有力保障。

同时，学院每年至少召开 3 次较大规模的班导师工作会议、学生工作会议，以此进行专题交流研讨，科学完善、改进、推动班导师工作，确保班导师工作在不同的时期都能坚持打好“共识、融入、协同、评价”四个攻坚战，使“三全育人”工作落地见效。

（三）协同推进，固化团队班导师常项任务

◎姜茂发教授与师生座谈交流会

教学、科研与管理协同。基于大一年级学生过渡适应阶段的特点和打基础定目标的发展需求，学院在一年级新生中延续了由教师个人担任班导师的制度。在一年级班导师的选聘过程中，通过教师自主报名、党委审核选拔，每年对 16 位年富力强的优秀教师进行动员、教育、培训并颁发聘书。

每年迎新当日，全体新生班导师下寝室、走班级、召开家长交流会，家长及学生对此给予积极反响。二、三、四年级的“团队班导师”——研究所也积极有序地开展班级对接指导工作。每年 3 个年级共 48 个班级，按照专业对口、年级交叉的原则分别由 21 个研究所对接指导。研究所通过开班会、谈心指导和全方位教育，使学生获得了更多与科研团队带头人面对面交流的机会，同专业不同年级的学生之间也通过研究所架设起了互通桥梁，教师进入学生寝室或者对学生开展个别指导日渐增多，在就业指导工作中发挥了更大作用。例如，不少研究所向学院推荐相关就业企业，委派教师带队参与就业市场开发，邀请科研合作伙伴与学生座谈交流等。

◎姜周华教授为学生作报告

专任教师与辅导员协同。建立辅导员与研究所专任教师定点联系工作机制，互相沟通学生思想动态和特殊问题，提示督促教师们关注班级学业情况，促进学风改善，开展主题教育，引领学生成长。除了强化班导师工作体系，学院还着手建立了由优秀研究生和高年级本科生组成的兼职辅导员队伍。

党支部与研究所协同。党支部在学院党委的领导下，认真指导、监督研究所开展班导师工作，及时将党委最新指导学生意见传达给研究所教师，并协调解决教师在工作中遇到的问题。

二、工作实效

（一）学无常师，形成全员育人良好氛围

冶金学院“团队班导师”育人工程实施以来，专任教师参与本科生育人工作的热情被激发，积极性被极大调动，研究所自身育人优势被激活，为学生提供了多方面且

有针对性的指导。大一年级班导师年平均指导班级、寝室等集体活动322次，平均每人指导学生集体活动次数高达20次，是往年被评为优秀班导师人均投入工作量的4倍，研究所指导班级、寝室、个人每年1000余次，学生对班导师工作表示满意认可。

（二）师生认可，增加实施创新模式自信心

学院改革实施班导师工作模式以来，得到了广大师生的认可和支持。2016级本科学生袁继忠说：“刚入学的时候，很多同学对考取的专业不是很感兴趣，对未来比较迷茫，听了班导师对专业的解读及对本专业就业情况和发展方向的介绍，大家都觉得像是吃了一颗定心丸，对今后的大学生活充满了希望。”团队班导师负责人、炼铁研究专家沈峰满教授对新实施的班导师制度表达了肯定和支持，他说：“研究所形式的班导师可以和辅导员的工作互相配合，更加全面地关心和帮助学生的成长，同时有利于学生接触自身专业，为今后的发展奠定良好的基础。”

（三）教学相长，促成全方位育人新格局

◎朱苗勇教授为对接本科生班级学生进行学业、科研指导

冶金学院“团队班导师”育人活动是以研究所为单位的科研团队担任“班导师”，既能发挥不同层次、不同年龄教师的个体力量，又能发挥团队协作的集体优势，能够更好地满足本科生多样化、个性化的发展需求。

从人员结构上看，研究所内既有学术带头人，又有阶段成长的研究梯队；既有教学科研经验丰富的资深教授，又有业绩突出的青年骨干；既有博士生，又有硕士生。对于本科生而言，这样的指导团队说服力更强，方向更明确，方式方法更科学、灵活，全方位育人效果更好。

从指导内容上看，研究所的专任教师不单纯完成课堂教学、科学研究等任务，还从人才培养、团队建设的长期发展着眼，将本科生、硕士生、博士生的培养连成一线，形成独具特色的育人体系。

从指导方式上看，科研团队参与本科生教育管理及人才培养工作以来，“立德树

人”的育人愿望强烈，工作热情高，在激发学生强烈自豪感与归属感的同时，也为学院培养优秀人才起到重要的作用。

从指导效果上看，学生近距离接触专任教师、学术科研，对所学专业学科发展、科研前沿有更为直观的感受与理解，易于更早、更好地培养学生对本专业的兴趣，树立本专业从业信心，积极主动投入到专业学习与职业规划中。

从学生发展上看，学生能够获取更多积极、有益的正能量，懂得勤学，学会思考；懂得务实，学会协作，从而在面对困难和问题的时候，做出正确的判断和选择，助力更好成长和发展。

近年来，学院“零”挂科班级达 10 个；挂科率降低 8%；校优秀团日比例大幅提升，冶金 1608、1703、1704、1705 班实现全年 6 次全优秀。学生对班导师工作年终测评满意率为 92%。

随着班导师、研究所指导班级工作的逐步深入，冶金学院学工系统与教学系统协同“作战”，教师主导与学生自主协同奋进的育人模式业已形成，学院全员参与学生思想教育、将思想教育与知识教育融会贯通的工作格局全面铺开，育人优势逐步凸显。

开展“求真”发展系列主题活动 助力一流师资队伍建设

——材料科学与工程学院“管理育人”工作案例

让教育者先受教育是全面推进“三全育人”工作的重要基础，必须牢牢夯实育人队伍建设的根基，增强育人意识、强化育人职责、提升育人能力，确保育人无不尽责、育人成效落在实处。材料科学与工程学院围绕“信念、师德、育人、科研、廉洁、健康、集体、成果”等八个方面主要发展问题和要求，设计开展八个“求真”发展主题系列活动，切实加强广大教职工思想政治教育和人才队伍建设。依托党支部、基层学术组织、工会小组，结合时政热点、单位工作需要、教职工需求，通过文体活动、理论讲座、学术交流、新入职教职工培训等载体，围绕主题灵活设计实施，凝练学院“求真”文化，突显价值引领、团队建设和大成果导向，服务广大教职工成长发展，全面提升教职工队伍思想政治素质和工作水平，努力建设一流学科发展和一流人才培养需要的一流师资队伍，为“三全育人”工作的开展提供坚实的队伍保障。

一、以求真为目标，引领教师在发展中坚守准则

习近平总书记指出，立德树人是教育的根本任务，是高校的立身之本，是高校工作的中心环节。要把思想政治工作贯穿教育教学全过程，实现全程育人、全方位育人。为深入学习贯彻习近平新时代中国特色社会主义思想，扎实落实习近平总书记关于教育的重要论述，努力建设一流学科发展和一流人才培养需要的一流师资队伍，按照习近平总书记“四有”好老师和新时代高校教师职业行为十项准则具体要求，材料科学与工程学院围绕教职工工作，生活中面临的“信念、师德、育人、科研、廉洁、健康、集体、成果”等八个方面主要发展问题和要求，设计开展“信念真坚定、师德真高尚、育人真功夫、科研真创新、为人真清廉、身心真健康、集体真团结、成果真丰硕”八个“求真”发展主题系列活动，构建学院教职工日常思想政治教育工作体系，夯实学

院教职工思想建设，求人的思想道德发展规律之真、求思想政治教育规律之真、求思想政治教育价值之真，全面提升教职工队伍思想政治素质和工作水平，为学院的发展凝聚力量。

信念真坚定。引导教职工树立正确的理想信念，坚持以习近平新时代中国特色社会主义思想为指导，拥护中国共产党的领导，贯彻党的教育方针，始终同党和人民站在一起，自觉做中国特色社会主义的坚定信仰者、忠实实践者和积极传播者。

师德真高尚。引导教职工不断培养良好的道德情操和仁爱之心，忠于祖国，忠于人民，恪守宪法原则，遵守法律法规，依法履行教师职责，为人师表，以身作则，举止文明，作风正派，自重自爱，承担起立德树人的重任。

育人真功夫。引导教职工遵循教育规律和学生成长规律，因材施教，教学相长，不断学习创新，以扎实的知识功底、过硬的教学能力、勤勉的教学态度、科学的教学方法全面提升育人能力。

科研真创新。引导教职工瞄准国际科技前沿和国家重大战略需求，面向国家、行业及东北地区发展需要，积极开展交流合作，潜心问道，勇于探索，全面提升科研创新能力，真做科研、做真科研。

为人真清廉。引导教职工加强对廉洁教育有关政策的学习认同，坚持原则，严于律己，处事公道，光明磊落，为人正直，积极践行廉洁从教、廉洁从研。

身心真健康。引导教职工树立“健康是一切美好工作和生活的基础”这一积极的健康观，严慈相济，诲人不倦，真心关爱学生，严格要求学生，做学生的良师益友，健康工作，幸福生活。

集体真团结。引导教职工积极参与集体建设，团结协作，交流互助，严谨治学，力戒浮躁，坚守学术良知，打造有凝聚力和战斗力的团队和集体。

成果真丰硕。引导教职工积极投入育人、科研和学院发展的各项工作中来，履行社会责任，贡献聪明才智，树立正确义利观，建立多元的、科学的成果评价机制，为教职工的成长、一流学科建设和学院的发展汇聚丰硕成果。

二、以组织为载体，助推教师在奋进中收获硕果

“求真”发展系列主题活动采取集中和分散相结合的方式，与学校各项工作充分融合，分布在全年内实施完成。集中活动以“主题月”的方式由学院统一设计实施，分散活动由各党支部、基层学术组织、工会小组结合时政热点、单位工作需要、教职工需求围绕主题灵活设计实施。自活动实施以来，围绕各个主题组织开展了各类教职工

思想政治教育活动，强化了“三全育人”教职工思想政治教育工作，收获了丰硕成果。

信念真坚定。通过开展“习近平教育思想与我国高等教育发展”“同向同行立德树人高校思想政治工作会议精神解读”等专题讲座，赴丹东大梨树村、中国工业博物馆、沈阳劳模纪念馆等参观学习，观看党的十九大、国庆阅兵、《我和我的祖国》电影以及开展“我和我的祖国”主题党日、“点赞祖国、爱我东大”东北大学材料师生同唱一首歌等活动，引导教职工坚定理想信念，切实把思想和行动统一到习近平新时代中国特色社会主义思想上来。

◎信念真坚定之参观工业博物馆

◎信念真坚定之“点赞祖国、爱我东大”东北大学材料师生同唱一首歌

师德真高尚。扎实开展教职工思想政治工作，学院党委研究制定了《学院师德师风建设实施办法》，修订了《学院教职工师德师风工作考核细则》，系统梳理学院“教师职业行为规范”与“师德失范行为负面清单”，引导广大教职工牢固树立“四有”“四个引路人”“四个相统一”的好老师评价标准。依托党支部立项认真组织开展“引领・提升・共进”“1+1”专项活动，强化教职工思想政治教育。

育人真功夫。制定《材料科学与工程学院“课程思政”建设方案》，通过课程改革和实践，实现“知识传授，能力培养，价值引领”的有机统一，努力达到建好专业课程、融入思政元素、弘扬师德师风、强化育人效果的建设目标。开展育人真功夫教学基本功大赛，强化“以本为

◎育人真功夫之课程思政研讨会

本”，回归课堂，2020 年度获批东北大学课程思政校级示范课程 6 项、培育课程 5 项，校级示范专业 1 个、培育专业 1 个。举办了三届“梦想 · 起航”新入职青年教职工培训活动，帮助青年教职工有效开展职业生涯规划，提升专业素养。

◎科研真创新之校内外青年学者交流会

科研真创新。依托青年俱乐部定期组织开展知行论坛和青年学者学术沙龙，学者之间的思维相互碰撞，拓展学术视野、资料储备和科研资源，提升研究水平。近年来，多名青年教师在学科顶级期刊发表高水平论文。

为人真清廉。学院每年召开全面从严治党会议，组织学习《中国共产党纪律处分条例》，层层传导。强化日常监督，加强对学院职称评聘、绩效分配、研究生招生等重点工作的监督，全体教师认真贯彻监督执纪“四种形态”、中央“八项规定”精神。

◎为人真清廉之召开全面从严治党工作会议

身心真健康。每年度举办“身心真健康”教职工趣味篮球赛、羽毛球赛、乒乓球赛等，鼓励教职工特别是知名学者、学科骨干走出实验室，走出办公室，走向运动场，促进教职工提升强身健体意识、培养体育锻炼习惯、塑造健康生活方式。

集体真团结。以“凝练大方向、组建大团队、产出大成果”为目标，学院出台科研团队建设管理办法，逐步推进基层学术组织改革。依托“课程－科研团队－教师党支部”融合体系，以党支部建设引领基层学术组织改革，将课程与科研团队相结合，以一个团队讲好一个课程（群）为目标，突出教师党支部建设在基层学术组织改革中、提升高校人才培养质量中、产出大科研成果中的核心作用。

成果真丰硕。学科具有积极向好的发展态势，广大教职工能积极主动投入到教学、科研、育人和学院各项发展工作中。2019 年度，材料科学与工程、材料成型及控制工程通过一流本科专业评选和工程教育认证。2019 年度，学院新增长江学者 1 人，入选“万人计划”3 人，优秀青年科学基金 1 人，青年拔尖人才计划 2 人，科研进款、论文总量位居学校前列。学院党委获评辽宁省先进基层党组织，获批全省党建工作标杆院系建设单位、辽宁省党建研究课题 1 项。

学院党委以主题鲜明、形式多样的系列活动为抓手，全覆盖多维度推进实施教职工日常思想政治工作；通过聚焦教职工日常参与教学科研等工作中的实际需要和重要节点，开展专项培训座谈和专题学习教育，充分体现了主题活动针对性强的特点；从教职工自身实际需求出发，切实解决了教职工成长发展过程中遇到的重难点问题，大大提升了活动的实效性，为学院和材料学科的发展奠定了坚实基础，为努力建设一流学科发展和一流人才培养需要的一流师资队伍保驾护航。

立德树人、以本为本
精心打造班导师 TREE“素”成长计划
——机械工程与自动化学院“管理育人”工作案例

“教师是人类灵魂的工程师，承担着神圣使命。”习近平总书记曾多次寄语教师，表达了对高等教育发展和教师工作的高度重视。班导师作为学生步入大学后的“引路人”，在学生锤炼品格、学习知识、创新思维和奉献祖国等方面发挥着重要作用。机械工程与自动化学院高度重视班导师队伍建设工作，2002 年率先在东北大学建立班导师制度，得到了学校的高度认可和学生的广泛好评。全体班导师致力于成为塑造学生品格、品行、品味的“大先生”，在构建学院全员育人工作格局、提升学生思想政治教育工作水平、提高学生培养质量和综合素质中发挥了重要作用。

学院依托东北大学“一五一十”思政文化育人一体化平台，从“学习导师”“成长导师”“职业导师”的工作定位出发，关注学生全面成长，创造性开展班导师 TREE“素”成长计划，将学生的专业学习指导、日常工作管理和思想政治教育有机结合，构建学院班导师树工作体系（TREE），促进学生综合素质全面提升。

一、“培德育智，树人为公”，构建“三全育人”格局

在“培德育智，树人为公”的育人理念指导下，学院按照分年级学生思想教育目标，以匠心·启航、匠心·引航、匠心·导航、匠心·领航为载体，围绕专业解析、学业指导、创新创业、生涯规划等方面，充分利用班导师中“大师级学者”“学术大家”等优质资源，努力实现全员育人、全程育人、全方位育人。学院在学生培养过程中实施分年级指导，推进学院班导师工作和整个学生培养工作向纵深发展，学院建立了以本科生总导师为引领，年级导师分年级指导，各年级班级分专业 100% 配备专任教师辅导的金字塔式班导师树工作体系。学院结合工作实际，构建班导师树工作体系（TREE），“TREE”的含义如下：

T=Thank/Tutor　　感恩 / 导师（主要面向对象：大四学生）

R=Research/Rise　　研究 / 成长（主要面向对象：大三学生）

E=Explore/Expert　　探索 / 专业（主要面向对象：大二学生）

E=Enlighten/Enthusiasm　　启迪 / 热情（主要面向对象：大一学生）

班导师是学院提升学生培养质量的重要力量，是专业教师履行育人职能的重要途径，也是实现“三全育人”的重要载体。学院近年来共有 160 余名教师先后担任班导师，占学院专任教师比例约 84%。学院聘任闻邦椿院士为本科生总导师，聘任巩亚东、谢里阳、巴德纯三位二级教授和中组部特聘教授何巍华分别担任大一至大四教育导师，学院领导班子成员作为本科生年级副导师配合年级导师开展工作，聘任学院四系所主任担任学院本科生专业指导导师，学院班导师工作真正实现了全员育人、全程育人、全方位育人。

二、启智名思，授业解惑，助力学生专业认知

在构建“三全育人”格局的基础上，学院紧密联系学生实际需求，以提升学生专业素养作为班导师树工作体系的主要工作内容，从梦・领航、识・导航、业・引航、惑・启航、路・成长、研・探索、情・感恩、思・启迪、星・榜样九个板块入手，通过开展形式多样的班导师活动，帮助学生深入了解专业、清晰专业认知、树立学习目标。

梦・领航——“我的导师我的家”班级立项活动。各年级在学期伊始，填报机械工程与自动化学院“我的导师我的家”班级立项活动申报表，以班级立项的方式，开展各类促进班导师工作开展的活动，引导班导师在学年内积极开展班导师“六个一”活动，即在每学期至少参与一次班级主题班会、在学生中开展一次学术报告、指导学生参与一项科技创新、与每位学生做一次面对面交流、每月参加一次班级活动及走访一次学生寝室等。通过开展立项活动，加快班导师与班级同学的熟悉程度，增加班导师的工作热情，促进班导师和班级的有序对接，引导班导师开展各类活动，有效促进班集体建设。

识・导航——“博采人生名师导航”系列活动。学院以“大师”“大家”“大咖”为学术导向和思想引领，举行“博采人生名师导航”系列学术讲座活动，全面覆盖四个年级不同层次的学生，为学生在学业规划设立、成长成才发展和专业知识引领方面做出正向引导，加强学院学风建设。

业·引航——“识专业之特色，决自身之未来”专业解读报告会。学院开展本科生专业解析专题报告会，邀请学院四个专业系主任为学生们从多角度、全方位解析机械类四个专业的专业特点、研究方向、就业方向、发展前景等，帮助大一学生深入了解专业特点，正确认识专业分流，结合自身情况合理制定最优填报志愿方案，避免主观盲目选择，鼓励学生树立正确学业规划，同时也激励学生学习专业知识，掌握科学有效的学习方法。

◎机械工程与自动化学院班导师班级学风建设主题班会

惑·启航——班导师新生入学指导活动。学院始终着力构建全员育人新格局，以班导师工作为抓手，夯实五位一体全员育人模式。在新生入学时开展始业教育，提前为新生班级配备班导师；班导师在新生报道时走访班级所在寝室，各专业班导师以班级为单位召开见面会，第一时间为学生家长和学生进行专业指导，明晰解惑；学院召开新生家长会，学院各系教授、班导师代表就所在专业人才培养目标和要求、专业教学计划及所学专业适应的就业岗位进行介绍，与家长一起做好学生专业培养启蒙教育。

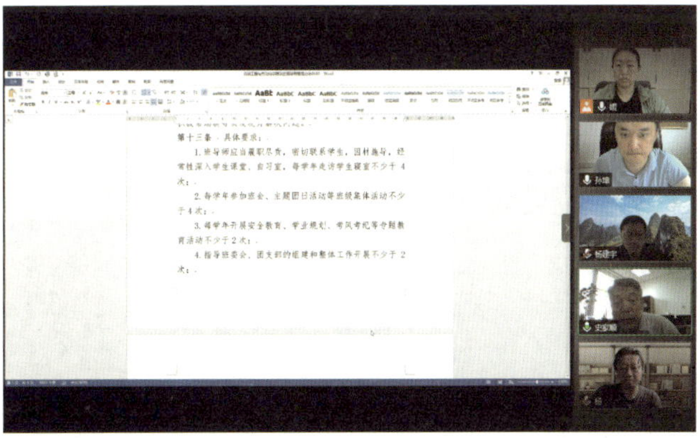

◎机械工程与自动化学院班导师座谈会

路·成长——班导师微视频大赛活动。受疫情影响，2020年学生采用居家线上的方式进行专业课学习，基于上述情况，学院班导师围绕“理想”“生命”“青春”等15个关键词与学生开展隔空对话，通过录制微视频引导学生居家战“疫”，充实居家生活，促进学生全面成长成才。微视频形式新颖活泼，内容轻松温暖，深受同学们的喜爱。

研·探索——班导师微沙龙活动。学院聘任引进的2位海外高层次人才引进计划入选者担任学院“创青春”班导师，同时邀请学院班导师中的青年教师，根据国外求学经历、科技创新大赛和自身研究方向，在学生中定期开展班导师下午茶、学术微沙龙活动，与学生共同交流在大数据、"互联网 +"的背景下，引领机械行业的创新技术和智能制造等新兴概念，启发学生对于机械专业的创新思考，激发学生参与各类机械创新大赛的积极性，感受机械设计、制造前沿魅力之美。

情·感恩——毕业生年级师与生系列活动。为积极引领毕业生培育和践行社会主义核心价值观，增强毕业生爱国、爱校、爱院情感，营造和谐、温馨的毕业氛围，彰显毕业生校园文化，学院在毕业生年级组织开展毕业生最喜爱的老师评选、毕业生行李整理、邮寄毕业纪念品等多项活动，积极邀请班级班导师、学生毕业设计指导教师参与其中，有效激发学生爱校荣校热情，引导学生感恩母校、铭记师恩，进一步丰富大学生思想政治教育形式载体，不断提升学生思想政治教育质量。

思·启迪——班导师聘任仪式暨学院班导师工作论坛。根据学院班导师聘任工作办法要求，机械工程与自动化学院党委在每年 7 月遴选下一学年班导师人选。新学期伊始，在大一年级开展新生班导师聘任仪式，由学生干部介绍班级概况，邀请优秀班导师、班级干部共同交流开展班导师工作心得，搭建学生干部群体和班导师见面的第一平台，进一步促进学院各项班导师工作有序开展。论坛的主要内容围绕学院班导师制度建设和奖励机制展开，学院特别邀请了优秀班导师代表介绍工作经验，与会班导师共同研讨班导师建设工作中好的做法和存在的问题。以学院班导师论坛为契机，学院进一步创新班导师工作体系、完善班导师工作制度建设。

◎机械工程与自动化学院 2020 级本科生班导师聘任仪式

星·榜样——学院优秀班导师表彰仪式。为进一步提升学院学生思想政治教育工作水平，提高学生培养质量和综合素质，加强班导师队伍建设，激发班导师的工作积极性、创造性，学院在年底召开机械学院优秀班导师年度表彰大会，对上一学年工作表现优秀的班导师进行表彰，对优秀班导师工作事迹进行视频展示，充分发挥班导师在思想政治教育工作中的典型示范作用，在宣传班导师工作的同时，有效提升班导师的荣誉感和责任感。

三、潜移默化，厚积薄发，成就育人累累硕果

通过班导师队伍建设工作的持续开展，学院涌现出一批业绩突出的优秀班导师，他们从“学习导师”的工作定位出发，关注学生全面成长，创造性地开展工作，逐渐成为学生的“成长导师”“职业导师”。他们帮助学生制定学习规划，明确不同年级阶段学习的重点和方向，帮助学生解决各阶段的问题；他们把自己成长的经历介绍给学生，引导学生树立正确的世界观、人生观和价值观；他们热心组织读书活动，拓宽学生的知识面；他们指导学生考研、就业；他们带领学生参与各类科研活动；他们经常深入学生寝室，积累了宝贵的第一手资料，有的放矢地开展工作；他们积极资助贫困生，在各方面关心帮助学生；还有的班导师通过 QQ 群、微信平台等方式，拉近与学生的距离，为学生解疑释惑。

在班导师的指导下，学院学生制定了更加符合自身发展需求的学业规划和职业规划，在专业认知度方面有了较大提高，考取研究生数量和比例逐年增加；学生参加机器人大赛、机械设计创新大赛等科技创新活动覆盖率逐年提高，各种学科、技能竞赛获奖和授权专利数量稳步提升；学生参加大学生创新性实验计划、教师科研项目和发表论文数量逐年增加。陆志国老师作为指导教师带领 T-DT 团队连续获得 2019 年、2020 年 RoboMaster 全国总冠军。

师也者，教之以事而喻诸德也。机械工程与自动化学院班导师 TREE“素”成长计划的实施将学生的专业知识学习指导、日常工作管理和思想政治等综合素质的培养有机地结合在一起，为构建学院人才培养合力发挥了积极的推动作用。学院将进一步贯彻、落实全国高校思想政治工作会议精神，坚持把立德树人作为中心环节，探索学生思想政治教育工作中辅导员和班导师协作机制，创新班导师工作思路，优化班导师工作平台，完善学院班导师树工作体系，在立德树人的新时代长征路上奋勇搏击。

建设“一体四维”师德师风建设长效机制

——计算机科学与工程学院“管理育人”工作案例

◎学院举办“名师下午茶”活动暨“课程思政”座谈会

《“三全育人”综合改革试点工作建设要求和管理办法（试行）》要求创新教师队伍建设工作机制，在加强教师思想政治教育等重点领域进行改革攻关，切实加强育人力量的汇聚。计算机科学与工程学院通过观念创新、制度创新，聚焦育人队伍建设，在全校范围内率先出台了“一体四维”师德师风建设长效机制。该机制具体是指师德师风体系及所包含的四个建设维度：教师行为规范、师德失范行为负面清单、师德荣誉工程、师德失范行为惩罚机制。学院以“一体四维”师德师风建设长效机制为指导，建立了东北大学学院层面首个师德荣誉制度，创造性开展了师德师风推介暨先进典型表彰大会、青年教师沙龙、“名师下午茶”活动、“课程思政”座谈会等一系列师德师风培养提升活动，扎实推进师德师风建设制度化、示范化、品牌化。

一、以师德师风体系为根本，建立“一体四维”长效机制，保障师德师风建设制度化

长期以来，广大高校教师忠诚党的教育事业，呕心沥血、默默奉献，为高等教育改革发展作出了巨大贡献。但是，学校教育和师德建设工作同样面临许多新情况、新

问题和新挑战。计算机科学与工程学院作为具有辉煌历史的“新”学院，自成立以来，筚路蓝缕，栉风沐雨，经历了四次搬迁、机构改革、人员变动，学院教师的凝聚力和战斗力亟须提升，加强和改进学院师德师风建设刻不容缓。在此背景下，学院通过积极推进观念创新、制度创新，建立了“一体四维”师德师风建设长效机制。

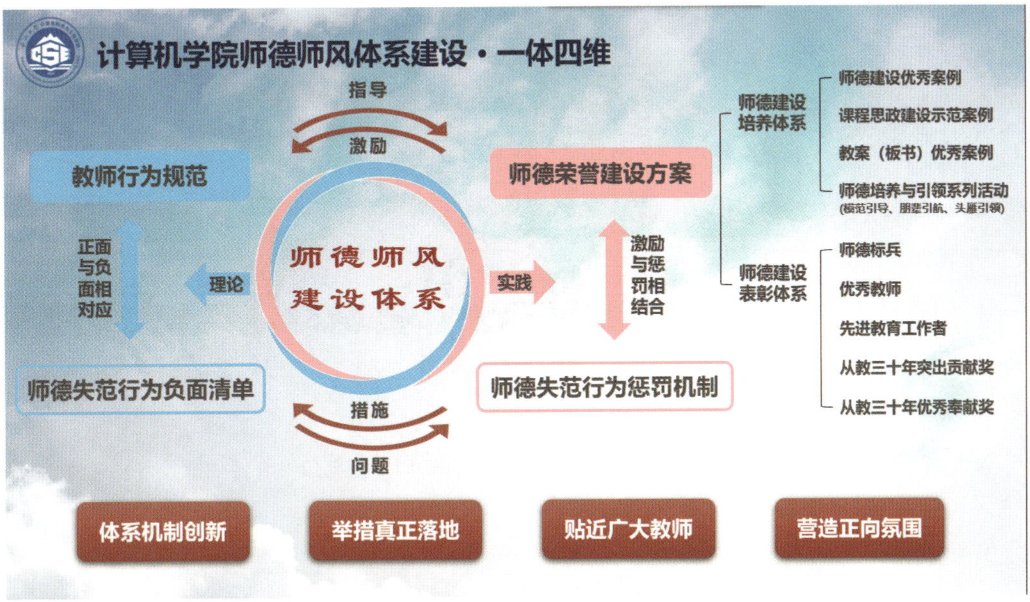

◎计算机科学与工程学院“一体四维”师德师风建设长效机制

计算机科学与工程学院“一体四维”师德师风建设长效机制通过建立教师行为规范与失范行为负面清单，从正反两方面建章立制，弘扬正气，明确规矩；通过创新开展师德荣誉工程，调动广大教师师德师风建设积极性，凝聚人心；通过建立对师德失范行为的惩处机制，做到有法可依，违法必查，形成震慑。“一体四维”的四个维度互为基础，互相影响，互相补充，形成一体。作为东北大学学院层面首个系统、规范、全面的师德师风建设体系，学院创造性地建立了东北大学首个师德荣誉制度，通过建立师德荣誉“一个政策”，创新实施师德荣誉“两个体系”——师德建设培养体系（包括师德建设优秀案例、课程思政建设示范案例、教案优秀案例、“模范引导”“朋辈引航”“头雁引领”师德培养与引领系列活动）、师德建设表彰体系（包括师德标兵、优秀教师、先进教育工作者、从教三十年突出贡献奖、从教三十年优秀奉献奖），最终推动师德建设与教师成长、学院发展“三个融合”，即师德建设与行为规范相融合、师德建设与课程思政相融合、师德建设与教育教学相融合。“一体四维”师德师风建设长效机制的建立保障了学院师德师风建设规范化、具体化、制度化，增强了学院师德师风建设的时代感、针对性和实效性。

二、以榜样选树为手段，举办师德师风推介暨先进典型表彰大会，引领师德师风建设示范化

为发挥师德荣誉制度的引领与导向作用，促进师德先进集体和先进个人持续涌现，营造敬业修德、立德树人的良好氛围，推动优秀人才培养和科研成果产生，学院举行了“一体四维”师德师风推介暨先进典型表彰大会，对“师德建设优秀案例”“课程思政建设示范案例”“教案优秀案例”“学院师德标兵”“学院优秀教师”“学院先进教育工作者”“从教三十年突出贡献奖”“从教三十年优秀奉献奖”予以表彰。

◎学院举行“一体四维”师德师风推介暨先进典型表彰大会

大会通过选树高尚师德典型、表彰优秀事迹，发挥了高尚师德师风的示范引领作用，促进了师德先进集体和先进个人持续涌现，营造出敬业修德、立德树人的良好氛围，在广大师生中引起较大反响，取得了很好的教育意义。

三、以朋辈引航为媒介，举办青年教师沙龙，推动师德师风建设品牌化

为促进学院教师交流学习经验，共同探讨教学科研新举措，努力探索将学习成果转化为工作效果的新方法，在教师中掀起“强化师德教育、践行师德规范、弘扬高尚师德”的热潮，学院开展了“朋辈引航”青年教师沙龙活动，这是学院师德师风建设的重要组成部分和品牌活动之一。信俊昌老师结合实验室团队管理的经验，从理想信念、敬畏之心、求知之心的角度分享了自己的所悟所感。陈喆等十余位教师分别与大家分享了他们在国外留学的经历，教师们怀着对访学时光的美好怀念，向大家重点讲述了自己对中外教学模式差异的认识和在此基础上形成的教学、科研反思，尤其是对如何在课堂教学中借鉴国外教学模式提出了很多好的设想，对改革所需的教学条件提出了相关需求。

◎学院举办“不忘初心、牢记使命”朋辈引航青年教师沙龙活动

活动促进了师德师风建设品牌化和青年教师成长，进一步弘扬了学院传帮带的优良传统。引导青年教师做好职业规划，树立远大目标，争做有理想信念、有道德情操、有扎实学识、有仁爱之心的“四有”好老师。

计算机科学与工程学院坚持把教师队伍建设作为建设一流计算机学科和培养一流人才的重要抓手，把师德师风建设摆到教师队伍建设的首要位置，以师德师风体系为根本，建立“一体四维”长效机制，保障师德师风建设制度化；以榜样选树为手段，举办师德师风推介暨先进典型表彰大会，引领师德师风建设示范化；以朋辈引航为媒介，举办青年教师沙龙，推动师德师风建设品牌化，多措并举，常抓不懈，取得显著成效。

精准施策、温情关怀
以管理的智慧深入推进战“疫”工作

——国际教育学院“管理育人”工作案例

2020年中国农历庚子鼠年的春节假期，正当东北大学的在华留学生们满怀期待准备好好感受中国传统春节、享受轻松惬意的寒假时，一场突如其来的疫情瞬间让大家变得紧张不安。在严峻的疫情形势下，东北大学国际教育学院用管理的智慧，默默守护着他们的学生。

一、用温暖换取理解，为学生筑牢疫情“防火墙”

寒假期间，留学生存在分散地广、国内外流动大的特点，有的回国、有的留校、有的外出。疫情爆发初期，国际教育学院各级领导和教师立即进入工作状态，采取多项应急措施，第一时间掌握来华留学生动向，确认多少学生在校、多少学生回国、多少学生在外地、分布在哪些省份，确保做到零遗漏。建立每日汇报制度，全面掌握全体在华留学生健康状况；根据来华留学生不同特点分成13个微信群，每群20~40人不等，由两位老师担任群主进行群内事务管理，与群内每一位学生保持密切联系，做好安抚和解释工作，并劝阻留学生不再外出，做好居家防护。学院加强防疫健康教育，将疫情相关信息及防控知识及时传达给每一位留学生，提高留学生对疫情的认识和重视程度，增强自身防护能力，避免学生由于语言不通、国情差异等原因，误听、误信外界不实传言，造成恐慌。

◎ 2020 年春节新冠肺炎疫情期间，国际教育学院院长带队，为居住在校外的留学生送去稀缺防疫物资

二、用关怀夯实管理，缓解学生紧张焦灼情绪

在留学生微信群成立之初，群内的同学并不十分理解和配合相关工作，在群里最常出现的单词就是“boring、inconvenient、outside”，校内留学生微信群中更是比比皆是。面对疫情初期学生们的种种不配合，学院老师没有烦躁，更没有气馁，而是不断尝试，用一个又一个温暖人心的举动来逐渐消除学生们的抗拒心理，让学生慢慢接受特殊时期学院对他们的保护方式。

万事开头难，疫情期间在管理中遇到的第一个难题就是每天在群里敦促同学们按时完成健康打卡。这对于习惯了随心所欲生活的留学生们来说实在不易。不主动，不积极，有的学生在群内公开表示反对，甚至有的拒绝与负责老师电话沟通。老师们站在学生角度，理解身处异国的留学生们在疫情期间的敏感和脆弱，设身处地为他们着想。与有抵触情绪的留学生逐一私下沟通交流，采用多种方式活跃微信群气氛，组织群内留学生召开视频班会，班会中向学生解释说明抗疫政策，了解学生们的难处和想法，逐渐拉近群内成员彼此间的距离。通过不懈努力，学生们理解了疫情防控的举措，理解了老师们的良苦用心，微信群成为师生之间、生生之间沟通交流的教育阵地。

疫情期间，为进一步做好留学生居家防护工作，学院教师们集思广益：在群里给大家分享电影、音乐、中国文化，晒厨艺、教做法，定期开展网络微信汉语角，便于学生练习口语。后期学院又接连组织了“雪中校园摄影比赛”“短视频大赛”等活动来丰富居家防护时期的生活。这些层出不穷的文娱活动，缓解了留学生们疫情期间的不安和焦虑，让他们的生活又恢复了色彩。

三、用真情落实保障，争当学生主心骨、贴心人

在微信群中，另一个最常出现的则是“count the number of...”：“校内的同学们，统计一下生活物资采买，请大家填好表格发给办公室的老师。”“校外同学们，统计一下口罩等防疫物品的需求情况，学院老师会送去给大家。”“校内同学们，统计一下需要桶装水人数，明天老师帮大家订。”国际教育学院的全体老师想尽一切办法为学生提供帮助，用心关爱学生的方方面面。

◎学院教师为学生订购生活用品

渐渐地，学生们开始接受、习惯并依赖群主老师们。特别是校内学生群，为了保护校内学生的安全，疫情期间学校采取了封校措施，所有学生无紧急情况，不得进出校园。“老师，我牙疼，怎么办啊？”“老师，我的电脑坏了，怎么办啊？”“老师，我的银行卡出问题取不了钱了，怎么办啊？”“老师，我脚腕扭伤了，疼得睡不着觉，怎么办啊？”“老师……”面对学生们的诉求，教师们的回答永远是“别担心，别着急，我们帮你解决”。在留学生们眼中，群主老师们仿佛是超人，是他们的主心骨，是他们的大家长，只要有任何问题，第一时间就会和老师们联系。而这来之不易的信赖，是通过老师们顶着烈日带学生看牙数次，每次不少于四五个小时的等待换来的；是通过拿着学生坏掉的电脑，多次往返于学校和电

◎东北大学尼日利亚籍留学生桑未麦接受中央广播电视总台采访

脑维修店换来的；是通过不厌其烦，反复和银行客服人员电话沟通或陪同前往办理业务换来的；是牺牲自己的周末休息时间，火速带学生去医院看脚伤换来的。

“我想感谢学校和我们的老师们，他们太不容易，来这边照顾我们特别辛苦，我要感谢学校和老师。”东北大学尼日利亚籍留学生桑未麦接受中央广播电视总台采访时这样说道。每当收到学生们发自内心的感谢时，老师们的内心都十分动容，感觉自己做得还远远不够，应该再温暖一些，只为他们可以平平安安。

四、用无私抒写情怀，尽职尽责确保学生平安

同事们经常开玩笑说，这次疫情，挖掘了大家无限的潜力。在疫情面前，我们既能做群主，也能做主播。为了响应国家疫情期间“停课不停教、停课不停学”的政策，学院的群主老师们在管理微信群的同时，更要完成自己的本职教学工作：准备课件、上网课、课后作业批改，还要时时了解本群学生参加汉语网课的情况，鼓励并督促他们坚持上课，不要缺勤。

◎国际教育学院教师网课风采

国际教育学院的老师以女性为主，她们也是女儿、是妻子、是母亲。可在这场突如其来的疫情面前，面对这群可爱的学生，她们永远将老师这一身份摆在首位，发扬雁阵精神，群策群力，用心温暖、贴心呵护留学生。因为她们相信，每个人做好分内这一点点，战“疫”胜利就能早一点点！

疫情面前，国际教育学院在育人中灵活运用“管理”的智慧，让留学生们感受到了东大的温度，也将每一名师生联系得更加紧密。

服务育人

FU WU YU REN

创新防范电信诈骗宣传
全力守护学生财产安全

以服务保障为抓手
奏响浑南校区育人新旋律

雨后风光夏景新
返校师生在沈河校区平稳渡过单独隔离期

以人为本　多维度提升师生知识产权信息素养

勇挑重担、攻坚克难
以信息化提升师生获得感

健康意识和立德树人的有机结合

上车饺子下车面　东大情缘总相见

创新防范电信诈骗宣传
全力守护学生财产安全

——公安处“服务育人”工作案例

每一次报警电话的响起，每一个上当受骗的学生都牵动着学校的心。如何能够提升学生防范电信诈骗的安全意识，保护学生生命财产不受损失，这一紧迫的命题始终萦绕在保卫干部的心中。

据统计，网络电信诈骗案件近年来在校园呈现高发态势。因防范难度大、侦破难度大而让保卫部门“头疼”。部分学生因此而负债累累，导致巨大的生活和精神压力，严重影响学业，甚至危及学生生命安全。安全部门表示，防范网络电信诈骗没有行之有效的方法，只有加大宣传力度。

近两年，东北大学公安处（党委保卫部）不断汲取经验教训，探索出“1+2+N”防范电信诈骗宣传模式，多措并举、校警联动，营造校园安全文化氛围，提升了学生防范电信诈骗的意识，有效降低了学生的受骗率。

一、防范宣传工作设计有“高度”

公安处注重顶层设计，将防范电信诈骗工作纳入年度重点工作，成立专门防范电信诈骗工作领导小组，由公安处处长担任组长。在充分调研和考察的基础上，把握电信诈骗的高发时段、易受骗人群等特点，总结以往经验教训，有针对性地设计防范电信诈骗的宣传方案，最终确立了“1+2+N”防范电信诈骗宣传模式，即坚持一个理念，以学生利益为先，将学生受骗数减少到最低甚至是零；采用两种宣传方式，线下宣讲与线上宣传相结合，理论讲授与案例分享相结合；“N”就是动员一切可以动员的力量，建立防范电信诈骗宣传网络，通过“铺天盖地”的宣传，提升学生防范意识，形成校园防范电信诈骗的安全文化氛围，最大限度地保障学生的利益不受损害。

公安处联合研究生院等部门，召开防范电信诈骗专门工作会议，公安处主要负责人参会并阐明电信诈骗的危害性及学生受骗情况，自上而下提高重视程度，组织动员辅导员向学生宣传到位；充分发挥党支部的战斗堡垒作用，将防范电信诈骗宣传列入党支部的工作计划中。

2019 年 11 月，公安处党支部开展“防范套路贷、校园贷、网络电信诈骗”主题党日活动，与机械学院学生党支部联合，走在宣传前列，走进学生中间，向学生发放“防骗宣传手册”，宣传电信诈骗危害性和防范常识，受到学生的欢迎。

◎防范电信诈骗宣传

二、防范宣传工作落实有“新意”

以往的防范电信诈骗工作宣传总是以理论宣讲为主要方法，形式单一，内容枯燥，宣传效果也不尽如人意。了解到这种情况后，公安处的保卫干部针对学生需求，多方求取经验，最后总结出来一套以案例分享为主，理论宣讲为辅的线上、线下相结合的宣传方法，为防范宣传工作增添“新意”。

网上网下，想尽一切办法，求取“新案例”。从事治安科工作多年的公安处工作人员谈到诈骗防范工作时表示，防范工作有两个难点：一是让学生心中有防骗的意识，深刻理解没有“天上掉馅饼”的事有难度；二是随着网络的飞速发展，防骗的手段和宣传跟不上骗术的更新。

为了更好地让学生了解最新的网络电信诈骗手段，公安处的工作人员分组进行案例收集。一方面，及时与当地派出所、公安机关联系，取得最新的案例信息；另一方面，及时关注相关微信公众号和网站的更新内容，不断更新案例库，保证将最“新鲜”的案例传递给学生，为良好的宣传效果提供了重要的素材保障。

寻找宣传新角度，让专业的人做专业的事。探索宣传新途径和新角度，与和平分局刑侦大队、南湖派出所、新城子派出所形成校警联动，邀请民警作防范电信诈骗专题讲座，让宣讲更有说服力和可信度；保卫干部走进各个学院的新生入学教育讲堂，为家长和新生传递最新电信诈骗案例信息，宣传防范常识，受到家长和学生的欢迎。

◎防范电信诈骗讲座

老方式新用途，警惕无时无处不在。在校园醒目位置悬挂防骗宣传条幅，学生上课的路上抬眼就可看到，无形中在学生心底埋下防骗的种子。充分利用学生爱好浏览新媒体这一现象，在微信公众号和网站上建立“网上讲堂”，及时通报上当受骗的案例，以“身边人”的案例为警示，学生在“看故事”的同时提升防骗的意识。充分发挥校内食堂电视的功能，播放和平区分局制作的防范电信诈骗安全教育动画短片，利用学生吃饭这一碎片化时间，将安全教育浸润到生活中。

三、防范宣传工作成果有“效度”

公安处以结果为导向，以问题为出发点和突破点，凝聚校内外各方力量，搭建防范电信诈骗安全教育平台，累计开展防范电信诈骗线下宣讲 14 次、学生主题宣传教育活动 5 次、学院走访 8 次，发布微信推文 30 余篇。2019 年下半年，受骗案件发生数量相较上半年出现阶段性的断崖式下降，真正做到了防范工作有力度、有效度。

服务育人是十大育人体系中的重要一环，公安处作为服务育人其中一项工作的牵头部门，除了校园智慧安防体系的建设外，大学生的安全教育是其中重要的一项内容。防范电信诈骗工作，作为安全教育活动的一个缩影，体现了公安处对大学生安全教育体系搭建的思考，显示了公安处做好大学生安全教育工作的坚定决心。

搭建安全教育校内校外联动平台，可凝聚更多专业的育人力量，打通安全教育最后的“症结点”，提升安全教育的实效性；促进校园安全文化内涵建设，营造校园安全文化氛围，加强和完善大学生安全教育体系建设，提高安全教育的影响力；增强师生的安全意识，提高服务的精准度，提升师生安全感和幸福感，对于形成一体化育人合力、一体化育人载体和一体化育人保障，构建起“三全育人”工作立体场域具有积极促进作用。

以服务保障为抓手　奏响浑南校区育人新旋律

——浑南校区管理委员会“服务育人”工作案例

美丽的东北大学浑南校区，红砖古韵教育英才，站在东北大学开拓创新的全新起点上，担负着人才培养、科学研究、社会服务、传承创新的重要使命。作为学校服务保障工作社会化改革的先行者，浑南校区管理委员会始终致力于探索和实践将服务保障工作有机融入浑南校区育人工作各个环节中，强化基础、突出特色、建立规范、落实责任，通过打造全方位、多角度、立体化的服务育人体制和工作机制，不断提升育人工作制度化、科学化水平，将工作的目标和重点最终落实到育人效果上。东北大学浑南校区在发扬和传承学校优良传统的基础上，结合校区 9 个学院的学科特色、学术氛围和人文气质以及浑南校区的规划方案和建设发展历程，以提高保障水平和提供优质服务为抓手，探索并形成具有浑南校区特色的服务育人新格局。

一、统筹规划、突破创新，优化保障机制和服务体系，为育人工作保驾护航

完善服务育人工作协调落实机制，研究梳理服务保障岗位所承载的育人功能，加强分类指导，充分发挥协同联动的育人机制，进一步突出学校育人工作目标；优化服务育人工作实施体系，在聘用、培训、考核等各环节均制定了育人工作职责要求，落实服务目标责任制，把育人工作成效作为评价工作业绩的重要依据；修订服务育人工作规章制度，进一步细化浑南校区服务岗位工作评价考核的内容和指标，建立、修订和完善各类规章制度十余项，如《浑南校区物业服务质量考核管理办法》《浑南校区商贸服务质量检查管理办法》《学生宿舍公共区域安全管理规定》等，同时负责牵头起草《东北大学学生住宿管理规定（试行）》。

二、多措并举、行胜于言，全面提升浑南校区服务效能和发展内涵

东北大学浑南校区的服务保障工作涉及宿舍管理、卫生保洁、门卫值守、维修维护、能源供给等多个方面，与学生的学习和生活息息相关，尤其是一线工作人员长期与学生密切接触。针对这一特点，浑南校区管理委员会充分行使工作职能，教育和引导一线工作人员用良好的言语行为影响和培养学生，充分利用与学生近距离、长时间、广泛接触的特点，把服务好广大师生和有效促进学生成长作为工作的出发点；以维护师生安全和落实校区稳定为核心，常年组织安全教育和开展实践演练等活动，培养师生安全意识和法制观念，加强人防物防建设，对宿舍逃生门进行升级改造，提高安保效能。浑南校区管理委员会建立健全了制度层面、体制层面、思想层面的“三位一体”服务监管体系，对服务保障社会化委托项目进行全面有效监管，实现校区环境干净整洁、学生宿舍温馨和谐、教学楼馆安全有序，有效提升浑南校区的保障服务能力与效益。

通过设立勤工助学岗位、参加学生接待日活动等方式，浑南校区管理委员会让学生广泛参与到监管体系中来，发挥实践育人示范作用。由管委会牵头，与驻区各学院和物业共同实施宿舍垃圾分类工程，形成健康文明新风尚。通过宣传教育、免费提供垃圾袋、配备分类垃圾桶、全程指导等多项举措，学生主动做好垃圾分类并自带下楼，取得了良好的效果，宿舍楼道和水房卫生环境质量得到进一步提升，同时也培养了学生自觉和自治的行为习惯。

◎浑南校区垃圾分类

三、凝聚特色、加强引导，创造优质环境，开展浑南校区特色文化活动和建设工程

完善校园环境和文化载体硬件建设，新建并不断更新校园导视系统，建成以校门、主干路、单体建筑为层级的三级校园导视系统，在传承了东北大学南湖校区文化理念的同时，也融合了浑南校区的规划风格；为学生在宿舍开辟更多的自习和交流空间，在 5 栋学生宿舍陆续规划设立了 102 间自习室；通过在办公区域强化标识、建立索引等方式，实施驻浑南校区职能部门服务形象提升工程；持续宣传硬件的建设工作。目前浑南校区共计配置 21 块 LED 电子屏、12 块 LED 电子条屏、11 台信息发布机，校区文化建设和宣传工作向信息化和数字化迈出坚实的一步。

◎浑南校区电子宣传屏

学校开展浑南校区文明建设工程，通过组织丰富多彩的文化活动，引导师生更好地传承发展东北大学文化和传统。持续开展“浑南校区教职工文化节”活动，营造健康文明、积极向上的氛围；以庆祝新中国成立 70 周年、浑南校区投入使用 5 周年等为契机，组织社会主义核心价值观主题教育活动，积极开展文明校园创建；针对学生开展具有特色的专题教育活动，2019 年，为响应落实党的十九大关于实施国家节水行动的要求，开展“建设节水城市，推进绿色发展”主题节水宣传教育系列活动，包含知识竞答、LOGO 创意设计、组织到沈阳水务集团有限公司八水厂参观学习等。节水宣传教育系列活动已经连续四年在浑南校区开展，目前已经成为一个比较有影响力的品牌活动。

◎浑南校区教职工健步行活动

◎浑南校区主题节水宣传教育活动

优化整体制度设计，开展标准化服务，促进服务质量的提升和育人效果的实现，实现分工明确、优势互补、协同联动、资源共享，推动各个岗位育人元素的形成，增强工作的亲和力和针对性，提升工作科学化、制度化、规范化水平；通过浑南校区文化软硬件的规划和创新，实现校园使用、审美、教育功能的和谐统一，更好地传承东北大学的历史传统和文化理念，培养师生的高雅情操和爱校情怀，营造积极向上的校风学风；持续推进各类文化活动和宣传工作，逐步建立具有浑南校区特色的校园文化体系，培养学生的归属感、荣誉感、使命感和责任感，极大地促进节约型校园和绿色校园的建设，为构建浑南校区“三全育人”一体化格局起到积极的促进和推动作用。

雨后风光夏景新
返校师生在沈河校区平稳渡过单独隔离期

——沈河校区管理委员会“服务育人”工作案例

2020年5月12日早8时，沉寂了多日的沈河校区人流渐多，来自重点地区的返校师生平稳有序地入住七舍培训公寓，他们即将迎来的是持续14天的单独隔离。不久，他们知道，有一群人已经为之付出了辛勤的努力，并将与师生一起同期入住，为他们保驾护航。

一、责任如山，抓落实，争达标，他们在与时间“比赛跑”

2020年4月30日，全省高校返校复学工作视频会议在沈阳召开，会后校领导立即对相关工作进行研究部署。5月1日，东北大学组织召开博士生返校工作视频会议，决定将沈河校区七舍培训公寓作为单独隔离点。

时间紧、任务重，没有成型的经验可以学习借鉴，沈河校区管理委员会（简称“管委会”）携手校办、公安处、校医院、研究生院、继续教育学院、后勤管理处、后勤服务中心等部门迅速成立沈河校区七舍公寓工作组，全力投入到单独隔离点的各项筹备和安全运转工作中来。

在短短的10天内，他们对七舍6层共107个标准双人间内的所有水电暖设施及家具进行全面检修，对备品进行清洗和消毒，开通外网线，安装摄像头和走廊扩音喇叭，按照有关要求进行垃圾桶分类安置，并联系专业垃圾清运单位负责将垃圾运出校外；在短短的10天内，他们按照上级疫情防控要求和学校的防控预案，通过校医院调用和市场采购等多种途径，提前储备了一次性隔离服、防护眼镜、测温枪、紫外线灯车、消杀喷壶等近20种防控物资，并结合工作实际，制定了七舍隔离观察区垃圾清运、消毒、记录等8项工作流程，以及《沈河校区单独隔离管理须知》等6项管理文件，做到岗位有专人、行动有预案、风险有准备；在短短的10天内，他们让七舍培训公寓达到了省市验收标准，完全能够满足专业化的单独隔离工作需要，使得首批博士生入住时，迎接他们的不仅有清洁有序的室内环境、科学便捷的分区管理，还有设施完善的住宿和学习条件，以及温馨舒适的人文关怀空间。

二、爱心奉献，讲科学，重细节，他们让隔离生活“不孤单”

◎服务人员将餐盒送至楼内每层每个房间门口

“我到达沈河校区时已经是晚上11点了，在生活群里@了超市工作人员，很快，我所需要的矿泉水、洗衣粉、牙刷等生活用品就送到了房间门口。”徐文斌老师刚刚进入隔离区的第一天，就感受到了沈河校区工作人员的热情。

如果用14天的时间做学问、搞科研，我们可能会感慨时光易逝，如白驹过隙，但14天只能在一个封闭的空间内足不出户，很多人都会有一种度日如年的感觉。为了保护被隔离师生的身心健康安全，七舍公寓外围设置隔离区域，由公安处24小时巡逻值守，定期进行环境消杀；隔离师生的一日三餐均由南湖校区后勤服务中心安排专人专车运送到七舍公寓门口专用桌上暂存，再由服务人员将餐盒送至楼内每层每个房间门口，时刻确保师生的饮食安全；专门建立隔离期间女生生活微信群、男生生活微信群，通过微信和房间内电话联系沟通，及时掌握师生日常情况，解决生活中遇到的困难。

取快递、搬东西、代购采买……工作人员每天紧盯着群消息，24小时为隔离师生在线服务。有时候放置在校门口的快递和物品比较多，七舍物业管理的孙彦英会分几趟把东西送到学生手里。“自家学生就如同自己的孩子。”孙彦英说。

隔离期间，沈河校区管委会还专门选派以综合办主任为组长，包括后勤、公安处和校医院的共计10名教职工与博士生同期入住七舍公寓，并负责做好隔离期间楼内管理服务工作。隔离期间，这10名工作人员冒着风险、战斗在一线，他们有的在刚入住一天，就紧急处置一名同学出现的发热情况，随时关注发热同学症状，及时同

◎ 10 名教职工与博士生一同入住沈河校区七舍公寓

各方联系，严格按照预案操作，尽可能快地使同学就医；有的需要全天候 24 小时对隔离公寓进行全方位监控，由于休息不好，痛风病发作，但仍带病坚持工作，直到隔离结束，走路还一瘸一拐；还有的虽然穿着防护服行动不便，但还是楼上楼下地搬运物资，一忙就是一身汗，从没有怨言，而且总是抢着干……正是他们的付出与陪伴，让被隔离师生感受到了家一样的温暖，面对可能出现的疫情，他们的心中没有了恐惧，忘记了孤单，时刻感受到的是学校的关怀和所有东大人的祝福与挂念。5 月 16 日和 24 日，被隔离师生做了两次核酸检测，核酸检测结果均为阴性。5 月 26 日，单独隔离生活结束，在温馨祥和的环境中，隔离师生精神状态良好，全部返回南湖校区，开始新的学习、科研、工作、生活。

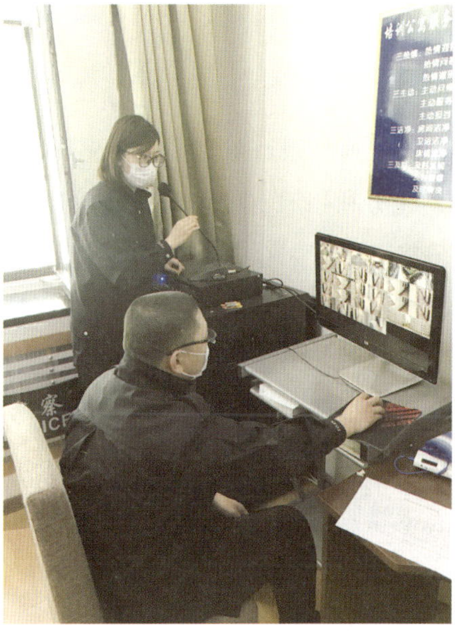

◎安保人员全天候进行安全视频监控

“原以为这单独隔离的 14 天会很无趣，因为有你们的辛苦付出与贴心照料，显得格外的暖心，感谢你们不辞辛苦地为我们提供的一日三餐可口的饭菜；感谢你们不怕麻烦地一次次帮我们取快递、送东西；感谢你们为我们提供了既舒适又安全的生活环境。”博士生廖启宇在解除隔离的前一天晚上，手写了一封感谢信。离开沈河校区前，还有的同学在群里表示：“临走了，还有点儿舍不得！”

◎师生结束 14 天隔离生活，准备返回南湖校区

三、面对疫情，转方向，担重任，他们让沈河校区功能“再升级”

沈河校区是东北大学在沈阳的三个校区之一，素以高端培训和教育产业化为特色，其充分利用原有校舍条件，逐步建成高端教育培训基地和教育产业基地。长期以来，该校区坚持以企业需求为导向、以能力培养为目标，通过订单式培训等新模式，强化实践实训教学，形成“以人为本，产学合作，面向应用”的鲜明教育特色。同时，推进继续教育与普通教育、职业教育和非学历教育等各类教育之间的沟通衔接，建立学习成果认证、积累与转换制度并有效落实。

此次，为应对新冠肺炎疫情，沈河校区管委会按照学校要求，承接了来自重点地区返校师生的单独隔离工作，并在 14 天的时间里，和相关部门通力合作，为被隔离师生的学习、生活提供了安全、有序、充足的条件支撑和后勤保障，圆满完成工作任务，为维护学校和社会稳定做出了贡献，也进一步锻炼了队伍，优化了流程，为做好今后的日常服务和管理协助提供了坚实的基础和宝贵的经验。

正如在此次隔离服务期间始终亲临指挥、坚守一线的沈河校区管委会主任兰天所说：“我们在半个月时间里与被隔离师生朝夕相处，用真心、动真情、下真功夫做好师生的管理服务工作，这既是‘三全育人’在我们具体工作实践中的生动体现，更为我们进一步深入发掘管理育人和服务育人的功效明晰了发展方向，提供了经验借鉴。”

以人为本　多维度提升师生知识产权信息素养

——图书馆“服务育人”工作案例

东北大学图书馆以习近平新时代中国特色社会主义思想为指导，紧紧围绕立德树人根本任务，建设文献信息资源体系和服务体系，成立知识产权信息服务中心，获批全国专利文献服务网点，通过开展信息素养系列实地讲座、“微圕学堂”微课，举办“研究生信息素养训练营”等引导师生尊重和保护知识产权，维护信息安全，有效推进了“三全育人”工作的全面实施。

一、开展深入调研，了解师生知识产权信息素养现状

图书馆相关工作人员对知识产权相关知识进行梳理总结，包括基础知识、法律法规、行为意识、运用能力、失范行为和创造创新等方面，并从“以人为本”的核心思想出发，面向科研工作者、科研储备力量和知识产权工作人员三类不同群体，针对他们特定的需求，分别设计侧重面不同的调查问卷。针对科研储备力量的调查问卷涉及知识产权的基础知识、行为意识、运用能力、失范行为，调查对象主要为学校的本科生，调查采取发放纸质及电子问卷的方式。针对科研工作者的调查问卷涉及知识产权的基础知识、行为意识、运用能力、创造创新，调查对象主要为学校硕士生和博士生及专任教师。对于硕士生和博士生，调查采取发放问卷的方式；对于专任教师，调查采取一对一专人谈话的方式。针对知识产权工作人员的调查问卷涉及知识产权的基础知识、行为意识、运用能力、创造创新，调查对象主要为图书馆查新员及新员工，调查采取一对一专人谈话的方式。

二、分析调研结果，制定知识产权信息素养教育方案

图书馆合计回收有效问卷共 413 份，其中本科生 306 份，不同学科硕士生和博士生及专任教师共 87 份，图书馆知识产权工作人员 20 份。面向科研储备力量的问卷结

果如下：89.9% 的调查对象表示对于知识产权处于只知概念及以下水平，并无专业学习经验；知识产权的内容中专利权、著作权和商标权较为熟知，本科生普遍对专利权感兴趣，占比 93.1%；98.0% 的本科生认为高校应开设相关课程，并愿意参加图书馆举办的各项专利相关活动；在对举办各项活动的喜爱度调查上，微信公众号发布相关内容占比 76.5%，开设专利检索课程占比 61.4%，播放知识产权影音资料占比 56.2%，举办知识产权讲座占比 36.3%。面向科研工作者的问卷结果如下：科研工作者对于知识产权的相关内容了解较多，但内容泛泛；他们对于专利相关工作有迫切需求；79.3% 的调查对象申请过专利，但在专利申请上依赖代理机构（86.2% 的调查对象通过代理机构申请专利），希望图书馆能够提供专利检索（75.9%）、查新（78.2%）、分析（70.1%）等方面的工作，并愿意就此与图书馆工作人员建立长期沟通合作联系。面向知识产权工作人员的问卷结果如下：图书馆对于知识产权相关工作的开展才刚刚起步，调查对象对于知识产权基本知识的掌握未成体系，对专利权、著作权、商标权了解较多；对于查新员来说，可以熟练开展专利检索和查新工作，尝试开展专利分析工作；调查对象参与相关培训次数都在 3 次以下，100% 的调查对象表示愿意花费时间来学习知识产权相关内容。

通过分析问卷结果，总结学校不同层次人群知识产权素养现状，结合其工作学习需求，图书馆制定出针对各层次人群的知识产权素养教育方案。

三、"以人为本"，分层次开展知识产权信息素养教育

对于科研储备力量即本科生，由于其知识产权概念薄弱、意识模糊，要开展各类型素养教育活动，以培养其知识产权意识，普及基本知识和法律法规，规范其知识产权相关行为。目前，图书馆将知识产权纳入"文献检索"课程体系，在教学中加入了知识产权的相关内容，并在考核内容中加入知识产权相关知识，作为知识产权素养教育教学效果考察，学生们都取得了不错的成绩，在教学中加入知识产权的相关内容，能有效提高学生知识产权素养。图书馆利用浑南馆内的电子屏宣传知识产权及相关活动，并在浑南图书馆光影播放室开展知识产权小课堂活动，受到了同学们的普遍欢迎。图书馆在微信公众平台推出全新栏目"来点知识"，普及知识产权相关内容，开展知识产权素养教育。并在"微圕学堂"中也相应介绍知识产权知识，加深同学们的理解。开展"每周一讲"信息素养系列实地讲座、研究生知识产权信息素养训练营等各类线上线下信息素养讲座，多维度打造信息素养教育平台。

◎东北大学首届“研究生信息素养训练营”

对于科研工作者即硕士生和博士生及专任教师，由于其科研任务繁重，对其进行知识产权素养教育的方式应以学科为分类搭建沟通交流平台，保持长期的联系，了解其即时需求。目前，图书馆负责知识产权工作的人员已与不同学院的科研工作者通过问卷、查新工作和图书馆的日常工作取得联系，既沟通了图书馆内知识产权工作进展，又通过问卷了解到了科研工作者的需求。当其在知识产权方面遇到困难或者在专利检索、查新、分析上需要帮助时，第一时间给予服务，寻求解决途径，同时在交流沟通中提升他们的知识产权素养。

对于知识产权工作人员的培训应包括全面的知识产权相关知识、实时接收知识产权最新资讯、学习知识产权课程、接受一定程度的专业培训并取得有效力的资格证书等。目前，图书馆已经派出相关工作人员进行知识产权信息服务能力建设培训、参加高校科技查新员培训、学习知识产权法线上课程、参加国家知识产权局线上公益讲座、参加高校知识产权信息服务与应用培训、参与知识产权管理体系实习审核员（审核员）培训，其中有 8 人取得了审核员资格证书。与此同时，图书馆还举办了辽宁省高校图书馆学科服务研讨会、辽宁省高校图书馆信息素养教育学术研讨会、专利信息基础及检索分析实践馆员沙龙等活动。经过系统的学习和培训，图书馆知识产权工作人员关于知识产权方面的技能有了显著提升。今后，工作人员会把自己所学知识传播出去，尽力做好“排头兵”，带动图书馆所有知识产权工作人员提升自身业务素养水平，更好地为全校师生服务。

东北大学图书馆开展的“以人为本”、多维度提升师生知识产权信息素养教育，通过科学的、有针对性的问卷客观真实地了解科研储备力量、科研工作者、知识产权工作人员的知识产权素养现状；通过将知识产权纳入文献检索课程体系、利用图书馆信息发布系统进行宣传、利用光影播放室播放知识产权课程、通过微信公众号推出知识产权素养教育系列栏目 4 个活动提升科研储备力量（即本科生）的知识产权素养水平；通过与学院科研工作者建立起初步联系，为日后开展更深层次的知识产权素养教育打下基础。知识产权工作人员进行系统的学习和培训，使得自身知识产权素养水平得到大幅度提升；在开展本科生知识产权素养教育上，教育成果显著。图书馆将继续坚持这些教育活动，并努力丰富活动的形式和内容，以期更好地为师生服务。

◎ 2019 年辽宁省高校图书馆学科服务研讨会在东北大学召开

◎图书馆第五期馆员沙龙，主题为“专利服务”

勇挑重担、攻坚克难
以信息化提升师生获得感

——信息化建设与网络安全办公室“服务育人”工作案例

深入推进“互联网 + 服务”，打造“一网通办”“站群系统”建设等一系列信息化服务是2019年信网办开展“三全育人”工作的重要内容之一。一年来，信息化建设坚持以问题为导向，以提升师生获得感、幸福感为第一要务，聚焦师生关切，为师生提供强有力的技术和服务保障，系列工作齐头并进：“四统一”平台顺利验收；核心业务系统基本完成整合共享；建设数据共享交换平台；网上办事大厅流程不断上线；建设统一站群系统平台；一卡通升级改造等。

信网办秉承“发展为了师生，发展依靠师生，发展成果由师生共享”的理念，深入推进“三全育人”工作，牢固树立“服务育人”的思想，全心全意地为全校师生提供高质量的信息化服务，贴近师生实际工作和生活环境，推动形成全员、全程、全方位育人格局，不断提高师生满意度和获得感。

一、开拓进取，锐意创新，与时俱进增实效

实施信息化建设“十个一”工程，即全校一张网、基础一平台、网站一个群、数据一个库、集成一总线、上网一个号、信息一个站、消息一通道、校园一张卡、办事一张表，实现“一点登录，全校漫游”，目前已实现对全校37个校级系统的应用集成，完成12个应用系统数据的无缝接入和集成，实现门户的统一显示，方便师生使用学校各类业务系统，提高了办事效率，为教学、科研、师生日常生活等诸多方面带来极大便利。

网上办事大厅让师生办事高效快捷。信网办充分调研，了解师生需求，建设网上办事服务大厅平台，进行跨部门、跨系统服务流程网上整合，为师生提供办事服务的综合入口，做到办事公开、程序规范、办理通畅，让“数据多跑路，师生少跑腿”，截

至2020年底，上线流程近300个，覆盖30个部门，服务师生超百万余次，真正实现了“教师办事不出学院，学生办事高效便捷”。

持续优化服务，构建服务师生新模式。坚持“把后台困难留给自己，把前台方便留给师生”，持续完善管理服务事项，推动多部门联审优化办事流程，缩短办理时限，提高一次办结率，不断拓展服务功能，努力提升师生服务体验。

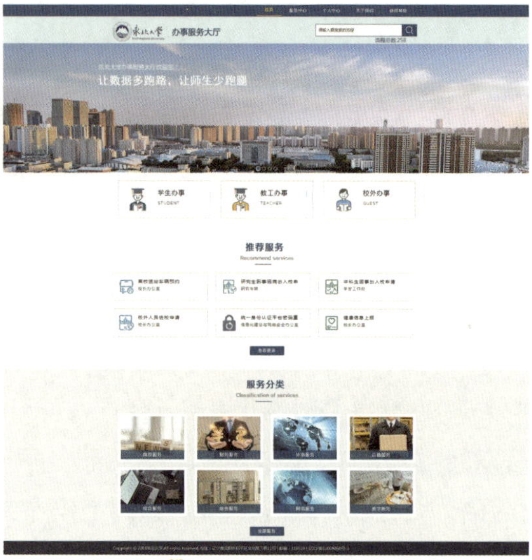

◎办事服务大厅首页

建设统一站群系统，保障师生用网安全。信息化建设与网络急速发展使网络与数据安全等级不断提升，网站统一管理和保障迫在眉睫。信网办迅速响应，启动学校网站群系统建设，迁移和建设学校的主站、新闻网以及二级部门的网站107个，实现统一管理、统一保障。从管理和技术方面强化网络安全防护体系，提高安全可控能力，有力防范和遏制重大网络安全事件，保障学校信息系统安全稳定运行，保障网络、数据资源安全和师生个人信息安全。

◎虚拟校园卡功能开通

一卡通升级改造，让师生生活更便利。对学校一卡通系统进行升级改造，实现平台的升级和前端POS机的更换，开发线上自助充值渠道，通过支付宝、银联、微信等多途径充值，实现刷码支付，为师生提供了更便利的充值方式。

二、攻坚克难，精准防控，智慧战“疫”

面对突然来袭的疫情，信网办主动担当、迅速响应、勇挑重担，主动放弃寒假，保障学校各项工作的开展，使智慧校园、信息化在疫情防控期间充分发挥优势作用，为打赢疫情防控阻击战贡献力量，为学校精准防控疫情提供“智慧支撑”，在疫情防控时期的教师授课、学生学习与科研工作中发挥了至关重要的作用。

推进“一网通办”，学习科研和阻断疫情两不误。通过“一网通办”网上办事服务大厅、“一网通办”智慧东大 APP、微信企业号和办公 OA 实现网上办公。师生一次登录，全校漫游，不需再拿着纸质表单到各部门签字，用手机就能发起申请和执行审批，减少疫情防控期间人员聚集和密切接触。开发人员主动了解各部门和师生疫情期间的办事需求，及时开发和优化相关的流程，全力保障学校做好疫情防控期间的各项工作。“一网通办”平台有效保障了学校工作有效运转不停摆，让师生办事更加高效便捷。

◎一网通办首页

研发疫情防控系统，助力精准“防疫”。2020 年，面对突如其来的新冠肺炎疫情，信网办紧急启动了疫情防控平台的研发工作，利用大数据、人工智能技术先后开发上线了健康信息上报系统、疫情防控数字化分析平台、楼馆入口扫码 / 刷卡进楼认证等系统，保证了对师生身体健康信息和位置信息的全面监测，为全校各部门及时了解每一位师生的健康状况提供信息化支撑。师生健康信息一人一档、全程跟踪，疫情防控工作“一屏尽览”，进校人员轨迹全程可追溯，实现疫情防控信息的动态化、可视化，提高防控决策的精准化、科学化水平。

全力保障“停课不停教、停课不停学”。为方便广大师生利用信息技术开展居家办公及在线学习，信网办拓展网上办公渠道，全力确保疫情防控期间“停课不停教、停课不停学”。面向广大教师开放预约东北大学视频会议系统，整理第三方视频会议和远程办公软件并提供使用指导，全力为疫情防控期间学校应急指挥、师生学术交流、学生组织培训等提供支撑。为了保障“停课不停教、停课不停学”，充分准备、周密部署，对在线教学平台和信息化基础平台进行优化、改造，对网络、服务器、存储资源进行实时监测，确保学校在线教学平台稳定、安全、高效地运行。

推进“统一消息平台”，提高通知精准化水平。针对防控期间信息量大、发送频率高的现实需求，项目开发部利用“统一消息平台”推出个性化消息、群发消息和定时发送功能，支持短信、微信、邮件、钉钉等，实现各类信息发布、紧急消息一键可达，保障通知到位。

系统规划、精细管理、工程控制、智能服务是信息化工作的理念，只有提前谋划，才能更好地服务师生，信息化建设将通过系统优化进一步细化职责，以工程控制理念为全校师生提供更智能的服务，提高师生的获得感。

健康意识和立德树人的有机结合

——校医院“服务育人”工作案例

师生是高校服务育人的主体，在一定情况下又都是服务的对象，其中的主要对象为大学生群体。东北大学医院以保障师生身心健康为宗旨，在工作中注重全员服务育人作用的发挥，突出大学生主体地位，把解决健康问题与解决思想问题结合起来，把握大学生成长发展需要，积极帮助解决大学生学习生活中的合理诉求，在关心学生、帮助学生、服务学生中引导学生、塑造学生、教育学生，实现全员服务育人。学生从入校到毕业，经历了从享受育人服务、自我服务到服务他人、服务社会的转变过程。校医院将健康服务渗透到学生学习和生活当中，潜移默化地对学生产生积极影响，使服务育人的成效在学生中得以实现和发挥，实现全程服务育人。根据东北大学党委“三全育人”试点高校建设统筹安排，校医院在制订健康教育教学计划、培养公共卫生意识和卫生行为习惯方面发掘育人价值，有机协调并形成服务育人合力。校医院深入了解并充分满足师生的学习、生活、工作中的合理健康需求；加强监督考核，落实服务目标责任制，并作为医院工作的职责要求；树立榜样示范，感受榜样力量，实现全方位服务育人。

一、充分融合课程思政，合理编制“大学生健康教育”课教学计划，全面提升学生的健康意识

东北大学医院负责“大学生健康教育”课的教学工作，该课程的教学目的是传授医学保健知识点，激发同学们的学习兴趣，使其更好地掌握健康保健技能，增强维护健康的责任感、使命感，全面提升大学生的身心健康水平。课程采用线上、线下相结合的教学方式进行，其中线上教学包括行为生活方式与健康、常见传染病的认识与预防、大学生性健康修养、禁烟禁毒教育等；线下教学包括常见疾病的认识与预防、急救与自救技能等。

新冠肺炎疫情期间，校医院克服困难，召开教学筹备会。会上进行了课程思政研讨，确立两个教学课题组的分工，并进行全线上教学模拟，遴选《新编大学生健康教育（第 2 版）》为课程教材，建立了 QQ 学习群，设专职教师进行线上答疑。会上还确定课程采用人机对话方式进行考试，该课程成为全国高校中最早进行电子化试卷分析、评分和统计上报的课程。2020—2021 学年秋季学期，教学团队共完成 5071 名本科生、640 课时的“大学生健康教育”课的授课，安排了 526 学时的监考，无教学事故发生。

◎校医院召开“大学生健康教育”课教学筹备会

◎“大学生健康教育”课线上教学

通过健康教育课的学习，同学们的健康意识显著增强，防病治病的健康观念蔚然成风，熬夜、吸烟等不良生活习惯有了明显减少，“今天你会猝死吗？”成为校园金句。课后的答疑环节中，同学们积极参与，踊跃交流，对常见疾病的预防问题进行重点关注，要求接受急救培训的同学也越来越多。同时，“如何成为一个健康的人、一个对社会有积极作用的人”的话题也引起了同学们的思考，头脑风暴之后，同学们的反馈让人惊喜，很多同学表示要从自身做起，“野蛮其体魄、健康其精神”，课程思政教育取得初步成果。

二、以关爱生命健康为主题，推广心肺复苏培训，专题健康教育活动深入人心

通过“大学生健康教育”课，学生参加急救培训的热情高涨，校医院因势利导，充分发挥医疗专业特长，在校园内积极推广普及心肺复苏技能，结合“大学生健康教育”课课堂教学及定期组织培训班，强化急救意识，提高师生应对突发事件的能力，将健康校园、急救推广活动持续开展下去，让专题健康教育活动深入人心。

校医院创新了推广模式，新购置 15 台“心肺复苏训练模拟人”，受教师生先进行理论与模拟操作相结合的讲解学习，再使用“模拟人”进行实际操作演练，并由医护人员进行现场指导，保证操作规范准确。两年以来，共开展培训十余次，受众师生 1800 人次。随着心肺复苏技能培训工作的进一步铺开，扩大规范化实操演练受众面成为重点，在学校的统一协调下，校医院又补强心肺复苏技能培训，开展 AED（自动体外除颤器）进校园工程的培训工作。

◎校医院为体育部师生进行心肺复苏技能培训

专题健康教育活动在师生中引起了良好的反响，他们更加真切地感受到了生命的宝贵，以及学习心肺复苏技能的必要性。生命对于每个人来说只有一次，在生死存亡的危急关头，能够及时地施以援手，更能体现对生命的尊重；学生积极踊跃参与心肺复苏技能学习，主动成为守卫生命健康的志愿者、宣传者，这是学生社会责任感增强的生动体现，对于树立正确的世界观、人生观、价值观起到了积极引导作用。

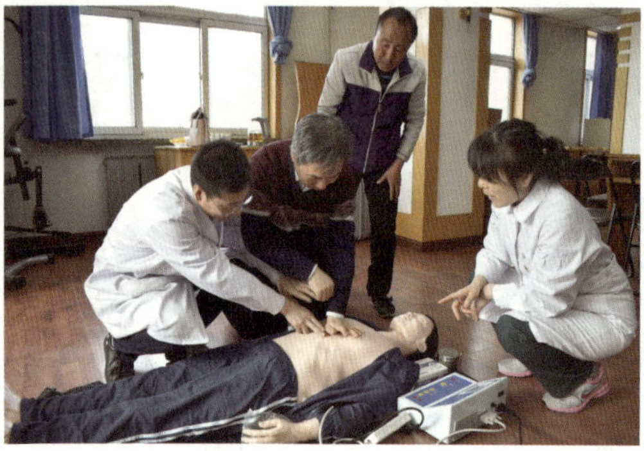

◎第四期心肺复苏技能培训班

◎第五期心肺复苏技能培训班

三、采用多种宣传形式，健康宣传活动方兴未艾

在校医院的牵头下，校团委、学生处等多部门相协助，通过发放传单、宣传手册，悬挂横幅，大屏幕滚动播放相关知识等形式，持续对师生进行常见传染病、慢性病（高血压、糖尿病等）、控烟等知识宣传，倡导健康的生活方式，提高人们的防病意识，减少疾病的发生。此外，校医院还利用校报刊登结核病等相关知识，利用教工健康体检群及覆盖全校各年级的微信群、QQ 群发布传染病、食品安全等相关知识，并与师生互动。校医院每年都会举办健康教育宣传活动约 20 次，发放各类宣传材料 1.5 万余份。

作为教育部指定的艾滋病防控工作试点高校，东北大学医院每年有计划地开展艾滋病防控系列活动，利用校内电子屏幕、宣传栏、校园广播、校园网、校报等宣传媒体进行艾滋病防控知识宣传；邀请防艾专家为大学生志愿者做防艾讲座；指导学生社团开展“知艾周推送”“防艾伴乐学”“为爱防艾，你我共携手”演讲比赛等系列活动。

◎艾滋病防控知识宣传（一）

◎艾滋病防控知识宣传（二）

多种形式的健康教育宣传活动，不但为同学们传授了防病知识，更帮助同学们树立了正确的健康理念和生活方式，在培养公共卫生意识方面发挥了不可替代的作用，使得“立德树人”进一步走向深入。

四、大力提升职业素养，为学生提供一流的医疗服务

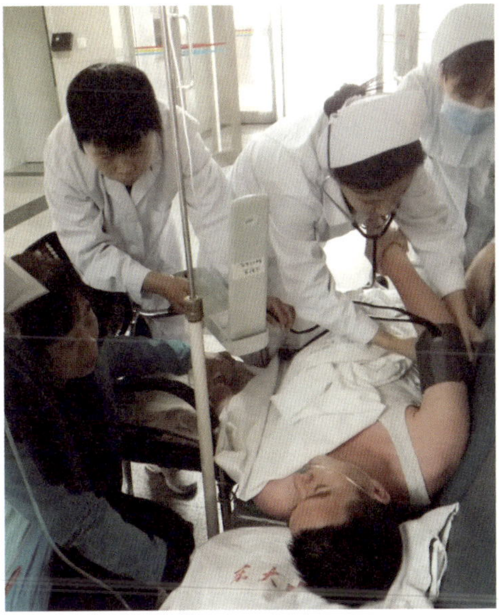

◎校医院为体育部师生进行心肺复苏技能培训

为了让严重威胁师生生命的疾病发生率降到最低，校医院每年都开展急危重症抢救的业务培训，包括竞赛和讲座等多种形式，以防患于未然，大力提升医院医护人员的职业素养。

2019 年 5 月 28 日 13 时 40 分，东北大学博士生陈某因过敏性休克被两位同学送至校医院。发生过敏性休克，数分钟内会因喉头水肿和支气管痉挛出现窒息、休克导致死亡。情况万分危急，医护人员立即对他进行了紧急救治。当 120 急救车到达时，陈某已转危为安。2019 年 9 月 10 日，已身在美国的陈某委托同学向校医院赠送了一面锦旗，上面书写着：“生命的守护者。”

近几年来，校医院共救治了 3 名类似情况学生，在师生中引起强烈反响，得到了学生们的好评。校医院的医护人员在提供一流的医疗服务的同时，也把“敬佑生命、救死扶伤”的服务育人信念传递给学生。

上车饺子下车面　东大情缘总相见

——后勤服务中心“服务育人”工作案例

◎每名入校新生都会收到一张免费面券，由此开启“奋斗青春路”

后勤服务中心紧紧围绕东北大学“三全育人”综合改革试点工作的任务、进度和成果等要求，结合部门特色，在“服务育人”方面开展了多项改革措施。以餐饮为例，自2018年起开展“‘上车饺子下车面’毕业及迎新季活动”，几年来分别向毕业生、新生累计发放饺子及面条券两万余张。东大后勤人用精心包制的饺子和一碗碗热腾腾的面条，送走一届届毕业骄子的同时又迎来了新鲜血液，使母校始终成为东大学子“家”的港湾。

一、毕业饺子送骄子，生生世世东大人

近年来，东大后勤在餐饮“服务育人”方面，加大创新力度，在“硬”“软”两方面实施多项举措，而为毕业生免费提供北方最具特色的饺子便是之一。

“东大校友”一直是学校在各行各业最响亮的名片，而在成为校友之前，母校对每一届即将离开的学子们最后的寄托与希望，都被后勤人用心、用情包制在每一个小小的饺子当中，希望他们在“上车”离开之前，最后一次回味在母校的学习与生活。

每年1月初和6月底，分别是研究生和本科生毕业的季节。这个时候，东大食堂全员包饺子的场面，也屡屡成为新闻热点。韭菜鸡蛋、牛肉大葱、猪肉白菜等主打馅料，既具有东北风味，又考虑孩子们不同的需求。每一名毕业生在食堂特设的饺子专用窗口，凭券免费领取“毕业饺子”一份。2018年6月，“12万个饺子送别毕业生”

成为新浪微博热门话题，人民网、《光明日报》、新浪网等多家媒体转发，浏览量近500万人次，一时间冲上热搜榜。东北大学作为“别人家的好大学”，也成为广大师生、家长及校友热议的话题。

◎学生城食堂饺子窗口，工作人员将刚煮好的饺子送给毕业学生

因学制原因，每年研究生毕业季从12月中下旬开始持续到1月初。因此常导致一些毕业生不能集中离校，错过了这场饺子盛宴。中心为了满足他们的心愿，作出随时随地回母校品尝一次饺子的承诺，受到了硕士和博士毕业生们的好评。此外，2019年，中心还开展“哪种饺子最好吃”等调查，征求大家的意见和建议，最大限度地满足同学们“舌尖上”的需求。

其实不管是否已经毕业离开，食堂里依旧整齐摆放着熟悉的菜品，保留着不曾改变的味道。无论是哪种馅，饺子的味道也和往常的差不多，但是它包裹住的却是整个大学生活的酸甜苦辣。在微博的评论区，有毕业生这样写道：“饺子有价，情谊无价，不管味道怎样，不管爱不爱吃，吃完这一次我就要离开了，可能以后就再也吃不到了”。无论何种思绪，每一张照片终会定格在那一刻的微信朋友圈里，锁住了学子们对母校的怀念，让他们记住自己永远是东大人。

二、迎新面条迎新颜，妈妈味道心港湾

如果饺子代表了送别，那一碗碗热腾腾的面条就是一声最新的问候。当经过高考洗礼的新“东大人”，通过漫长的旅程“下车”来到学校时，或许他们最希望听到是一句暖心的“累了吧，饿了吗？来碗面条吧”。

沈阳的9月秋高气爽，沉甸甸的行李已然放下，一张张年轻的面庞或青涩腼腆，或活力张扬。每年这个时候，在南湖和浑南校园里激荡的澎湃热情，在一碗暖胃“迎新面”的抚慰下，暖了学子心，浓了东大情。面条与饺子不同，口味因地域差异明显，重庆小面、安徽板面、兰州拉面等，碗里热气腾腾，面条筋道爽滑；打卤面、鸡丝凉拌面，还有东北特色大冷面，沁凉消暑，回味无穷。这些都表达着东大后勤人的热情，

努力寻找着妈妈的味道，让学子在他乡如故乡。

◎下车来碗“迎新面”，用心，暖胃

“迎新面”活动主要集中在每年的9月初开展，贯穿整个军训时期，食堂在售的任意一款面条，新生均可凭券领取一次，感受到母校“妈妈味道心港湾”。

迎新面条，既是一种“接风洗尘”的情怀，又是食堂对面条种类的一次展示和狂欢。所以在这个时候，各个食堂便大胆创新，用心调味，一时间各种传统和新品面条层出不穷，只为留住初来乍到的新鲜味蕾，让他们安心在沈阳、在东大留下来，同时也能成为自己食堂的常客，变身为家常口味的品鉴师。

一次，有一个女同学不小心把他的面条券弄丢，吃饭时看着别人吃着面条，抱怨说自己太马虎了，恰巧被食堂保洁员听到了，汇报给食堂主任。食堂主任马上过去与她沟通，在第二天免费赠送了她一碗面条。因为他们知道，她抱怨的不是自己马虎，也不是免费的吃食，而是很可能错失掉的入校的第一次留念，这令她憧憬的美好校园生活略显遗憾。

◎辽宁电视台教育－青少频道对东北大学1万碗“迎新面”迎新生活动进行报道

一碗普通的面条也让家长对孩子们未来的生活放下了心。一位新生妈妈曾写道：“出发时是离家，泪眼迷离是不舍；到校时如归家，泪目不已是温暖！面长情更长，为暖暖的东大点赞。”东大后勤人希望所有的新生能够在未来的日子里，外表如面劲道细泽，内心如汤丰厚醇实。

三、上车饺子下车面，山高路远终相见

从宿舍到食堂，很多东大学子在这条路上已走了无数次，数不清在二食堂吃了多少顿饭，数不清在学生城食堂里有多少次的闲谈，也数不清穿行过多少次浑南食堂。青春伴随着努力、奋斗和成长，所以总要有那么几件事能让学子们难忘与回味。在初秋时来到东大，食堂就用一碗“迎新面”让学子们开启一生的东大情，让他们记得那一刻的自己是怎样的心绪；在盛夏时不舍离别，食堂又用一顿饺子，把所有想说却说不出的话浓缩于其中，包满祝福、包含牵挂，让它成为“你可能不爱吃却永远怀念的食堂饭菜”。

青春似水流年，当再次有一级新生到校时，毕业生们是否还能再一次回味当初自己吃第一口面时的感受；离别不说再见，这次放下筷子后则意味着另一段新生活的开始。但无论他们未来在哪里，母校永远是坚强的后盾，东大后勤人希望这些味道和这份情怀，能永远留在每个东大毕业生的心中。

“‘上车饺子下车面’毕业及迎新季活动”旨在打造系列重点服务活动，提升整体服务水平，逐步创建东大后勤特色名片。一方面，高校后勤的服务好坏往往对师生在校的工作、学习发挥着重要的作用，在开展各类专项服务的同时，可以拉近后勤人与师生之间的距离，真实了解被服务对象的实际需求，进而在工作开展上有的放矢，同时，特色主题也能起到一定的教育作用；另一方面，“上车饺子下车面”等一系列的创新活动，也是学校育人内涵的生动体现，其情怀式的表达加深了教师、校友、家长及学生对学校的认同感和归属感，巩固东大人的凝聚力，提升学校的美誉度，间接对学校的招生、就业等方面产生支持作用，让更多的人认识和了解东北大学，在服务育人的同时展示良好的校风校情。

资助育人

ZI ZHU YU REN

『自强之星』评选十六年
持续引领家庭经济困难学生励志成才

打造『阳光培育计划』
引导学生感恩回报社会

打造高端发展型资助项目
拓宽贫困学子国际视野

“自强之星”评选十六年 持续引领家庭经济困难学生励志成才

——学生指导服务中心“资助育人”工作案例

加强家庭经济困难学生励志教育、诚信教育、社会责任感教育是高校学生资助育人工作的关键内容，也是围绕“三全育人”根本任务开展“精准资助”工作的重要环节。东北大学不断探索针对困难学生精神培育的主题教育载体和形式，积极打造困难学生的精神家园，实施“阳光培育计划”“青春领航计划”，将“扶贫”与“扶志”并举。

“自强之星”评选系列活动作为“青春领航计划”的品牌项目之一，至2020年已经成功举办了十六届，活动旨在通过进一步挖掘和宣传学生身边的自强典范，引导学生见贤思齐，励志成才。目前，该活动已选出东北大学“自强之星”百余名，其中1人被评为“中国大学生自强之星标兵”，10余人被评为“中国大学生自强之星（提名奖）”。这些“自强之星”不仅是当代大学生励志成才的典范，更是学校“资助育人”成果的生动体现。

一、选树励志典范，弘扬青春正能量

为进一步挖掘和宣传学生身边的自强典范，展现当代大学生勇于承担责任、敢于面对困难的精神风貌，弘扬“自强不息、知行合一”的东大校训精神，为当代大学生树立可亲、可敬、可信、可学的榜样，2019年，学校进一步优化了评选工作，丰富了奖项类别，对在“爱国奉献、道德弘扬、学业特长、科技创新、自立创业、志愿公益、社会工作、身残志坚”等方面有突出的事迹或成绩的家庭经济困难学生予以表彰和宣传。

第十六届“自强之星”榜样评选活动于2020年10月启动，经学生个人申报、学院推荐、学校复赛和网络投票、专家评审等环节，评选出在当代大学生中能够起到榜样作用的优秀家庭经济困难学生。每年此项活动都有数百名同学报名参加，数万人通过“东大资助”微信公众号等各种途径对活动情况进行关注。评选活动最终产生“自强之星标兵”10名、“自强之星”10名。

◎ 2020 年第十六届“自强之星”颁奖典礼暨“逐梦青春　自强奋进”励志故事分享会

活动最终以颁奖典礼暨励志成长故事分享会的形式呈现。每年评选活动的开展都得到了学校领导的高度关注以及学校各学院及职能部门的大力支持，每年的典礼校领导都亲自颁奖并讲话。获奖同学在获得荣誉的同时也将优先推荐参加学校全额资助境外短期访学项目。

◎学校领导出席“自强之星”颁奖典礼

二、开展系列活动，培育励志文化

为了进一步扩大工作效果，在全校范围内营造励志文化氛围，学校成立了由往届“自强之星”组成的“励志青春”优秀特困大学生先进事迹报告团，并开展巡讲活动。

通过主题团日、主题班会等形式深入到班级、寝室，以不同的方式和途径讲述自己成长的经历、跨越挫折的行动、不懈奋进的精神和回报社会的感悟，将自强自立精神展现得淋漓尽致，启发和教育了一批又一批在校大学生自强自立，用栋梁之躯回报国家和社会。

报告团自2006年组建以来，已开展励志主题报告130余场，编制《逐梦·励志·青春》励志事迹汇编材料1套，获得"辽宁省大学生思想政治教育精品活动"荣誉称号。《逐梦·励志·青春》励志事迹汇编，每年都在开学季面向全体新生发放，作为新生入学教育内容之一，对新生起到积极的影响。

◎"自强之星"优秀事迹选编

以"自强之星"榜样评选活动开展10年为契机，学校于2014年启动了"自强之星"10年寻访活动，组织家庭经济困难学生到往届"自强之星"所在单位进行社会实践，开展实地回访、校友联谊、企业参观等活动，让同学们跟随励志榜样的足迹，体会逐梦历程的坚定信心。同年，举行了"逐梦青春　砥砺十年"东北大学"自强之星"颁奖典礼，往届"自强之星"受邀也纷纷从世界各地返回校园，与在校学生面对面展开座谈，分享交流并担任"励志成长导师"，同时还自发设立东北大学"自强基金"，用于资助每年全校选出的身处逆境却自强不息、奋发图强的学生典型，以激励自强青年奋勇成才。

◎"自强之星"之"逐梦青春　砥砺十年"颁奖典礼

三、加强榜样宣传，彰显育人效果

以“自强之星”为代表的励志成才优秀家庭经济困难学生中，不乏基层或艰苦行业就业、应征入伍服义务兵役和自主创业的先进典型。如现就职于中国广核集团，立志扎根基层，为国家建设做出贡献的第三届“自强之星”曹中秋；献身国防，用实际行动践行青春誓言，参与我国“神八”“神九”“神十”载人航天任务，受到总部首长慰问的第六届“自强之星”尤岳；反哺母校和社会，成功自主创业后设立东北大学“立强助学金”的隋金铂……这些同学是当代大学生践行社会主义核心价值观的典范，更是学校“资助育人”成果的生动体现。

学校学生资助中心不定期通过“东大资助”微信公众号，开展“逐梦青春 励志榜样”系列宣传活动。《东北大学报》和东北大学官方微信等平台也对“自强之星”典型先进事迹进行了系列宣传报道。他们的事迹不仅在学校内广泛传播，影响了一批又一批在校学生见贤思齐，同时也在社会上引起极大的反响。《人民日报》、教育部网站、《沈阳日报》、全国学生资助中心网站等主流媒体宣传报道东北大学家庭经济困难学生精神引领工作及学生励志成才典型事迹达 30 余次。

善行助困，资助育人。东北大学在“资助育人”的道路上，十余年坚守初心，一路前行，在不断探索、实践和突破中，精准化理念愈加突显，人性化关怀愈加充分，多元化发展愈加完善，各项工作得到教育部、省、市的一致好评。在中央部属高校学生资助工作绩效考评中，东北大学连续 10 年获得优秀，共计获得绩效奖励 1.1 亿元。

“自强之星”们带着学校的嘱托踏入社会的各行各业，他们之中有的在神圣的三尺讲台上为人师表、传道授业；有的在遥远的异国他乡努力求学、积极深造；有的在高端的企业公司身担要职、经营人生；有的在祖国需要的地方不懈奋斗、勇担重任。在东北大学校园里，越来越多的励志青春的身影，以梦想为名，以笃行为证，在奋斗中领悟青春的瑰丽，在自强中描绘无悔的人生。

打造“阳光培育计划” 引导学生感恩回报社会

——学生指导服务中心“资助育人”工作案例

东北大学学生指导服务中心深入学习贯彻习近平总书记关于青年成长成才系列重要论述，积极响应教育部全国学生资助管理中心关于成立“学生资助宣传大使”团队的号召，依托“阳光培育计划”，组织受助学生开展回报社会实践活动。学校始终不断加强对于广大青年学生的感恩教育、励志教育、诚信教育和社会责任感教育，全面引导和帮助广大青年学生开展社会服务和公益活动，将对国家、社会和学校的感激之情转化为反哺回报社会的爱心行动，增强社会责任感和奉献意识。

一、丰富实践形式，增强育人实效

学校将感恩责任意识教育与公益服务、奉献社会等主题紧密结合，鼓励受助学生将对国家、社会和学校的感恩之情转化为回报社会之行，倡导所有受助学生积极参与公益实践活动，在感恩实践中实现价值，在实践成长中担当责任。通过“阳光培育计划”，学校引导、鼓励受助学子在奉献中受教育、长才干、懂感恩、知荣辱。学校每年组织百余名受助学生分赴全国各地开展主题丰富、形式多样的社会实践活动。

◎“阳光培育计划”启动仪式

◎“学生资助宣传大使”培训会

一是开展爱心支教，朋辈扶助实现教育反哺。深刻理解习近平总书记提出的“绝不能让贫困家庭的孩子输在起跑线上，坚决阻止贫困代际传递”思想内涵，鼓励受助学子将教育帮扶作为反哺社会的重要方式和途径，为教育资源落后地区的孩子送去关爱与温暖。

二是践行敬老爱老，感恩关爱彰显责任担当。学校始终将“资助育人”作为困难学生资助帮扶工作的核心理念，始终注重受助学生责任意识和担当意识培养，以“阳光培育计划”受资助学生回报社会行动为契机，关注孤寡、留守老人，在生活上给予他们帮助和关心、精神上给予他们理解与关怀。

三是成立“学生资助宣传大使”政策宣讲团，传递温暖助力无忧入学。组织政策宣讲团进行实地走访，与困难新生建立联系、结成对子，通过面对面交流、一对一讲解，将国家助困政策和学校“精准资助”帮扶举措送到家门口。2018 年，东北大学还与国家开发银行辽宁省分行合作，组织“学生资助宣传大使”赴生源地贷款办理中心开展志愿服务工作，为各地新生讲解国家资助政策。

四是走进社区，服务民生民情。通过社区义工、公共服务等形式，鼓励学生贴近民生、了解民生、服务民生，在书本外收获成长，在成长中选择奉献。东北大学还与辽宁省政府“民心网”建立长效合作机制，组织受助学子参与民生公益调研，投身民生建设，助力民生发展。

二、组织好、建设好、运用好“学生资助宣传大使”队伍

为进一步加强学生资助政策宣传，推动学校学生资助工作全面、健康发展，东北大学深入贯彻落实教育部全国学生资助管理中心《关于组织国家奖学金获奖学生担任“学生资助宣传大使”的通知》和《关于组织开展“学生资助政策乡村行”活动的通知》要求，整合资源、细致落实，积极组建“学生资助宣传大使”队伍，因时制宜，因地制宜，多途径、多形式，广泛开展学生资助宣传工作，确保“学生资助宣传大使”队伍建设制度化、长效化；活动组织多元化、常态化；业务培训专业化、规范化。

一是开展资助政策进“千家”活动，利用寒暑假，建立学生资助政策宣讲团，走访家庭经济困难学生，进村入户宣传国家资助政策；二是开展送政策回母校活动，组织毕业生回到母校“现身说法”，向学弟学妹们介绍自己在国家资助政策帮助下励志成长的故事，让他们消除后顾之忧；三是开展公益服务活动，组织受助学生回到家乡所在地的县级资助中心，参加生源地信用助学贷款志愿服务工作，面向大学新生介绍“绿色通道”、奖助学金等国家资助政策。

此外，学校还专门启动“学生资助宣传大使”聘任工作，邀请校党委副书记张国臣出席，并为“学生资助宣传大使”发放聘书。学校“学生资助宣传大使”工作多次作为优秀典型案例，获得教育部全国学生资助管理中心官方宣传报道。

◎“阳光培育计划”实践团队走访家庭经济困难新生

◎学校领导为“学生资助宣传大使”发放聘书

三、评奖评优，树铸榜样，切实做好优秀典型宣传

学校每年根据学生团队实践成果，对优秀团队和个人进行评奖评优，对于在实践活动中表现突出、成果显著的优秀典型，予以广泛宣传。

◎“阳光培育计划”实践团队开展爱心支教

“阳光培育计划”中每年有超过50%的团队和个人获评校级优秀（团队或个人），他们在爱心支教、敬老爱老、公益服务、政策宣传等方面所展现的积极态度，所发挥的重要作用，得到了校内师生和社会各界的高度认可。全国“五一劳动奖章”获得者郭明义同志曾与东北大学“阳光培育计划”实践团队亲切座谈交流，对于他们所展现出的青春活力和奉献精神予以赞赏与认可，并在东北大学成立“郭明义爱心团队”，延续感恩国家、反哺社会的优良传统和优秀品质。

东北大学始终将对家庭经济困难学生的感恩教育、社会责任感教育和培育学生自身实践能力作为资助育人工作的重要环节和关键抓手。近年来，东北大学优秀受助学子依托“阳光培育计划”活动平台，通过反哺社会表达着对国家、社会、学校的感恩。

他们有的走进大山，为留守儿童讲述外边的世界；有的走进村镇、学校，把党和国家的资助政策送到寒门学子的心坎上；有的走进社区，用知识与才干服务百姓民生。活动启动至今，已有百余支队伍千余名同学参与其中，已经成为学校资助育人工作中的一个亮点、一张名片。

打造高端发展型资助项目
拓宽贫困学子国际视野

——学生指导服务中心“资助育人”工作案例

教育公平是社会公平的重要基础，家庭经济困难学生的资助工作是体现教育公正公平、维护高校和社会稳定的重要举措，也是高校人才培养的重要内容。东北大学在不断探索“资助育人”内涵的实践过程中，着眼于人才培养，逐渐构建起了“物质资助、精神培育、能力提升”三位一体的资助工作体系，实现了从“基本经济资助”向“全面发展精准资助”升级。2016 年，学校启动优秀家庭经济困难学生“学业腾飞计划”境外短期交流项目，投入专项经费，搭建优质境外短期交流平台，促进学校国际化人才培养，帮助困难学生树立更高的学习目标和学习动力，提升困难学生核心竞争力，从而充分发挥高校人才培养在阻断贫困代际传递方面的重要作用。

一、整合优质资源，提供全方位配套支持

◎ “学业腾飞计划——English Access 英语提升项目”选拔考试

为加强困难学生资助工作的精准化、科学化、国际化建设，提升家庭经济困难学生英语能力，让家庭经济困难学生海外就业、求学成为可能，学校通过丰富、优质的项目活动，为有意向出国及有一定英语特长的家庭经济困难学生提供高端英语培训及出国指导服务。整合校内外资源，通过“励学 100

托福雅思免费培训项目”“English Access 英语提升项目” 等系列活动为家庭经济困难学生提供资助和指导；为成功申请国家、学校国（境）外留学项目的家庭经济困难学生予以一定的经费支持，并邀请留学专家和有留学经历的学生进行专题辅导和个性化指导。

二、优化项目设计，多角度提升资助育人效果

为了进一步开阔家庭经济困难学生的国际视野，帮助优秀的家庭经济困难学生树立更高的发展目标，激发其学习动力，“学业腾飞计划——优秀贫困学子海外交流”项目坚持“资助育人”工作理念，科学合理设计项目安排，从丰富学生体验、指导学生成长、定位职业发展的角度，设计丰富多彩的学术交流课程，让学生感受不同国家文化，同时深入企业进行参观考察。

◎“学业腾飞计划”优秀困难学生赴法国图卢兹大学访学

◎“学业腾飞计划”优秀困难学生赴日本立命馆大学校园访学

世界文化丰富多样，在全球一体化过程中，各个国家和民族的文化相互融合，互相促进，呈现出多元和谐的发展局面。“学业腾飞计划”让学生置身异国他乡，亲身感受他国的风土人情以及不同文化的碰撞与冲击，指导学生以平等交流，相互促进的态度，既尊重自己民族文化的价值，又尊重其他民族文化的价值，取其精华，弃其糟粕。让他们在“走出去”的过程中也能够在传播中华文化、践行文化自信方面发挥自己的作用，自觉“讲好中国故事，传播好中国声音，阐释好中国特色”。

“学业腾飞计划”还让学生走进国外知名企业，感受不同的企业文化，和先进的科技发展成果。通过开展名企管理人员面对面交流，参观高科技企业实验室、了解产品生产研发及销售过程等活动，让学生从认知企业管理模式及启发培养创新思维的角度，

获得全新的认识，进一步推动家庭经济困难学生高起点定位未来职业发展。2018年“学业腾飞计划——优秀贫困学子海外交流”项目两组同学，分别考察了日本东京证券公司、朝日新闻社、华人创立的日进公司、法国太空城、AIRBUS空客集团公司等著名企业。学生返校总结项目时对此感慨良多，一名参与法国图卢兹大学项目的学生有感而发：“参观空客集团的时候，我心里特别激动，如果在很多年以前，我一定会对西方大飞机制造的垄断充满着慨叹，但此时此刻，在我的心里却充满民族自豪感，因为中国国产大飞机已经载着我们的‘中国梦’展翅飞翔了，今天身处国外，我们每一个中国人都对中国制造感到骄傲！”

◎“学业腾飞计划”日本朝日新闻企业社会实践

“学业腾飞计划”项目的重点除了让家庭经济困难学生感受异域文化、深入了解国外企业，更重要的是让学生们能够系统的感受海外优质的教育资源，了解不一样的课堂风格。所有授课皆采用全英文授课，对学生英语水平、口语表达能力提出更高的要求。体系化授课结合学生所学专业及专业未来发展前景，通过专业学习、实地操作、小组讨论等方式促进学生对知识的了解和掌握，课后通过实验报告、课程总结的方式加深学生对所见、所学、所感的进一步认识、思考、延伸。2018年早稻田大学交流团主要为管理类文科学生，他们在四名教授的带领下分别对日本企业文化、日本制造业分析、日本企业家精神以及领导力等进行了学习，学生在课程学习之后不仅对日本社会文化、经济等方面有了更加深入的了解，同时也从一个更为完整的世界观的角度去思考他们作为当代青年的立足之处，只有不断学习、提升自我，才能放眼世界、力争上游。

◎“学业腾飞计划”优秀困难学生赴日本早稻田大学访学

三、发挥榜样效应，激励困难学生见贤思齐

每年“学业腾飞计划——优秀贫困学子海外交流”项目都在全校范围内甄选优秀家庭经济困难学生，这项活动受到了全体同学的极大关注。为了进一步扩大工作效果，交流回国后，学校举办项目交流分享会，参与学生从社会文化体验、企业参观考察以及学术课程体验的角度，结合自己成长的经历，进行了认真的梳理总结，让更多的学生在这些优秀贫困学子的经历分享中受益，学校还统一编印了《爱暖东大 助梦飞翔——东北大学“学业腾飞计划”优秀学子访学感悟》一书向在校学生免费发放，通过分享成长故事、访学经历，启发和教育了在校学生自强自立，奋勇成才。

◎编印《爱暖东大　助梦飞翔——东北大学“学业腾飞计划”优秀学子访学感悟》

◎ 2018 年“学业腾飞计划”优秀困难学子海外访学项目分享会

“学业腾飞计划——优秀贫困学子海外访学项目”作为东北大学资助育人工作体系中对于家庭经济困难学生“能力提升”层面的系列活动之一，旨在通过搭建短期优质交流访学平台，激励贫困学子敢于突破局限，树立更高的学习目标。据统计，学校启动此项目以来，20 人已经分别被保送至北京大学、清华大学、中科院等高等学府攻读硕士学位，另有 3 人在项目交流回来以后申请了全额奖学金，在异国他乡继续他们的逐梦之旅。短短不到十天的交流活动，在他们的人生中留下了很多闪光的亮点，很多难忘的“第一次”——第一次出国、第一次坐飞机、第一次走进国际知名学府、第一次面对外企大咖……希望他们的人生以此为契机，有更多个“第一次”，实现更多个“不可能”！

组织育人

ZU ZHI YU REN

深挖育人元素、激发育人活力

在抓好学生党员教育管理中提升党建育人实效

强组织凝心聚力　谱写全员育人协奏曲

领航计划　精准扶困

探索VR党建模式　全面提升党建工作水平

党印我心、培根铸魂　构建少数民族学生党建新模式

深挖育人元素、激发育人活力
在抓好学生党员教育管理中提升党建育人实效

——党委组织部“组织育人”工作案例

◎《东北大学新时代党建质量工程手册》

东北大学党委组织部坚持以习近平新时代中国特色社会主义思想为指导，全面贯彻落实党的十九大和十九届二中、三中、四中、五中全会精神，按照学校党委关于“三全育人”综合试点工作的要求和部署，积极开展党建育人模式的研究和实践，通过编印《东北大学新时代党建质量工程手册》，构建强基固本、质量监督、典型引路、素质提升、组织保障“五位一体”的学生党员教育管理体系，坚持深挖育人元素、激发育人活力，在党建育人的探索实践中把学生党员教育与管理工作落实、落细、落地。

一、强基固本，打造思想引领新高地

组织修订《东北大学发展党员工作规范》，坚持把政治标准放在首位，把好把严党员发展的“每一道关口”。树立“严”的导向，严格执行推优制、预审制、公示制、票决制、责任追究制等规章制度，认真履行发展党员工作各项程序，明确发展党员流程图，建立发展党员工作常用规范性文本，突出抓好入党积极分子的培养考察，着力解决新党员思想入党问题。前移培养关口，建立全校范围的党课师资库，聘请 47 位从事

党建理论和实践研究的专业教师、机关干部担任主讲教师，指导分党委、分党校开展好入党启蒙教育，办好入党积极分子培训班，不断优化课程设置，推动党的创新理论走进青年、深入心间。提升“两堂党课”育人功效，邀请学校党委有关负责同志讲授发展对象入党前集中培训班“开班第一课”，教育引导即将迈入党组织的广大青年学子端正入党动机、坚守入党初心，以实际行动践行党旗下的庄重承诺；要求分党委书记为毕业生党员讲授离校前的“最后一堂党课”，教育引导即将走出校园、迈向社会的毕业生党员继续坚定理想信念、练就过硬本领、勇于创新创造、矢志艰苦奋斗和锤炼高尚品格，把个人发展与祖国和人民的需要紧紧联系在一起，在实现中华民族伟大复兴中国梦的征程上展现大学生党员的价值和风采。

◎分党委书记为毕业生讲授党课

二、质量监督，构建过程管理新约束

◎学生党员述责测评

修订印发《东北大学学生党员述责测评工作规范》，进一步明确开展此项工作的指导思想和目标意义，压实分党委组织领导责任，理清并规范工作程序，将述责测评结果作为党员日常表现的重要参考、党内评优表彰的重要条件以及处置不合格党员的重要依据。2019 年参加述责的学生党员人数为 2709 人，占学生党员（不含博士生）总数的 99.9%；参与测评的学生人数为 18651 人，占本、硕学生总数的 75.8%；测评满意和基本满意率100%的党员人数占98.1%，满意和基本满意率90%以上的党员人数占99.6%。设计并开通“东北大学学生党员述责测评系统”，利用网络创新述责测评形式，立足新时代党员管理网络化、精细化、便捷化的要求，不断提高党员教育管理工作现代化水平，监督党员切实履行党员义务，2019年使用网络测评系统学生党员人数达到1955名，占述责党员人数的72.2%。

三、典型引路，强化述优传优新导向

按照《东北大学学生党员评优工作规范》要求，认真组织开展优秀党员评选表彰工作，每年在全校范围内表彰一批发挥作用好、师生认可度高的学生党员，强化引领作用，做好典型选树。

坚持上下联动，扩大覆盖面。推动和指导分党委根据实际开展评选表彰工作，扩大优秀的范围和层次，认真做好上级党组织评选表彰组织推荐工作，近几年已有10余名大学生党员受到省委教育工委、市委教科工委的表彰。

◎提升党建育人功效——“We党微家”新媒体工作室

做好深度宣传，增强影响力。依托学校党建新媒体公众号“We党微家”，开设“最美的我们|优秀大学生党员事迹展”专栏，推送先进事迹15期，做好先进典型的深度宣传与跟踪报道，在“述优传优”中把故事说得鲜活、把事迹讲得生动，大力营造学习先进、争当先进的浓厚氛围。

注重丰富内涵，找准结合点。大力挖掘在新冠肺炎疫情防控工作一线涌现出来的表现突出、得到广泛认可的先进典型，邀请他们走入支部，“云端”开讲，谈认识、讲体会、话感悟，用身边人讲身边事，用身边事育身边人。

四、素质提升，激活融合共进新动力

以《东北大学学生党员教育管理工作规范》为根本遵循，对新生党员、预备党员、正式党员、研究生党员教育管理等工作予以规范，明确目标和要求，努力把思想引领、党性修为、价值塑造贯穿学生党员教育管理的各个环节、各个阶段。

党建品牌活动育人。加强顶层设计和谋划，扎实推进以支部立项、特色支部创建、基层党建工作创新奖、党建课题研究和党员述责测评为主要内容的“五位一体”党建活动载体建设，关注聚焦深化构建“三全育人”工作体系，做好党建品牌活动与育人工作的协同与衔接；激发基层党组织创新党员教育管理的内容和方式，贴近学生党员思想、学习、工作、生活等实际，对不同群体党员有针对性地组织开展形式新颖、吸引力强、寓教于乐的活动，近年来探索和培育的旗帜工程、“信仰领航”工程、“红色梦想”社会实践等党建品牌活动，在引导学生党员发挥先锋模范作用方面起到积极促进作用。

◎东北大学“不忘初心、牢记使命”主题教育之学生党支部书记培训

党建新媒体平台育人。加快互联网与党建深度融合，扎实推进“智慧党建”工作，成立由学生党员、入党积极分子为主要成员的“We 党微家”新媒体工作室，负责“辽宁高校党建”、“We 党微家”微信平台的建设、运行与维护工作，旨在运用新媒体技术做好党建工作的宣传报道、经验分享、成果展示等，以灵活多样的形式提升党员自主学习的兴趣和动力，2020 年推送图文 500 余篇，点击量 30 余万；同时，注重运用党建新媒体平台的红色资源、红色元素，加强学生个性化、专业化培养，创办至今培养具有文字编审、网络管理、程序设计、美术编辑能力的学生党员和入党积极分子 130 余名，在岗位的实践锻炼中拓

宽党建育人途径。

五、组织保障，彰显支部带动新优势

严格落实《东北大学学生党支部工作规范》，明确党支部的设置、基本任务、工作制度等，持续发挥组织育人优势，实现党建工作与人才培养协同联动、深度融合、同向同行。

优化组织设置，在原有按年级、班级、专业等建设的基础上，推进本科、研究生跨学业阶段的纵向支部设置方式，学校部分基层党组织结合学生公寓、卓越人才班等实际情况和工作需要设置功能型党支部，积极拓展党支部工作辐射范围，促进良好舍风、学风的形成。

发挥“头雁效应”，加大党支部书记培养培训力度，每年对全校学生党支部书记进行集中轮训，选派部分学生党支部书记参加国家教育行政学院、省委教育工委的培训，通过邀请录制微党课、参加党建项目评审、参加支部精品项目宣传推介等方式拓展学生视野，提升岗位履职能力。

严格组织生活，发挥党支部的主体作用，把党的组织生活与党员教育管理监督相结合，创新组织生活的内容形式、途径办法，融入日常、抓在经常，让党员在组织生活的熔炉中接受锻炼、增强党性、百炼成钢，建立并推动校、院两级党委班子成员联系党支部制度，强化党员领导干部对基层党支部的直接指导和联系，推动党的组织生活制度的深化落实。

下一步，学校党委组织部将对标新时代党的建设要求，继续在推动党建与育人工作的深度结合上下功夫，在提高党建育人工作针对性、实效性和亲和力上聚焦发力，在推动形成全员、全程、全方位育人格局的实践中，努力肩负起为党育人、为国育才的神圣使命和时代重任。

强组织凝心聚力　谱写全员育人协奏曲

——工商管理学院“组织育人”工作案例

工商管理学院以“三全育人”理念为指引，通过“强组织”“育生涯”“重指导”等系列举措，不断细化落实人才培养的各个环节。学院党委在育人过程中高度重视组织作用发挥，全院教职工以实际行动践行育人的初心和使命，通过强化组织育人功能，进一步深化了“三全育人”工作格局。

一、强组织：“四位一体”搭平台拓渠道

全员育人，组织先行。在全面加强党对教育工作的领导要求下，学院党委高度重视全员育人工作，针对就业形势严峻的困境，努力构建全面发展的教育体系和人才培养体系，形成“四位一体”的组织育人格局。

组织带动，探索党建与育人相结合的有效形式。2019年11月，工商管理学院发布《关于在教职工党员中深入开展“立德树人”就业质量提升工程的实施意见》，以教工党支部为载体，由支部书记牵头，教师党员全员、本科专业教学负责人、毕业设计指导教师参与，充分发挥党支部战斗堡垒作用，建立鲜活生动的党员教育载体，使教师党员牢记职责使命，立足本职，在平凡的工作岗位上更好地发挥作用。

高位推动，切实抓好三级就业市场建设。就业工作是人才培育的出口，反映着育人工作的成果和实效。工商管理学院对就业市场建设始终予以高度重视，学院领导班子、专业教师、辅导员等均参与到三级市场建设拓展当中，通过资源整合进一步拓展就业渠道。

资源联动，以培养成果反哺育人过程。校友资源是全员育人的关键部分，学院充分挖掘利用校友资源，创新开展校友报告会、校友招聘会，进一步丰富了全员育人的内容和形式，从校内到校外，从入口到出口，真正实现了资源共享、平台共通。

基础传动，精准把握学生生涯规划的现状与问题。学生工作队伍不断提升生涯规划教育精准化程度，构建“年级—专业—班级—个人”多层面的生涯指导体系，将集

体指导与个体指导相结合，为每名学生的成长发展进行精准规划指导。

二、育生涯：“教师双带头”指导中孕育生涯教育

立德树人，不忘初心。教师始终是人才培养的中坚力量。为了提升教师对于学生生涯指导的有效性，学院探索了以教工党支部为主体、“教师双带头”的生涯教育模式，即“班导师＋专业教师”的双线指导。

班导师深入班级，结合班团会开展生涯规划教育，对有共同需求的学生进行整体答疑指导，对相似类型、相关需求的学生给予帮扶，以“陪伴式指导”贯穿学生成长全过程。

◎专业教师走访新生寝室，指导学生生涯规划

专业教师将生涯规划融于学业指导，尤其关注各个关键节点上学生的发展需求。本科教学专业负责人通过综合发展咨询会，在学业规划、职业方向、情绪疏导、专项提升等方面为学生进行答疑解惑；毕业设计指导教师除了进行论文与设计的指导之外，也与辅导员密切沟通联系，反馈学生毕业就业中出现的问题及疑惑，共同助力学生成长发展。

“教师双带头”模式将过程培养与关键节点指导有机结合，为学生不同阶段的成长发展需求提供保障。同时，教师成为学院人才培养工作的关键点，构建起本科教学与学生生涯规划指导的直接关联：在进行生涯教育的过程当中，教师能够直观了解到学生自我认知与专业知识运用的能力水平，尤其对于毕业年级的指导，更能够对人才培养成果进行直接观测，有针对性地提升专业化人才培养水平。

三、重指导：“多维联动”精准对接全程帮扶

在具体指导过程当中，学院加强联动合力，发挥组织保障协同功能，以“多维联动”实现精准对接与全程帮扶。

强调帮扶的精准性。辅导员根据不同学生情况特点进行就业指导动员，教师党员

根据学科特点及经验方向，与毕业年级学生进行需求匹配，采用结对子的帮扶形式，平均每一位教师党员指导 1~2 名学生，进行针对性指导。

强调帮扶的多样性。利用多个帮扶群体，全方位助力学生成长。学生成长发展指导员将生涯规划帮扶融入日常联系指导工作当中，通过朋辈引领，树立成长目标，帮助低年级学生尽早做好生涯规划；优秀校友作为企业指导师，通过职业生涯讲座、交流座谈、实践指导等方式，从职场就业胜任力提升方面助力人才培养。

强调帮扶的整体性。学生、专业教师、辅导员、校友之间建立密切联系，形成育人联动合力，学院从学生的实际情况出发，将问题落到实处，解决到实处，联合学生工作办公室、本科教学办公室等，切实解决学生的困难，帮扶学生的需求，发挥组织育人及协同育人功能。

◎指导学生考研

◎指导学生专业发展

工商管理学院以立德树人为核心，以解决学生实际问题为导向，以提升人才培养质量为目标，以领导班子、专业教师、辅导员、校友为关键力量，开展全员、全程、全方位指导帮扶，使学生就业有目标、规划有方向、学业有动力，不断强化组织育人实效，以创新实践探索丰富了“三全育人”工作的内涵。

领航计划　精准扶困

——材料科学与工程学院“组织育人”工作案例

为全面贯彻习近平新时代中国特色社会主义思想，秉承“党建工作为群众服务”的宗旨，不断进行党建工作的创新发展，落实“三全育人”的教育理念，材料科学与工程学院党委以“组织育人”为目标，以“领航计划”为依托，贯彻落实“十大育人体系”，启动了学生党员“领航计划　精准扶困”工程，把党建工作与学生教育相结合，在学生最需要的地方下功夫，为学院学生做好实事，精准帮扶学业困难学生，扎实推进基层党建。

通过搭建“领航计划”微信平台，线上线下相结合，多措并举，精准化推进“领航计划”。“领航计划　精准扶困”工程共计覆盖1700余名学生，其中，本科生及研究生共选拔出300余名同学组建“领航”讲师团(包括党员和积极分子)，已有215名学业困难学生受益。

一、总体部署，多措并举，扎实推进促发展

材料科学与工程学院“领航计划”注重加强顶层设计，师生齐心，全力打好学业困难脱困攻坚战。自“领航计划”启动至今，学院党委始终高度重视相关工作的具体执行情况，不断监督工作开展情况，定时督促总结工作成果，了解工作动态，掌握工作进展。学生党总支引导全体党员和积极分子主动承担帮扶的重任，积极开展帮扶工作，充分发挥了党支部的战斗堡垒作用、党员的先锋模范作用和积极分子的先进带头作用，提升了基层党支部的战斗力。各支部紧紧围绕帮扶对象学业困难的问题，着力挖“困”根、寻“困”源，帮助学生找原因、引导学生想方法、督促学生下功夫、助力学生上成绩。

材料科学与工程学院“领航计划”健全了帮扶学生、帮扶对象的管理监督体制，制定了《“领航计划”奖惩方案》，提出了具体执行计划：一是组建“领航”讲师团，每年3月，根据年级排名或者单科排名，在综合成绩较好或者单科成绩较为突出的同

学中选拔优秀党员、优秀积极分子组建“领航”讲师团；二是筛选精准扶“困”对象，各年级于每学期初在微信公众号中分类别上报学业困难学生名单，学期中可根据实际情况动态调入或者调出名单；三是开展“领航”启动仪式，每年4月，开展上一年度总结及下一年度启动仪式，总结表彰在工作中取得较好成效的党员、积极分子；四是举行定期研讨会，通过召开定期研讨会，分析、总结实施过程中的具体困难，予以支持，实现选拔、培训、帮扶、考核等工作常态化，确保帮扶工作走长远、见成效。确保入选“领航”讲师团的党员和积极分子在活动中勇奉献、敢担当、有成长、有收获；确保帮扶对象主动参与、积极思考，提升成绩、练就本领。

二、创新模式，全面开展，稳中求进注活力

材料科学与工程学院“领航计划”比照国家的扶贫工作，采用了“多对多”式引导、“多对一”式帮扶、“一对多”式传授多种方式相结合的帮扶方式，力争做到精细识别、精心帮扶地开展工作。

为创新活动载体和形式，“领航计划”采用线上线下结合方式开展，以“领航计划”为依托，以新媒体平台为抓手，建立了“领航计划”微信公众平台，建立起线上匹配、线上线下教学的工作体系，最大限度实现讲师团和扶困对象报名网络化、帮扶匹配科学化，力争做到科学规划、分类指导。

◎ “领航计划”高数辅导活动（一）

自2019年3月起，本科生及研究生共选拔出300余名同学组建“领航”讲师团（包括党员和积极分子），已经就高等数学、金属学与热处理、大学物理、线性代数、电工学、概率论、材料成形工艺学、材料科学基础等10余门课程开展了帮扶辅导，已开展“领航计划”集体辅导累计43期，其中包括线下集中进行高数辅导9期，线上

“微课堂”34 期。自活动开展以来，全院 1700 余名本科生中共有 215 名学业困难学生受益，达到了挂科同学全覆盖，78.31% 未出现新科目不及格，51.1% 不及格科目减少，12 名降级生回升原年级。

此外，疫情期间，“领航计划”积极响应学校及学院各级党委的号召，秉承“停课不停教、停课不停学”工作理念，针对“宅家”的学生，创新开展“‘领航计划’线上微课堂”，从防疫常识到知识学习等各方面进行了精准帮扶，充分发挥了基层党组织力量。

◎“领航计划”高数辅导活动（二）

三、掷地有声，精准帮扶，循序渐进显成效

材料科学与工程学院“领航计划　精准扶困”工程自开展以来，一直以学生为根本，以培养学生为目标，得到了学院学生的广泛参与。“领航”讲师团尽心尽力，在自己的能力范围内尽最大的可能和努力去帮扶需要帮扶的同学；受帮扶对象能够主动参与，虚心学习，成绩得到明显改善，纷纷表示在“领航计划　精准扶困”工程中受益匪浅。

材料 1702 班张同学在大一时由于初入大学校园，对学习生活有些不适应，没有掌握好学习方法，一度为降级的事情苦恼不已。在得知学院“领航计划”可以对学业困难学生进行有针对性的专业帮扶时，他与负责的学长

◎“领航计划”高数辅导活动（三）

学姐取得了联系，同时班级里的入党积极分子也主动为他提供学业帮助。有了“领航计划”的助力，张同学的学习成绩明显提升，不仅补过了大一期间挂科的科目，还在大二学年保持了正常学习状态。“我由衷地感谢曾经帮助我的‘领航计划’负责人以及班级的积极分子，是他们给了我学下去的信心，让我明白了山阻石拦，大江毕竟东流去，不克服困难就没有成功的可能。”重整旗鼓的张同学对未来的学习、工作充满热情。

“领航计划”的开展不仅提升了党员学生能力，发挥战斗堡垒作用，也对学业困难生起到了很好的帮扶作用，其所覆盖的同学在提升学习能力的同时，也养成了良好的自学能力和学习习惯。“‘小老师们’对我耐心指导、认真负责，不仅在课业上及时给我提醒，让我查缺补漏，弥补之前学习上的漏洞，也让我了解了一些系统学习方法，并且给我提供了更多的学习路径和资源，拓宽了我的学习知识面，提升了我的学习积极性，使我对学习又重拾了信心。”材料成型 1801 班姜同学在接受学业帮扶后收获颇丰，无论是精神面貌还是学习状态都有显著提高，逐渐走上了学习的正轨。

“双一流”建设离不开培养一流的学生，学生的学业情况是评价学生培养质量的主要因素。学业困难会直接影响就业，影响学生培养质量，因为学业困难学生一直以来都是学校、学院关注和帮扶的重要对象。目前，材料科学与工程学院“精准扶困 领航计划”工作正稳步推进，在接下来的工作中，学院党委及参与“领航计划”的全体师生将继续扎实推进“领航”工作的开展，明确重点，加强引导，系统化推进领航计划；精准聚焦，多措并举，精准化推进领航计划；加强考核，确保成效，常态化推进领航计划。“领航计划”将着力营造勤学、善学的良好学习氛围，着眼于培养一流材料学生，建设一流材料学院，助力一流材料学科建设，为学校的“双一流”建设添砖加瓦，做出“材料人”应有的贡献。

◎“领航计划”高数辅导活动（四）

探索 VR 党建模式 全面提升党建工作水平

——软件学院"组织育人"工作案例

软件学院党委以习近平新时代中国特色社会主义思想为指导，贯彻落实党的教育方针，将虚拟现实与党建工作应势而合，促质量发展与理论水平乘势而上，突出学科特色、发挥专业优势，着力创建"VR 党建"项目。2019 年 9 月迎新现场，"VR 党建"项目在全校师生面前亮相，校党委书记熊晓梅亲临现场体验并指导项目建设。目前，"十九大展馆"已经建设完成。

一、VR 党建，为党建工作提供新思路

随着我国全面进入互联网时代，信息技术的应用更加广泛，VR（虚拟现实）技术也应势与党建工作深度融合。VR 技术是一种综合计算机图形学、多媒体技术、人机交互技术、网络技术等多学科综合发展起来的计算机领域最新技术，能够使操作者真正进入一个由计算机生成的交互式三维虚拟环境中，与之产生互动，进行交流。

◎软件学院创新创业基地工作室

2019 年，软件学院党委积极创新和完善党建工作的活动载体、场所建设，不断提升基层党组织活动质量与效果，提出利用 VR 技术增强党建宣传工作的实际成效。一年来，软件学院党委依托学院泛虚拟现实实验中心平台，突出学科特色、发挥专业优势，组建师生团队开展了“VR 党建”项目建设，将党建与科技高度融合。基于虚拟现实的党建虚拟展馆布置方便、素材可维护性高、辐射范围更加广泛，不仅能够有效降低成本，还打破了传统体验的时空限制，促使学院师生党员加强党性修养，推动学院党委实现全面进步、全面过硬，做到真正意义上的“围绕中心抓党建、抓好党建促发展”，引领学院事业改革跃升发展，助力学校一流大学建设。

二、VR 党建，为“三全育人”构建新平台

“VR 党建”项目由软件学院泛虚拟现实实验中心负责开发，该实验中心负责人为软件学院数字媒体技术系主任高天寒教授，项目团队由博士生、硕士生、本科生组成，高天寒教授负责指导。项目内容从根本上决定了开发过程中的思想政治教育意义，充分体现了“全员、全程、全方位”的育人理念。

“VR 党建”项目共包含两个子项目：一是虚拟党建展馆建设（“VR 党建”展馆），主要包括“十九大展馆”和“十九届四中全会展馆”；二是东北大学虚拟校史馆，主要包括三期工程。在虚拟环境构建方面，通过 3D 建模技术将党建展馆内容和环境进行三维还原，借助 Unity 3D 引擎对虚拟场景中的灯光和摄像机进行渲染烘焙、材质选用、粒子和流体效果模拟以及音效处理，打造出一个近似于真实而更优于真实的三维虚拟环境，大幅增强体验者的沉浸感。在人机交互方面，借助 Oculus Rift、HTC Vive 平台实现身临其境的用户体验，设计最佳的漫游路径，以保证参观的完整性，体验者在虚拟展馆中可以按照规定路线漫游，也可以进行自由的漫游，当体验者移动到特定的展示区域时，该区域会播放相关的视频和音频资料。经过一年的付出与努力，目前“十九大展馆”已经建设完成并投入使用，其余展馆尚在建设过程中。

三、VR 党建，为党员教育开启新模式

2019 年 12 月，学院党委组织党员参观泛虚拟现实实验中心，并体验了最新的 VR 党建展馆成果。传统的党建展馆主要以文字、图片及影音资料为主要展览方式，内容形式比较单一，展现效果不够直观，同时展馆的场地、空间等问题直接影响展览的影响力。而利用 VR 技术建成的虚拟党建展馆和东北大学虚拟校史馆，借助最新的虚拟现实平台，不拘于时间和空间的限制，将传统的展览资料以崭新的方式进行呈现。

在“十九大展馆”，学生们身临其境地聆听了习近平总书记的重要讲话，学习了习近平新时代中国特色社会主义思想，极大地提高了学生们对党的重大决策方针的认知度，在潜移默化中提升了对党的理论知识学习的积极性。在虚拟校史馆，校史文化与新兴科技交汇的成果令学生们耳目一新，通过手柄在虚拟场景内畅游，与展品进行互动，可全方位、多角度地学习东大历史，更深入地理解东大精神。同时，在“VR党建”项目开发过程中，从制作团队到受益群体，均发挥了党员先锋模范作用，较好体现了党员的参与意识和参与热情，体现出基层党组织的创新意识和创造活力。

四、VR党建，为学校发展注入新动力

随着“VR党建”项目的日趋完善，其受众群体逐渐从校内拓展到校外。“VR党建”项目可以将传统展馆场景还原，对展览内容设计生动形象的交互方式，使展览效果更加直观，不仅有效地突破了时间和空间的限制，而且具有布置方便、素材可维护性高、辐射范围广、展览成本低等诸多优势，能够吸引更多党员、群众学习党的理论知识，提高基层党组织全面贯彻落实党的各项路线方针政策的能力。同时，“东北大学VR校史馆”的全面推广，也将大大提升学校影响力，成为宣传学校的一张名片。基于混合现实技术设计并实现的虚拟校史馆展览系统，对校史馆展品和展厅进行三维还原，参观者可利用虚拟现实设备在东北大学校史馆三维场景中漫游，更加深切感悟东北大学“自强不息、知行合一”的校训精神。

◎虚拟校史馆

“VR 党建”项目积极适应党的基层组织建设面临的新形势和新任务，把握新时代基层党建工作的规律和特点，紧扣当前学校中心工作和师生员工思想生活实际，切实解决了传统学习方式枯燥、效率不高的问题，降低了组织赴实际展馆学习的高成本投入。“VR 党建”项目将虚拟现实技术与党建工作高度融合，充分激发基层党组织的生机活力，推动党建活动形式的多样化发展，构建高互动性、高参与度、高体验感的新型党员教育阵地。除此之外，虚拟校史馆依托虚拟现实技术，通过视觉、听觉等全方位立体化运用，打破传统体验式教育的时空限制，打造沉浸式、可互动的学习体验，以达到深化学生学习教育成果的目的，这是做好新时代教育工作的有益探索，有助于推动学校育人工作持续健康科学发展。

党印我心、培根铸魂
构建少数民族学生党建新模式

——民族教育学院“组织育人”工作案例

为全面贯彻落实党的教育方针和民族政策，贯彻落实全国高校思想政治工作会议精神，确保国家、教育部关于少数民族学生教育的指示要求落地见效，东北大学民族教育学院聚焦少数民族人才培养，围绕立德树人根本任务，创新工作思路，坚持以理想信念教育为核心，着力培根铸魂，构建少数民族学生党建工作新模式，让党的光辉印照少数民族学生心田，厚植爱国主义基因，引领民族学生心向党、跟党走。

一、守初心，担使命，打造组织制度保障支撑体系

东北大学高度重视少数民族学生工作，成立民族教育学院专门负责少数民族预科生教育教学管理，并延伸对进入专业学习阶段的少数民族本科生进行管理，坚持将培养好少数民族学生作为义不容辞的政治责任和历史使命，形成了学校党委负总责，分管校领导牵头，党委组织部、党委学生工作部、学生指导服务中心等统筹指导，民族教育学院具体落实，各部门密切配合、有效衔接，高效运转的少数民族学生教育、管理、指导、服务工作的组织保障体系和运行机制。

◎ 少数民族学生党支部组织参观校史馆

学校党委组织部统筹设计，对少数民族学生发展党员实行指标单列、计划单列、标准单列，为少数民族学生党建工作提供了制度保障。民族教育学院设立少数民族学生党支部，由少数民族辅导员、班主任、新疆内派管理教师组成经验丰富、领导有力的党支部支委会，着力培养政治可靠、立场坚定、具有人格魅力和社会责任感的少数民族学生骨干发展入党，注重以党建为核心构建少数民族学生思想政治教育体系，形成了特色鲜明的少数民族学生党建新模式。

二、固本色，促力行，提升入党启蒙教育实效性

民族教育学院以“固本色，促力行”为目标，形成了覆盖全体少数民族学生的“党印我心”入党启蒙教育体系，不断丰富拓展启蒙教育内容、载体和方式、方法。组织“信仰，追求——入党启蒙教育”“坚定道路自信，勇担时代使命”“如何成为一名合格党员”等系列讲座，引领理论学习，坚定政治立场、理想信念。组织参观校史馆、九一八历史博物馆、中国工业博物馆、雷锋纪念馆，祭扫抗美援朝烈士陵园，通过参观实践，铭记历史，传承革命精神，感受祖国发展，增强责任感、使命感。组织团队训练等素质拓展活动，提升团结合作意识和行动力、执行力。

◎少数民族学生“信仰，追求——入党启蒙教育”

丰富的活动内容、载体，给学生带来了精神的洗礼，产生了共鸣，取得了良好的效果。“启蒙培训结束了，但真正的学习与考验才刚刚开始。回顾这一学习经历，对我而言，收获不仅仅是知识上的，更重要的是理论视角与思维方式的转变，愿以此次入党学习为契机，不断学习，勇攀高峰。”2017 级维吾尔族学生古丽贾克热·阿不力米提在入党启蒙培训感悟中这样写道。在大一下学期，为了帮助大家考前复习，解决学

业问题，她建立了少数民族互助团，在临近期末考试时，互助团先后为14名2017级少数民族同学辅导运筹学和微观经济学。疫情期间，古丽贾克热还与父亲一起报名了社区的志愿者，到居民家中发放生活用品，帮助他们买菜等。冬天疫情最严重的时候，她作为发起人，组织工商管理学院不同年级的新疆地区学生拍摄“武汉加油，中国加油”的视频。暑假又组织了民族教育学院“爱国力行，共抗疫情”主题教育活动，编排了手势舞，号召同学们参与拍摄视频，为抗击疫情贡献力量。完成大学学业的古丽贾克热选择留在东北大学，以辅导员的身份继续做一颗“石榴籽”，完成当初的心愿：我想要守护青春梦、民族梦，带领我们少数民族同学和大家共同进步，为中国梦贡献自己的一份力量。

三、树榜样，铸党魂，推进“头雁”领翔携手共成长

民族教育学院注重全面入党启蒙教育的同时，强调发挥少数民族学生党员的“头雁效应”，以榜样的力量引领见贤思齐。实施“党员领航工程”“一助一携手共成长计划”，以党支部为依托，充分发挥党员、积极分子的积极性、影响力、感染力、创造力，从思想政治、行为修养、学业提升、能力发展、校园生活等多维度率先垂范，带动全体少数民族学生携手同行，共同发展。

◎推举少数民族优秀学生参加东北大学团代会

2019年，支部策划开展“解读《新疆的若干历史问题》白皮书，明历史、聚共识、担使命”系列主题教育活动，强化“五个认同”；结合祖国70华诞，开展主题征

文、演讲比赛，开展“我和我的祖国”观影活动等，培育树立家国情怀；开展“品读经典，共享青春”假期读书打卡活动，传承中华民族优秀文化；开展少数民族文化艺术节活动，丰富校园文化生活，搭建少数民族学生素质拓展平台，增强活动吸引力、参与度，开阔学生自我发展空间，提高学生自我发展能力；学生党员定期组织学业困难学生开展课后答疑辅导及一帮一活动，共同促进成绩提升。“党员领航工程”不仅使学生党员提升党员意识、责任意识，也使全体民族学生在思想、能力、学业上获得全方位的成长和进步。

◎少数民族文化艺术活动

2016级维吾尔族学生党员迪力胡玛尔·木巴热克在她的活动总结中这样说道：“丰碑无语，行胜于言。通过‘领航工程’，我时时刻刻提醒自己要以优秀共产党员的标准严格要求自己，以身作则，恪守全心全意为人民服务的宗旨，积极主动联系、服务同学，携手共进。也请党组织时刻监督和考验我，我将以坚刚耐苦、勤劳自励、朝气蓬勃、奋发有为的状态，牢记使命，不断超越，振奋精神，扎实工作，锐意进取，开拓创新，不辜负党和老师的期望与重托，用实际行动为党增添光彩。”

习近平总书记在全国教育大会上指出，青年学生要在坚定理想信念上、在厚植爱国主义情怀上、在加强品德修养上、在增长知识见识上、在培养奋斗精神上、在增强综合素质上下功夫。民族教育学院将认真学习贯彻习近平总书记的讲话精神，以理想信念教育为核心，以社会主义核心价值观为引领，以爱国主义、集体主义、民族团结教育为重点，将少数民族学生党支部建设成为武装少数民族学生头脑的课堂，指引少数民族学生前进的路标，打造少数民族学生成长成才的熔炉，以党建新模式构建辐射全体少数民族学生的思想政治教育阵地，为东北大学“三全育人”工作贡献力量。